当代大学生
适应性问题研究

DANGDAI
DAXUESHENG
SHIYING XING WENTI YANJIU

马艳春 著

辽宁大学出版社 | 沈阳
Liaoning University Press

图书在版编目（CIP）数据

当代大学生适应性问题研究/马艳春著. --沈阳：
辽宁大学出版社，2024.11
ISBN 978-7-5698-1428-6

Ⅰ.①当… Ⅱ.①马… Ⅲ.①大学生－入学教育－研
究 Ⅳ.①G645.5

中国国家版本馆 CIP 数据核字（2023）第 201522 号

当代大学生适应性问题研究
DANGDAI DAXUESHENG SHIYING XING WENTI YANJIU

出 版 者：辽宁大学出版社有限责任公司
        （地址：沈阳市皇姑区崇山中路 66 号   邮政编码：110036）
印 刷 者：鞍山新民进电脑印刷有限公司
发 行 者：辽宁大学出版社有限责任公司
幅面尺寸：170mm×240mm
印 张：12.75
字 数：250 千字
出版时间：2024 年 11 月第 1 版
印刷时间：2024 年 11 月第 1 次印刷
责任编辑：于盈盈
封面设计：徐澄玥
责任校对：郭宇涵

书 号：ISBN 978-7-5698-1428-6
定 价：48.00 元

联系电话：024-86864613
邮购热线：024-86830665
网 址：http://press.lnu.edu.cn

前　言

　　大学生作为当代社会的重要力量，其综合素质直接关系到中国未来的发展，大学生适应性研究是当代教育领域的重要课题之一。随着社会的快速发展和变革，大学生所面临的挑战和压力也越来越多。因此研究大学生适应性问题，探究大学生适应性的影响因素和适应策略，对于提高大学生的心理健康和学习成绩，具有重要的意义。

　　本书旨在对当代大学生适应性问题进行研究，探讨其影响因素和适应策略，为相关领域的研究提供参考和借鉴。同时，也希望通过本书的研究，引起社会各界对大学生适应性问题的重视，为学生的成长和发展提供更好的支持和帮助。

　　本书共分六章，主要内容是笔者二十多年的教学工作的实践总结。第一部分关注大学生学业适应性研究，这部分概述了高中与大学在学业环境上的异同，在校大学生学业状况表现，分析了影响大学生学习状态的因素和增强大学生学习适应性的途径。第二部分研究大学生责任意识适应问题，主要梳理了大学生责任意识缺失的现状，对大学生责任意识缺失的原因进行分析，阐述了大学生责任意识的必要性，寻求大学生自我责任、家庭责任和社会责任意识培养及适应的路径。第三部分是大学生法治思维意识适应性研究，首先综述法治思维意识的内涵和基本要素，讨论大学生法治思维意识应坚持的原则，介绍在教学中大学生法治思维培育存在的主要问题，明确大学生法治思维培育的目标，拓展大学生法治思维培育路径和法治思维养成方式。第四部分是大学生网络生活适应性研究，介绍大学生网络角色的定位和大学生网络生活的现状，分析大学生对网络生活的态度和结论，讨论提高大学生网络生活适应性的对策。第五部分是当代大学生人际关系适应性研究，梳理人际交往的价值，分析大学生人际交往的主要类型，总结大学生人际交往面临的困惑和构建大学生良好人际关系的条件，并探讨大学生良好人际关系的适应方法。第六部分是当代大学生自我意识适应性研究，从个体成长的角度阐释自我意识的内涵及发展，论述自我意识与心理健康之间的关系和大学生自我意识发展的特点及偏差，探究大学生自我意识适应的途径。

当代大学生只有构建完善的专业知识体系，适应国家高质量发展战略需要，同时具备对大学环境和生活的适应性，才能以卓越的精神面貌带动整个中国社会的发展，继而推动世界文明的进程，实现与美好未来的双向奔赴。

作　者

2023 年 9 月

目　　录

第一章　当代大学生学业适应性研究

学生从高中进入大学，在学业方面会面临全新的挑战，这是因为大学与中学的教学方法、学业内容、管理方法存在许多不同，学生需要去适应。对学生个体而言，自身的兴趣、努力的程度、原来的学业基础等方面的差异，导致他们虽然同在一个班级学习，但是结果却千差万别，甚至有的同学因无法适应大学的学习节奏而不能完成大学学业。这一现象需要引起高度重视，我们需要对大学生进行正确的引导。

一、大学与高中在学业方面的区别

（一）大学教学的特点

1. 专业性

与高中不同，大学要培养专业性人才，因而大学的课程是分专业设立的，虽然也有各专业都要开设的基础课程，但是更多的是向学生传授专业知识技能的专业课程。随着中国现代化进程的加速发展，学科出现了高度分化和交叉的特点，新的学科层出不穷。

此外，现代科学技术的发展也需要跨学科的知识来推动，如人工智能、生物技术等领域需要融合多个学科的知识来进行研究和创新。

2. 研究性

高等教育教学具有研究性特征。学校是产学研活动的载体，不仅要传授知识，而且要把科研引入教学过程中，给学生创新创造提供足够的科研条件。大学生在老师的指导下，通过参与科研实践提高动手能力，深化对理论知识的学习，为未来走向社会打下良好的基础。

许多大学生在校期间会加入教授的研究小组，或者自己组织研究团队，参与各种科学研究项目。例如，在物理、化学等科学领域，大学生可以参与实验室研究，协助教授或其他研究员进行实验和数据分析。在社会科学领域，大学生可以参与问卷调查、实地调研、文献研究等类型的研究活动。这些研究都需要大学生具备一定的学术素养和研究技能，如文献检索、数据分析和实验设计等。通过参与科研项目，大学生可以拓宽自己的知识面，提高自己的研究能力，为未来的学术或职业发展打下基础。

大学学习具有研究性的特点，这意味着学生需要通过深入的研究和分析来掌握知识和技能。这种方法不仅有助于学生深入了解学科，还能培养学生的批判性思维和解决问题的能力。在大学学习中，学生需要积极参与课堂讨论和研究项目，以便更好地理解和应用所学知识。这种研究性的学习方式也为学生提供了更多的机会去探索自己的兴趣和潜力，为未来的职业发展打下坚实的基础。

3. 实践性

理论联系实际是教育应遵循的基本原则。与高中时期着重加强知识积累、记忆和运用，进而提升和磨炼应试技巧的学习过程不同，大学生首先必须认识到，自身并不是单纯的知识容器，大学学习的本质绝不是单纯的知识积累过程，而是重在通过学习知识反思问题，用以提升我们发现和解决专业领域问题的能力。

通过实践活动，一方面学生可以发现自身的不足，及时调整学习的方式方法，另一方面教师可以检验课堂教学的成果。因此，大学的实验课、实习课和社会实践课在不同专业、不同学制中都有设置。在大学中，许多课程都会触及实际应用和案例研究，以帮助学生更好地理解和应用所学知识。此外，大学还提供了丰富的实习和实践机会，让学生能够在真实的工作环境中应用他们所学的知识和技能。相比高中阶段，大学的教学时长和教学内容会大幅度拓展，有很多实验课和实践课会单独设置学科。

4. 循序渐进性

大学的教育由单纯的知识传递向合理的能力结构构建发展，它是一个循序渐进的过程。这意味着教师会根据学生的知识水平和学习能力，逐步引导他们理解和掌握新的知识和技能。大学的课程设置和教学内容应该按照一定的顺序和步骤逐渐深入，使学生能够逐步掌握知识和技能。这样学生就可以在接受足够的基础教育后，逐渐提高学习能力并掌握更加专业的知识和技能，进而为未来的职业发展打下坚实的基础。教师会在课前预习、课中讲解和课后复习三个阶段，逐步加深学生对知识的理解和掌握。

在课前预习阶段，教师会提供相关的课前阅读材料并指导学生进行预习，以便其在课堂上更好地理解和吸收新的知识。在课中讲解阶段，教师会通过讲解、示范、演示等方式，让学生更加深入地理解和掌握知识。在课后复习阶段，教师会通过布置作业、讨论等方式，让学生巩固和运用新的知识和技能。

这种循序渐进的教学方式旨在让学生逐步提高他们的学习和思考能力，并逐步掌握新的知识和技能，为以后的职业发展做好准备。同时，这种教学方式也能够让学生在学习过程中保持积极性，提高学习效率。

大学教学呈现出阶段性。以工科院校为例，一般大学一年级以学习基础课程为主，大学二、三年级专业课逐步增加，马克思主义理论课、高数、体育、外语等基础课也会同时设置，还会依据不同专业开设实验课和实践课。大学四年级主要进行实习和毕业设计。当然，以上各个阶段不会截然分开，各个学校也会根据自身的情况进行安排。

（二）大学学习的特点

大学教育一般称为高等教育，它与中学教育有很大的不同。大学学习的特点之一是它更加注重独立思考和自主学习。大学教育的目的是培养学生的批判性思维和解决问题的能力，而不仅是传授知识。大学学习也更加注重实践和实践经验的积累，以便学生能够更好地适应未来的职业发展要求。面对充满挑战和机遇的学习机会，我们要正确认识大学的学习特点。

1. 学习内容由统一向多样性转化

高中阶段的学生除学习成绩之外，几乎没有其他考核内容，而进入大学后要解决的问题具有多样化的特点。大学需要适应时代的发展，不断更新和完善学习内容，以更好地培养学生的综合素质和适应能力。在从单一向多样化转化的过程中，交叉学科的出现使各个学科之间相互渗透并相互融合。大学既要学习基础课程，又要学习专业课；既要学习书本知识，也要进行实验和实践教学。此外，还要学习为人处世之道，为将来步入社会打下基础。这么多的内容相辅相成，牵一发而动全身，如果其中的某一个环节处理不好，就会影响到后面的学习，所以进入大学后学生的学习内容和难度都在增加。这么多的变化，对于刚刚进入大学的新生来说是个严峻的考验。

2. 接受知识到创新性学习转化

学生需要通过课程安排、教师指导、自主学习等方式，培养创新思维及发现问题、分析问题、解决问题的能力。通过实践教学，让学生在实际操作中感受到知识的应用和实际效果，培养创新精神和实践能力。学生可以通过参与科研项目、科技竞赛等方式，掌握科学研究的方法，并在实践中不断探索和创新。学生要把学会的知识进行创新和整合，进而提出自己的观点，对已有的成果要学会质疑和突破，并表达自己的想法。大学的学习从本质上说是学无止境的学习。

3. 评价体系由单一向多样化转变

高中阶段，考试成绩几乎是考核学生是否优秀的唯一标准。而进入大学后，这一标准发生改变，学习成绩不再是评价一个学生是否优秀的唯一标准，有些同学会发现，在大学里，文体、科研、组织等能力突出的同学的相对优势比较明显。评价体系的变化要求同学要依据自己的爱好和特长合理地分配自己的时间。

大学生评价体系由单一向多样化转变是符合当前社会需求的趋势。传统的评价体系主要以学业成绩为核心，但随着社会的发展，人才需求的标准也在不断变化，单一的学业成绩已不能完全反映一个学生的综合素质。因此，多元化的评价体系可以更好地反映学生的多方面表现，包括社会实践、创新创业、科技创新、文化体验等。

多元化的评价体系可以更好地激发学生的创新创造能力，培养他们的综合素质，同时也可以更好地反映社会的多元化需求。例如，社会实践可以帮助学生了解社会环境和职业发展方向，创新创业可以培养学生的创新精神和实践能力，科技创新可以提升学生的科研能力和创新能力，文化体验可以增强学生的文化修养和人文素质。

因此，促进大学生评价体系从单一向多元化转变，一方面可以更好地反映学生的多方面能力和表现，为学生提供更加多元化的发展机会，同时也可以使他们更好地适应社会的多元化需求。另一方面，学生也可以通过参加校园活动和实践实习与社会接触，锻炼自己的社会交往能力和团队合作意识，促进个性的发展。

4. 学习方式由他律性向自律性转变

高中的学习总体上是在老师和家长的安排下进行的。虽然辛苦，但是学习的轨迹在规定的轨道内进行，程序上相对简单，只要能够跟上老师的节奏即可。而在大学里，课堂教学已不是学习的唯一途径，大学学习课堂只是一部分，课下的时间都是由自己来安排。大学课堂教学内容受教学日历和教学大纲的限制，不可能像高中那样反复多次讲解。在大学里，老师讲解完重点内容，需要学生自己了解课程之间的关联度，掌握学习的主动性。在此基础上，大学教育更加提倡参与和实践，鼓励学生听取行业专家作的学术报告，合理利用互联网等来了解专业前沿的研究成果，以此来锻炼他们的实践能力，为未来就业择业打下基础。

大学是自律者的天堂，自律的同学会成为一个优秀的毕业生。大学新生要从被动学习向主动学习转变，大学阶段是师生协同努力培养学生学习能力的关键时期。正所谓教是为了不教，学是为了学会。大学也是懒惰者的地狱，进入大学失去父母的监督，有很多人开始无心学习，甚至有些人会中断学业让人扼腕。因此，一个人能否顺利从大学毕业的很重要的影响因素，就是其能否坚持自律的大学生活。

综上所述，和高中相比，大学在教学和学生学习方面都有显著的不同，如果大学生还按照中学阶段的方式学习，显然不能够完成大学的学习任务，因而大学生要充分地了解环境的变化，分析自身与环境适应的差距，找出解决问题的方法，完成从中学到大学的转变，让自己的大学生活收获满满，成为让社会满意的大学毕业生。

二、在校大学生学业状况表现

大学是人生中一个十分重要的阶段，是树立正确的世界观、人生观和价值观的关键时期，是从被动学习向主动的自我塑造的过渡过程。目前，我国的大学教育已进入大众化教育阶段，这使得考大学也不再像以前竞争那么激烈，但受就业趋势影响，同时由于个体需要的不同，在校大学生的表现也千差万别。

（一）大学学习内卷日趋严重

1. 社会竞争压力

随着社会的发展，竞争压力越来越大，学生们为了在激烈的竞争中脱颖而出，必须不断提高自身的学习成绩和能力。这种竞争压力也是导致大学生学习内卷的原因。同时，人们对于高学历、高技能的高需求也导致了大学生在就业市场上面临着巨大的竞争压力。当前，毕业生就业难、就业压力大，学生们为了有更好的就业竞争力不得不不断提高自己的学习成绩和能力。此外，教育资源的不均衡也是导致大学学习内卷的原因之一。

2. 个人心态

学生对自己的未来充满焦虑，他们认为只有不断学习才能有更好的未来。一些学生还会受到来自家庭和社会的压力，他们认为只有在学习方面取得好成绩才能得到家人和社会的认可。据一位就读于985高校计算机专业的同学说，平时的竞争程度自不必说，在临近考试的十余天时间里，同寝室的同学除了吃饭几乎都不怎么睡觉，"卷"的激烈程度可见一斑。

许多学生在追求高分数和好成绩的过程中，会出现过度竞争和焦虑的心态，这可能导致他们不断地比较自己和他人，过度关注排名，而不是专注于学习本身，这种心态也导致学生忽视了自己的兴趣和能力。

3. 家庭的压力

家庭的压力也是大学学习内卷的原因，许多家长对学生的期望非常高，他们希望孩子能够获得好成绩和高薪工作，这会使学生感到有压力进而产生焦虑。在这种情况下，学生会为了满足家长和社会的期望放弃自己的兴趣和能力，而且越是名校的学生表现得越明显。"双一流"高校有优秀的老师、良好的科研环境，未来有高比例的推免率和就业市场排他的竞争力，这就意味着到选拔的时候，综合成绩靠前的同学才会有更大的胜算。而能进入这些学校的学生，无疑都是学习能力非常强的学生。甚至很多学生高考一结束就开始报考雅思、托福，并争取理想的成绩，因为有一些大学规定雅思达到一定分数就可英语免修，当别的学生在努力学习外语的时候，免修能带来多大的竞争力不言而喻。

（二）大学生追求平庸化表现明显

平庸是指不求上进满足现状的状态，大学生的平庸化，就是指不追求更大的进步和更好的发展，而安于现状的状况。前面已经提到内卷的问题，资源毕竟是有限的，有的人最开始也想争取，但由于各种原因到中途放弃了，或者有的人压根儿就没有往这方面努力。其原因如下：

1. 社会压力影响

大学生面临着来自家庭、学校和社会的各种压力，包括就业压力、学业压力、经济压力等。为了应对这些压力，一些大学生会选择追求平庸化，以减轻自身压力。大学生追求平庸化的原因有很多种，其中一种就是社会压力。社会压力是指来自社会环境和社会期望的压力，这种压力可能会让大学生感到无所适从和迷茫，进而导致他们追求平庸化。

现代社会竞争激烈，学生在求职过程中可能会感到巨大的压力，为了获得稳定的工作和收入，一些大学生会感受到来自家庭的压力，希望能够达成家人的期望，但是他们又觉得自己无法胜任，因而选择追求平庸化。大学生在学业上可能会遇到各种各样的困难和挑战，如果他感到无法应对这些挑战，就会选择追求平庸化，以避免失败和挫折。社会对于成功的定义有多种，但大多数人认为成功是指获得高收入和高社会地位。这种社会期望会让大学生感到压力，他们会选择追求平庸化，避免因无法达到这些期望而失望。

2. 个人原因影响

大学生在学业就业、人际关系等方面面临着巨大的压力，导致他们感到疲惫不堪，渴望放松和休息。随着社会的发展，年轻人的消费观念也在发生变化，他们更加注重生活品质和个人幸福感，而不是过度追求物质财富。在当前的社会环境下，一些大学生对当前的社会现实感到不满，很难确定自己的未来方向和职业规划，认为自己的努力和付出得不到应有的回报，这也导致他们感到迷茫和无助。

3. 教育环境影响

大学生因感到压力过大，无法承受繁重的学业负担和社会压力，而选择躺平，这与教育环境中存在的竞争激烈、评价制度过于严格等因素有关。有的大学生对自己的未来感到迷茫，不知道自己想要从事什么职业，也不知道如何规划自己的人生道路，这与教育环境中缺乏职业规划和发展指导因素有关。

4. 社会文化影响

社会文化也对大学生追求平庸化产生影响。在各种客观现实和主观动机的驱使之下，有一部分学生表现得比较佛系。追求佛系的青年学生并不是因为信佛，而是他们对待生活中的一切都是顺其自然、随遇而安。这种精神状况与佛教的某些特质追求相吻合，因此人们套用过来称之为"佛系"。随着网络的传播，这种生活受到大学生的推崇和追捧，表现出来就是不争不抢、随遇而安和波澜不惊的状态。这些学生表现出来的就是学习上无重点，遇到困难就放弃，怎么样都行，不关心未来，缺乏青年人朝气蓬勃、敢想敢做的精神特征。

（三）部分学生出现无法完成学业的情况

学习边缘化是指学生对于课堂学习抱有排斥、拒绝或逃避的心态，表现为参与率低，被动学习，成绩不佳，有考试不及格的情况发生。虽然我国大学采取严进宽出的政策，但是随着高校扩招和管理日趋严格，越来越多的本科生甚至研究生因为未达到学校的相关学业规定，出现重修、降级甚至退学的情况，尤其理工科专业的学生，这样的情况更为突出。

1. 学习成绩下降

学业困难学生的最明显的表现就是学习成绩下降，无论是课堂上的表现还是考试成绩上都会有所反映。而大学期间学习成绩下降会失去奖学金、助学金或其他资助机会，也会失去参加实习、交换计划或其他机会的资格，这会严重影响他们未来的职业发展，导致他们对学业和未来感到迷茫和无助。

2. 缺乏学习动力

学业困难学生往往缺乏学习动力，对学习缺乏兴趣，不愿意投入时间和精力去学习。有些大学生没有明确的目标和方向，不知道自己想要在未来做什么，有些大学生对所学的课程内容不感兴趣，觉得学习起来很枯燥乏味，这也会导致他们缺乏学习的动力。有些大学生面临着巨大的学习压力，比如要保持高成绩、参加各种竞赛等，这会让他们感到疲劳，从而缺乏学习的持续力；有些大学生缺乏自信心，觉得自己学不好，失去了学习的信心和动力。有些大学生没有养成良好的学习习惯，比如拖延症、不善于归纳等，这导致他们学习效率下降，从而缺乏学习的动力。

3. 学习方法不当

学业困难学生存在学习方法不当的情况，他们不知道如何高效地学习，缺乏科学的学习方法。大学生学习方法不当表现为缺乏学习动力、学习效率低、记忆力差、考试成绩不理想等。这些问题与学生的学习习惯、学习计划、学习态度等有关。为了改善这些问题，学生可以尝试制订合理的学习计划，养成良好的学习习惯，如定时复习、积极参加课堂讨论、多做练习等。同时，学生也应该保持积极的学习态度，尽可能地利用好学校提供的资源，如图书馆、辅导中心等。

有些学生过度参与社交活动，导致时间分散，难以集中精力学习。有些学生存在健康问题，如疾病、睡眠不足等，导致身体疲惫，难以集中精力学习。因此，学生要通过尝试寻找适合自己的学习方法、调整自己的心态、寻求帮助和支持、减少社交活动等方式解决学习困难的问题。同时，学生也应该注意自己的健康状况，保持良好的作息和生活习惯。

4. 缺乏自信心

学业困难学生会缺乏自信心，对自己的学习能力缺乏自信心，容易产生自卑感。由于缺乏自信心，学生会对自己的学习能力产生怀疑，进而导致学习成绩下降。由于缺乏自信心，学生会尽量避免参与课堂讨论，害怕被别人批评或者觉得自己的观点不会被认可，惧怕与人交往，觉得自己不够优秀，从而导致社交障碍。由于缺乏自信心，有些学生会逃避现实世界，沉迷于游戏或者其他消遣活动中，以此逃避学习和现实生活中的各种挑战。

笔者做辅导员时曾碰到过这样一个学生，大一上学期四科不及格，多次与学生及家长沟通，学生也表示要改掉不良习惯。但是到了第二学期，该同学不及格的学科又增加到五门，问及周围同学原因，均回答因为其打游戏谁也劝不动，没有办法最后只能选择退学。每每看到这样的情况发生，作为教育者都心痛不已。

我国的教育事业取得了空前的发展，但是学生的各种学业问题也随之产生。我们有责任和义务高度重视学生表现出的一系列问题，并从学生的角度进行研究，查找原因，寻找破解的方法，同时引导学生关注自我，重视自己的学习现状，做到亡羊补牢及时止损。

三、影响大学生学习状态的因素分析

（一）智力因素

智力因素是智力活动的执行者，也是智力活动与操作系统。智力活动当然也包括学习，这与后面要提到的非智力因素相互协调，共同影响人的学习过程。智力是人对客观世界的认知能力，主要包括感知的角度、观察事物的能力。从记忆的角度看，就是储备知识的能力。从思辨的角度看，就是分析解决问题的能力。除此以外还有注意力和想象能力。

1. 观察力与学业能力

观察是人们有目的、有计划、持久地认识事物的知觉过程。在科学研究、艺术创造和日常生活中，观察具有非常重要的作用，一切科学发现都是建立在周密系统的观察的基础之上。达尔文在总结自己的成就时就曾说过，"我既没有突出的理解力，也没有过人的机智，只是在观察那些稍纵即逝的事物并对其进行精细观察的能力上，我可能在众人之上"。

观察力和学业能力之间存在一定的关系，观察力是指人们通过感官对周围环境进行观察和分析的能力。这种能力对学业能力有着重要的影响，因为它是学习的基础，通过观察人们可以更好地理解和掌握学习材料，理解教师的讲解和指导，提高自己的学习效率。另外，观察力还可以帮助人们更好地发现问题、解决问题、创新思考。观察力和学业能力之间存在着密切的关系，有良好的观察力可以帮助人们更好地学习和发展自己的学习能力，从而取得更好的学习成果。

为了鼓励大学生的创新能力，目前各级教育管理部门开展了很多大学生创新比赛活动，观察能力强的同学在创新比赛中也容易获得好的成绩，为自己的学业增光添彩。优秀的观察力在大学生学业生涯中的作用不容低估，观察能力强的同学往往能最先提出问题，引起老师的注意，在解决问题的过程中也会比别的同学获得更多的知识，对后续的学习产生帮助。当这种学习方式得到肯定性情绪体验时，便会成为以后学习的动力，形成学习上的良性循环。

2. 记忆力与学业能力

记忆是人脑对经历过的事物的反映。知识要想表达出来，就要有量的积累，"不积跬步，无以至千里"。随着年龄的增加，要学的知识也成倍累积。尤其是进入大学后，有的专业一学期会开设十几门课程，同时学生们还有很多活动要参加。所以，在时间一定的前提下，人的记忆力对学习成果的影响尤为重要。

记忆力对大学生学业能力有很重要的影响。在大学学习过程中，学生需要记住大量的知识点、公式、概念等，记忆力强的学生能够更好地掌握和记忆这些内容，也能更容易地完成学习任务和考试。此外，记忆力强的学生也更容易在课堂上跟上老师的节奏，和其他同学进行有效的交流和讨论。

笔者在教学中曾经遇到过这样一名同学，他同样和其他同学参加自学考试，复习《英美概况》，拿到教材时离考试时间已经很近了。由于之前准备不充分，这名同学本想放弃此次考试，但在别人的鼓励下决定试一把。于是，他利用除吃饭和睡觉外的所有时间努力进行复习背诵，最后竟然通过了考试。

记忆力在学生的学习过程中是非常重要的，尤其在文科学习中尤为重要。比如，法律条文动辄上万条，对记忆力就是个考验，记忆力好的同学，在政治、外语等学科上占优势，即使理科公式也需要记忆，公式记住了很多基础题就会迎刃而解，综合测评成绩就容易排到前面。

3. 思维能力与学业成绩

思维能力即分析能力，是大脑以已有的知识、经验为基础，概括地间接反映客观事物的本质和规律的过程。有的学生学习成绩是分阶段的，比如小学和初中成绩很好，而进入高中和大学成绩就不理想，这其中的一部分原因是低年级的知识更多地依靠记忆力获得，所以很多记忆力好的同学显示出优势，而进入高中和大学，思维能力没有发挥出来，所以在某些学科方面就会产生学业困难。

4. 创新思维与学业能力

创新思维是个人在已有知识的基础之上，发现新事物、创造新方法、解决新问题的思维过程。它与一般思维不同，具有求新求异的特点，要求人能在一般思维的基础上进行转换。

在大学学习中，创新思维可以应用到各种学科中，包括科学、工程、商业、艺术等。在面对复杂的问题时，创新思维可以帮助学生更有效地进行分析和解决。创新思维还可以帮助学生在创新和创业方面取得成功，帮助学生发现自己的潜力和创新能力，并为将来的职业生涯奠定基础。

（二）非智力因素

智力因素即智商，是在学习过程中获得的，学习无疑起到了主导作用。但我们也经常发现，在智商相同的情况下，个体发展具有不平衡性，有的学生遥遥领先，有的学生半途而废，甚至有的同学看起来资质一般却获得了很好的成绩。这是因为，除了智力因素会影响个体的发展外，非智力因素同样会产生很大的影响。

1. 个体需要与学业成绩

需要是个体为了自身的生存和发展而表现出对于外部环境的依赖。表现在学习上，就是通过个体的学习，成为一个自食其力的人，达到家庭和社会的期望，进入社会从事劳动，在劳动中结成各种社会关系，以达到个体的预期。大学生的学习状态千差万别，有的想出人头地，有的想自食其力，因为知道自己需要的是什么而表现出不同的努力程度。

例如：同学小李高考没发挥好，带着遗憾被调剂到不喜欢的专业，在几度犹豫中留了下来，并在开学之初立志努力学习，争取获得改专业的机会，于是"改专业"这种需要贯穿他的大一生活，他拿出了比高考还努力的劲头，终于在大一结束可改专业时，实现了自己的愿望，去了理想的专业。在这一过程中，"需要"成为学习的动力和最大诱因，潜意识里是为了自身的生存与发展，达到自己的预期希望，所以"需要"会成为行动的动力。而有些同学自身的条件充足，没有表现出不平衡，或者学生对客观环境的现状很满足，没有更高的期许，在学习上效率自然就低。

另外，"需要"表现出起伏状和间接性。在大学校园中，有的学生当原有的需要得到满足，目标已经达成，下一个目标还没有出现的时候，会出现"静态"发展时期。因此，当目标实现后，下一个目标是否会出现以及何时出现，成为影响学业成绩的关键。而在不同的学业状态下，学生会产生不同的情况，学习活跃的同学总是在一边努力实现眼前的目标，一边寻找下一个目标，处于中间状态的同学也会定下目标，但存在实现过程中内驱动力不足而导致努力程度变差的情况。这样的同学总是需要外界的引导才能完成目标，当外界的刺激消失，比如缺少家人的督促和学校制度的制约时，执行力就会大打折扣，这也是同学们所说的"理想很丰满，现实很骨感"的原因。

2. 动机和学业成绩

动机是在需要的基础之上产生的，一旦有了需要，人们就会采取行动去满足这种需要，这时需要才能够产生动机，这就意味着并不是任何需要都可以转化为动机，能够产生动机的需要，必须达到一定的强度。有的大学生对学业成绩的需要是模糊的，比如为了满足父母的期望，一些学生虽然会努力学习，但是他与父母的关系不会因其学习不努力而出现裂痕，不会马上产生生存危机，因此行动起来也不够坚定。而有的学生成才意愿非常强烈，这种需要能让他明确地意识到，而且持续的时间长，这时的需要就会变成愿望和渴望，动机就会形成，进而对学业成绩产生正向影响。

学习动机影响很大，它有时会直接成为推动大学生学习活动的内部动力。

根据大学生现有学习状态，有的学生求知欲望强烈，遇到新的知识就喜欢钻研，遇到新鲜事物就喜欢探究，这种求知的动机会激起他的学习兴趣，自然在学业上就会主动。有的学生目标动机明确，之所以努力学习，就是想通过学习使自己取得一定的成就，找到满意的工作，这样的动机同样会促进学习活动的展开。有的学生学习是为了向周围人证明自己的学习能力，得到父母师生的认可和喜欢，那么这种交往动机会促进他努力学习。大学生的动机会直接影响到他们的学业成绩。一个积极向上的动机可以促使学生更加专注于他们的学业，愿意付出更多的努力去学习。如果动机不够强烈，学生会缺乏兴趣和动力去学习，并且可能会导致学业成绩下降。

大学生应该尽可能地保持积极的动机，设定具体和量化的目标可以帮助自己更好地了解想要实现的理想，并且更有动力去实现它们。学生应该注重自己的兴趣点，并且尽可能地将其与学业联系起来，这将使学习更加有趣和有意义。学生应该寻求他人的支持和鼓励，家人、朋友、老师或同学都可以为学生提供额外的动力和支持。

动机与学业成绩息息相关，在现实生活中学生在学习方面往往混杂了各种动机，有的人既有强烈的求知欲，也有向他人证明自己实力的愿望，并期许获得理想的工作。相反，在大学校园里，那些不喜欢学习的人往往缺乏学习动机，或者学习动机不明确，这自然就会影响他们的学业成绩。

3. 兴趣与学业成绩

需要可以转化成动机，也可以转化为兴趣。如果学生为了满足某种需要而进行某种学习活动，并可以在学习中获得快乐，那么就意味着兴趣的产生，对于这样以兴趣替代动机完成学业活动的学生来说，兴趣可以使其学习能力倍增。

兴趣与学业成绩是相互影响的关系。兴趣可以激发学生学习的热情，进而使其提高学习效率和学业成绩。同时，学业成绩也会影响学生的兴趣，如果学生的学业成绩不理想，可能会使其产生挫败感进而失去学习的兴趣。大学生需要在兴趣和学业成绩之间找到平衡点，通过选择感兴趣的专业和课程，参加兴趣小组和社团等方式提高自己对学习的兴趣和热情。同时，也要认真对待学业，保持良好的学习习惯和态度，不断提高自己的学习能力和水平。

对大学生而言，兴趣可以促进创造性的发挥，对某方面事物充满浓厚兴趣的学生一般不会循规蹈矩，他们更愿意深入钻研，进行创造性的学习，在改善方法、提高效率的同时，成绩自然就会在同学之中凸显出来。如果兴趣缺失，动机不强，即使家长和学校再积极，也改不了学生的行为模式，很难让他们产生令人满意的学业成绩。

4. 意志力与学业成绩

良好的意志力是心理健康的基本保障。2021 年 7 月，教育部办公厅印发了《关于加强学生心理健康管理工作的通知》，同年规定将抑郁症筛查纳入学生健康体检内容，建立学生心理健康档案，这说明，学生的心理健康状况越来越受到重视。《2020 年中国国民心理健康发展报告》统计显示，2020 年，我国青少年的抑郁症检出率为 24.6%，其中重度抑郁为 7.4%，轻度抑郁为 17.2%。

有意志力的学生往往表现为有自控能力，即人们所说的有自制力。自制力强调的是同学在任何情况下都能够保持清醒的头脑，控制自己的情绪不受外界干扰，坚持完善的意志行动，约束自己的言行，遇到困难也坚决排除困难去努力执行。

学习的意志力从小学阶段就已经开始发展，直至进入大学，学生自学性的个体差异仍然很大，一些学生容易受到各种因素的影响，如学校班级风气、寝室风气和同学自身都是影响因素。

自觉性是大学阶段学习过程中需要具备的意志品质，这和大学阶段的学习特征紧密相连。具有高度自觉性的同学能够按照自身的实际情况和社会发展的实际要求，提出自己的学习目标，会主动地使行动服从于自己订立的目标，既不会为了追求结果而把自己搞得疲惫不堪，也不会盲目附和追随他人的脚步，在学习中会表现出有主见和独立思考的能力。

做事果断是大学生在学习上具备意志力的又一表现。学习效率高的同学往往表现出做事果断的特征，这样的同学以缜密的思考为做事前提，能够果断对自己的学习目的、学习方向和产生的后果作出判断，每每遇到紧急情况都能够当机立断，及时行动，毫不退缩。在具体的学习过程中，广大青年学生，尤其是本科生的心智还不完全成熟，他们在学习方面的意志品质还存在着很大的个体差异。

笔者在教学时遇到过这样一名学生，高考的时候考到三本的冷门工科专业，学生本人非常清楚未来找工作根本不会得到家庭的帮助，所以从来到大学时就下定决心要通过自己的努力改变命运，四年多的大学生活一直靠自己顽强的意志力来完成学习。他从早到晚，除了上课就是去图书馆和实验室。快毕业时，当他人忙着找工作四处碰壁时，他已经拿到了同行业内顶级学校的硕士研究生录取通知书，之后又乘胜追击，考上 985 大学的博士，毕业后被人才引进到知名高校做老师。在这名学生身上，意志力对学业成绩起到了明显的促进作用。

5. 情绪与学业成绩

人非草木，孰能无情。人类的情绪有不同的表达方式。大学生正处于青春期，受生理和年龄影响，情绪表现复杂多变，对学习和生活有很大的影响。情绪是需要能否满足的表现，凡是需要得到满足，便会产生肯定积极的情绪，如满意、喜悦等。与之相反，当需要得不到满足时，便会产生否定的情绪，如苦闷、压抑、哀伤等。在物质世界和精神世界日益复杂的大学生活中，学生的需要也日益丰富，但每个人的条件、能力和认知水平不同，是否满足学生的需要，也有赖于人们的认知水平，从而产生不同的情绪体验。

人们常说人逢喜事精神爽，积极的情绪能让同学们心情舒畅，有助于其以乐观的心态看待世界，适应大学生活尤其是学习环境的变化。消极的情绪对于学生适应环境的作用更大，只不过这种作用是消极的和否定的。有研究表明，当人们处于令人恐惧的环境中时会出现呼吸加速、心跳加快和血压升高的情况，在这种情况下，学生很难适应学习环境，进而就会产生逃避学习的心理。

例如：学生小李，高考超常发挥，考入一所学校的热门工科专业，到大学后发现本专业的同学都是各省来的学习尖子，能力强还刻苦努力，小李不到两个月就感觉自己能力欠佳，久而久之，对学习和教室产生了畏惧心理，一进教室就紧张，一想到学习就会头痛，无法适应大学的学习环境，只得休学，后因学业困难申请转专业之后，情绪有很大好转。

情绪在学习中起着巨大的调节作用，在一定情况下，甚至可以影响学生的学习行为。积极的情感可以促进学习，比如有的学生对老师很钦佩，有的学生对某学科感兴趣，便会在这一学科上投入大量的时间，这科学业因自己的投入而取得成绩之后，便会激发出更积极的情绪，进而产生越学越爱学、越学越轻松的情况。相反，在学习中遇到困难的同学，若得不到老师和同学的关爱与帮助，逐渐会对学习产生厌烦的情绪，久而久之就会导致学习上的失败。

6. 社会情感与学业成绩

大学生的学习还受其他社会情感的影响，随着大学生社会化程度越来越高，生活情感对大学生的学业成绩也会产生很大的影响，这主要表现在以下几个方面：

（1）道德感对学业成绩的影响。道德感是用一定的道德评价标准去评价自己或他人的思想、言行而产生的情感体验。当学生的学习行为符合自己所掌握的道德标准，比如爱国、敬业等，学生就会感到自尊心和自豪感倍增，获得极大的满足感。

有道德感的大学生通常更加注重学业，比如遵守学术规范，不抄袭、不作弊等，这样可以促进他们提升学习效率和学习质量，从而提升学业成绩。道德感强的大学生通常更加注重自身的职业道德，比如诚实守信、尊重他人等。这些品质也会在学习中表现出来，如不抄袭、不作弊、不帮助他人抄袭等，这样可以有效地保证学术诚信和公平竞争，也有利于学业成绩的提升。道德感对大学生学业成绩有着积极的影响，它可以促进学习效率和学习质量的提升，保证学术诚信和公平竞争，有利于大学生的成长和发展。爱学习的人会相互影响，相互监督，不爱学习的人凑在一起同样也会产生消极影响。

（2）理智感对学业成绩的影响。理智感是人们在学习中认识和评价事物时所产生的情感体验，也是人们在探索未知事物时所表现出来的求知欲望，同时也是影响大学生学习效果的因素。具备较高的理智感可以帮助学生更好地控制自己的情绪，避免情绪波动对学习的干扰。在面对学习压力、考试紧张等情境时，较高的理智可以帮助大学生保持冷静，更好地应对挑战。理智感也有助于大学生更好地规划学习时间和任务，避免拖延和浪费时间。较高的理智感还可以帮助大学生更好地掌握自己的学习进度和学习成果，通过对自己的学习情况进行理性的分析和总结，及时发现自己的学习问题和不足之处，并及时调整学习策略，从而进一步提高学习成绩。

（3）挫折感对大学生学习的影响。学习挫折感是指人们在学习活动中遇到困难、克服障碍或干扰时，因需要不能得到满足而产生的消极的情绪状态。从定义中我们可以看出，挫折感包括三种含义：挫折情境，比如考试没有及格，参加比赛没有获得理想名次；挫折反应，即需要得不到满足时产生的情绪，比如焦虑、紧张、愤怒等；挫折认知，即对挫折系统的认识和评价。

挫折感对大学生的学习成绩有负面影响。当学生遇到挫折时，可能会失去动力，自信心下降，进而影响到他们的学习兴趣和投入程度。这些因素可能导致学生在考试中表现欠佳。此外，挫折感还可能导致学生缺乏专注力和意志力，使他们难以集中精力去学习和掌握新的知识。因此，大学生需要学会应对挫折和压力，保持乐观、积极的心态，以提高学业水平。

在大学生的学习生涯中，挫折感是不可避免的，如考试失败、作业未能及时完成、论文被退回等都会引发挫折感。因此，如何应对挫折感对大学生来说非常重要，如果处理不当，可能会引起消沉、失去自信、成绩下降等一系列负面影响。因此，当大学生产生挫折感时，需要认真分析原因，找到问题所在，并采取积极的措施解决问题。此外，大学生还可以寻求支持和帮助，如向老师、家人或朋友寻求建议和指导，以帮助自己克服挫折感。

四、增强大学生学业适应性的途径

面对学习环境的变化,大学新生理应认清当前的发展态势,把握未来的发展方向,提前做出各种应对措施和转变。

(一)适应大学是重视实践的学习

大学新生要从单纯的知识学习向躬身实践转变。在高中阶段,学生已经参与了诸多课程学习,这些课程就好像一扇扇虚掩着需要慢慢打开的门,门后则是我们未来要接触的更深奥的知识。与高中时期着重加强知识积累、记忆和运用,进而提升和磨炼应试技巧的学习过程不同,大学生首先必须认识到,自身并不是单纯的"知识容器"。

1. 积极参与实践课程和实习项目

实践能力是衡量青年一代的社会责任感和服务社会能力的重要标尺。大学生群体可以通过参加社会实践活动、担任校内外工作、参加专业实习见习,以及参加文化传承创新活动等,实现从知识学习到躬身实践的转变。大学重视实践的学习方式需要学生具备一定的自主学习和实践能力。

大学生在参加实践课程和实习时也要注意一些事项。首先,要确保自己具备相关的基础知识和技能,以便更好地应对实践课程和实习中可能遇到的挑战。其次,要注意保护个人信息和隐私,遵守相关的法律法规和公司规定,严格遵守工作纪律和要求。最后,要与老师和同学保持良好的沟通和合作,倾听他们的建议和反馈,不断改进和提高自己的工作能力和表现。

2. 参加社团和学生组织

社团和学生组织为学生提供了很多实践机会,如组织活动和参加竞赛等,这些都可以锻炼学生的实践能力。参加社团和学生组织可以帮助学生锻炼自己的领导能力、组织能力、沟通能力及其他技能。通过参加社团组织,学生可以结识更多的人,扩展自己的社交范围。同时,参与社团和组织活动也可以让学生更好地了解自己的兴趣爱好和才能,为将来的职业生涯规划提供更多的经验和机会。总的来说,参加社团和学生组织是大学经历的重要组成部分,可以让学生更全面地发展个人能力。

很多大学生喜欢通过参加社团丰富自己的校园生活。比如,有些学生会参加学术类的社团,如数学或物理社团,以增强他们的学术能力和兴趣;还有些学生会加入文艺类的社团,如合唱团或舞蹈团,以提高自己的艺术修养和表现能力;还有一些学生选择参加运动类的社团,如篮球队或足球队,以提高自己的身体素质和团队合作精神。无论是参加哪种类型的社团，都能让大学生们更好地融入学校生活，同时也能够为他们今后的职业生涯打下基础。

3. 寻找指导老师

指导老师可以为大学生提供实践学习的指导和建议，帮助同学更好地应对实践问题和挑战。在寻找指导老师时，选择与自己专业相关的老师，有利于更好地开展实践学习。

可以通过发邮件、打电话或线下面谈等方式与指导老师进行沟通，了解他们的研究方向、研究成果以及实践学习的具体要求。选择一个有责任心、热情且教学能力强的指导老师，可以帮助学生更好地完成实践学习任务。在寻找指导老师时，可以参考他人的经验，向同学、学长咨询，了解他们在寻找指导老师方面的经验和建议。

大学学习的本质绝不是单纯的知识积累过程，而是重在通过学习知识反思问题，提升我们发现和解决专业领域问题的能力。在经济飞速发展、产品不断更迭的现代社会中，知识更新淘汰的速度越来越快。在大学学习到的知识会因实践领域的变化而存在明显的知识衰退现象。这就要求大学生既要在理论领域读万卷书，又要懂得并善于在实践中验证、反思，做到行万里路，以躬身实践的姿态将学习到的专业知识融入为经济社会发展的服务中。

（二）适应大学从被动学习到主动学习的要求

大学新生要从被动学习向主动学习转变。大学阶段是师生协同努力培养学生学习能力的关键时期。正所谓教是为了不教，学是为了学会。然而，许多学生适应了高中阶段的灌输式教学，往往更容易接受老师标出重点、自己死记硬背的学习方式。这就意味着学生的学习获得均停留在记忆、理解和应用的低阶思维阶段，难以转换到注重分析、创造和评价的高阶思维。但是，当代大学生恰恰只有具备了高阶思维能力，才能真正高效掌握深度知识，进而服务于我国经济社会发展的创新需求。

1. 建立自主学习的意识

大学生要时刻关注自己的学习进程，主动找寻学习资源，不断探索新的知识。同时，大学生还应建立自主学习的意识，这样可以更好地利用大学期间的资源和时间，提高学习效率和成绩。

明确的学习目标和时间安排可以更好地帮助大学生管理时间，避免拖延和浪费时间。大学生可以利用图书馆、电子资源和网络资源，找到和学习有关的书籍、文章和视频等资料。积极参加学校组织的学术活动和讲座，拓宽知识面，定期对自己的学习情况进行评估，发现问题和不足要及时调整学习方法和计划。通过实践，巩固所学知识和技能。可以参加学校的实验课、实习等活动，或者自己动手制作项目或解决问题。积极参与课堂讨论和互动，与教师和同学交流，提高理解和思维能力，同时也可以加入学术社团或团队，拓展人脉和技能。建立自主学习的意识虽然需要付出一定的努力和时间，但是可以获得更好的学习效果。

2. 制订合理的学习计划

制订合理的学习计划能够帮助大学生规划好自己的时间，确保在规定的时间内完成学习任务。大学生需要通过合理的学习计划来提高学习效率，要设定长期和短期目标，并将它们细化为具体的学习任务。比如，制订一个切实可行的学习计划，每天早上 7 点开始学习，晚上 10 点结束；每天学习一定数量的课程或者完成某个课程的作业。这样可以让学习计划更具体化，更易于执行。总之，要合理安排学习时间，让自己的学习任务与其他活动平衡进行。

制定学习任务的优先级，将重要的任务优先安排在前面，如果遇到紧急情况，可以根据优先级重新调整学习计划。创造有利的学习环境，选择一个安静的地方，关掉手机和电脑上不必要的应用，避免分散自己的注意力。每天结束学习之后，花一点时间回顾当天的学习任务是否完成，同时根据自己的实际情况调整学习计划。

3. 积极参与课堂互动

在课堂上积极参与讨论，与老师和同学交流意见和看法，有助于激发自己思考和学习的兴趣。为了鼓励大学生积极参与课堂互动，教师可以采用多种方法，例如提出问题、讨论话题、组织小组活动等。

教师可以提出开放性问题，鼓励学生多方面思考，发表自己的看法和观点，还可以利用现代科技手段，如微信群、网络问答平台等，为学生提供另一种交流互动的方式。此外，组织小组活动可以激发学生之间的互动和合作精神，提高学生的团队协作能力。总之，大学生参与课堂互动是提高教学质量的重要手段，可以激发学生的学习兴趣和积极性，促进知识的传播和交流。

4. 多渠道获取信息

大学生可以多渠道获取信息。大学图书馆是获取各种知识和信息的好地方，学生可以通过借阅图书、期刊和报纸来获取所需要的信息。学术期刊是大学生获取科学研究前沿信息和学术知识的重要来源，可以通过学校的图书馆或在线数据库来阅读各种学术期刊。此外，社交媒体是一个获取信息的快速而方便的途径，许多大学生使用社交媒体平台，如微信、微博、QQ 等来获取最新的新闻和其他信息。互联网是获取各种信息、知识、新闻的一个重要来源，学生可以通过搜索引擎、学术网站、社交网络等获取所需的信息，为未来的学习和职业发展做好准备。大学是一个高度自主、自律的学习殿堂，大学新生要适应这种环境就需要从被动学习转变为主动学习。

5. 建立学习小组

大学生建立学习小组可以互相学习和交流，分享各自的学习经验，互相督促，共同进步。

定下学习目标和规划，明确学习的主题、方式和时间，可以让小组成员更好地掌握学习进度和方向。通过社交媒体、线下广告、班级通知等方式，招募适合的小组成员，并确定小组成员的角色。例如，可以确定小组长、秘书、讲师等角色，以便更好地组织和管理小组。采用线上或线下的方式定期开展学习活动，如组织讨论、分享、辅导等活动，以提高小组成员的学习效果。同时，及时对小组的学习效果和活动进行总结和反馈，可以更好地优化小组的学习方式，进而提高学习效果。

适应大学从被动学习到主动学习的要求，需要学生不断地探索和思考，培养自己的学习习惯和自主学习能力。大学教育需要激发大学生的学习热情，使学生认识到主动学习的重要性，积极助推学生从以往中学阶段"要我学"的被动状态扭转为"我要学"的自觉状态。与以往传统听讲、阅读等单纯的接受角色不同，大学生要通过主动探索问题，如小组讨论、协同学习等方式参与到更加广泛的学习活动之中。

（三）适应大学多元开放的学习要求

大学新生要从封闭式学习模式向多元化学习模式转变。大学是一个极具开放性和高度自由化的学习场所。然而，大学新生大多延续高中阶段教程单一、方式传统的封闭式、单兵作战式学习模式，难以有效利用大学丰富的教育资源和学习资源。如今，高等学校的教育教学方式持续变革，大学的学习模式理应向项目化、合作化、探究化的多元模式转变，大学多元开放的学习要求包括以下方面：

1. 培养独立思考的能力

大学生应具备自主学习、自我管理和自我调节的能力，能够独立制订学习计划、寻找学习资源和解决学习中遇到的问题；能够批判性思考，并对所学知识进行深入分析和评估，发现其中的逻辑漏洞和错误，形成自己的独立观点；能够创新思考，从不同的角度考虑问题，发现新的解决方案和创新点，具备创新思维和创造力；能够合作学习，具备团队合作和协调能力，能够与他人共同完成学习任务，并在合作中发挥自己的优势；能够跨文化交流，具备跨文化交流的能力，能够理解和尊重不同文化背景的人，与他们进行有效的沟通和合作。

这些能力不但可以帮助学生在大学中取得良好成绩，而且重要的是可以帮助他们成为具备独立思考能力的全面发展的人。

2. 养成积极的学习态度

大学生应当积极主动地学习，不断探索并掌握新的知识和技能，不断提高自己的学习能力。适应大学学习要求的积极的学习态度需要具有相应的能力，即能够制订合理的学习计划，合理分配时间，掌握自己的学习进度和状态，并及时整合学习策略。具有自主学习能力，能够独立思考，主动探究问题，深入挖掘知识，积极利用各种学习资源，如网络、图书馆等。具备团队合作能力，能够与他人合作，共同完成学习任务，并能够尊重他人观点，进行有效沟通，协调合作，达成共识。具备创新能力，能够不断尝试新的学习方法和技巧，挑战自己的学习极限，不断提高自己的学习效率和质量。大学生要想实现全面发展，不仅要注重学习成绩，还要关注身心健康、参加社会实践、提升文化素养，重视拓宽自己的视野和知识面。

大学多元开放的学习环境，要求学生具备自主学习、独立思考的能力。积极的学习态度可以帮助学生更好地适应这些要求，进而提高自己的学习效率和学习成绩。积极的学习态度也可以让学生更好地融入大学生活，与老师和同学建立良好的人际关系，增强自己的社交能力。积极的学习态度还可以帮助学生更好地发掘自己的潜力，不断提高自己的综合素质和能力，为将来的职业发展打下坚实的基础。

3. 提高团队合作能力

大学生要具有团队协作能力，是大学学习的特点。这要求大学生能够与他人合作共同完成任务，相互学习和支持，适应大学多元开放的学习要求。具有团队合作能力，要求大学生要积极与团队成员沟通交流，及时传递信息，分享想法和意见。在团队中扮演积极的角色，主动参与讨论，提出建设性的意见和建议，帮助团队达成共识，并根据个人的特长和能力，协同完成团队任务。在团队中相互支持、互相帮助、共同解决问题，积极承担自己的责任，保证任务的完成，这种团队协作能力在实验教学中尤其重要。

良好的团队合作能力是适应大学多元开放学习要求的重要能力，需要通过实践和学习来不断提升。大学里的各种实验和社团活动为锻炼团队合作能力提供了良好的机会，在时间允许的情况下，大学生多参加此类活动，会极大地锻炼团队合作能力。

4. 探索创新的学习方式

大学生应积极探索并尝试新的学习方式，例如在线学习、自主学习、小组合作学习等。大学生应提高自主学习能力，积极主动地寻找和利用各种学习资源，例如图书馆、网络、学习社区等。大学生应培养创新思维，积极思考和探索新的学习方法和途径，提高自己的创新思维能力。大学生应积极参与各种创新项目，例如科研项目、创业项目等，锻炼自己的创新能力和实践能力。大学生应建立合作关系，积极与同学、教师、社会人士等建立合作关系，共同探索和实践创新的方法和途径，以适应大学多元开放学习的要求。

5. 提高适应环境变化的能力

大学生要能够适应不同的学习环境和要求，灵活应对各种挑战和变化。良好的适应能力的表现包括：能够适应不同的学习方式和教学模式，包括在线学习、独立学习、小组合作学习等，能够积极主动地参与学习，主动寻找学习资源和机会，如参加课外活动、实习实践等；能够自觉地管理自己的学习时间和学习进度，制订学习计划并坚持执行；能够与同学、教师和其他学习资源合作，共同完成学习任务和项目，提升学习的时效性；能够灵活运用所学知识和技能，创造性地解决问题和应对挑战，具备创新思维和实践能力。

因此，为适应大学的学习环境，大学生需要通过项目化学习深入了解知识占有和素质提升的有机结合过程；通过合作式学习学会合作共赢，体会团队精神；通过探究式学习体验自主研究的成就感，体悟情境中的学习过程等。尤其是在人工智能时代，教育新形态已逐渐改变大学生的学习方式，"读书"二字在大学变得不同以往，初入校园的大学生应尽快转变思维来适应新的环境变化，告别单一式学习模式，更好地体验多元化的大学学习。

（四）提升大学生学习的主体适应性要求

大学生主体适应性是指大学生在面对新环境、新任务、新社交关系时所表现出的适应能力。为了满足大学生主体适应性的要求，我们可以从以下几个方面着手：

1. 培养自我意识和自信心

大学生应该认识到自己的优势和不足，树立正确的自我形象，建立自信心，以应对大学生活中的挑战。第一，承认自己的成就和优点。回顾以往的经验，肯定自己所取得的成绩和表现出来的优点，这将有助于大学生树立自信心。第二，正视接受自己的不足之处。大学生时常会遇到挫折和失败，应该学会正视自己的不足之处，找到改进的方法，而不是沉湎于失败中无法自拔。第三，学习新技能。尝试学习新技能，这将有助于提高自己的能力，增强自信心。第四，与积极、乐观的人交往。这将有助于改善自己的精神状态，增强与人交流的能力。第五，勇于表达自己的意见。在课堂讨论和团队项目中，勇于表达自己的意见和想法，这将有助于提高自信心和沟通能力。

大学里有许多资源可供学生使用，例如导师、辅导员、学习中心和同学等。与老师和同学交流，寻求建议和支持，会帮助你更好地理解课程内容并提高学习成绩。制订学习计划，可以帮助你更好地利用时间，确保有足够的时间来完成作业和复习考试。制订计划，要确保它是合理和可行的，并且要预留时间来休息和放松。学会应对这些挑战，并从中学习，尝试保持积极的心态，相信自己的能力，并继续努力学习。

2. 培养学习能力

第一，养成良好的学习习惯。学习需要坚持和规律，要有一个固定的学习时间和地点，避免分心和浪费时间。第二，注重课堂笔记。课堂笔记可以帮助同学理解和记忆课程内容，还可以帮助你复习和准备考试。第三，采取多样化的学习方式。通过阅读教科书、做练习、听讲座、看视频等多种方式来学习，可以更好地理解和记忆知识点。第四，主动参与课堂讨论。积极参与课堂讨论可以增强对知识点的理解，还可以锻炼表达能力和思维能力。第五，制订个性化的学习计划。根据学期教学计划和个人情况，制订每天、每周的学习计划，确保学习任务得以完成。如果遇到学习困难，可以向老师、同学、导师等寻求帮助和指导。

大学生应该学会自主学习，并且具备解决问题的能力，这种能力需要长时间的积累和实践，可以通过参加学习小组、课外活动等方式培养。

3. 建立社交网络

大学生应该主动了解新环境中的社交规则，积极参加社交活动，建立社交网络，扩大社交圈子。大学生建立社交网络是非常常见的事情，随着互联网的普及和社交媒体的兴起，大学生可以通过各种渠道建立自己的社交网络。

这些社交网络可以帮助大学生们扩展自己的交际圈子，分享彼此的兴趣爱好，获取有用的信息和资源等。常见的建立社交网络的方式包括：登录社交媒体平台，如微信、QQ、微博等等，这些平台提供了许多社交功能，可以帮助大学生们寻找志同道合的朋友。参加学校或社区组织的各种活动，建立社交网络可以帮助大学生们获取更多的资源和信息，建立有意义的人际关系并更好地融入社会。

通过以上几个方面的培养和提升，大学生可以逐渐适应大学生活及环境，提高自己的主体适应性，更好地完成学业和人生规划。大学新生要从服从型人生向主导型人生转变。大学是一个承载梦想、成就梦想的地方。但高中时期，学生们每天忙于应付被排满的日程和繁重的学习任务，无暇思考未来，因此初入大学时难免会感到迷茫、无所适从。在这样的现实下，大学生迫切需要进行人生规划方式的转变，从过往的服从型和依赖型人生中走出来，审视自己到底想要什么，想做成什么，需要怎么做。这是一个严肃的人生课题，更是一个严峻的人生挑战。客观来说，这也是大学生从懵懂少年走向成熟理性个体的必经之路。

大学为青年学生进行自我规划创造了无限可能，多学科竞赛活动、创新创业教育形式、专业实习实训等等，为学生发现自我、规划自我提供了重要的平台与渠道。学生们要充分利用学校提供的各种资源，在实践中思考，在探索中发现自己的真实想法，做好学业与职业的未来规划。

（五）适应大学培育全面发展的人的要求

大学新生要从受局限的专业教育向全方位的成才目标转变。教育的根本任务是立德树人，高校学业学习的最终目的绝不是仅仅止步于专业教育，而应致力于把学生培养成为全面发展的人。为了适应大学培养全面发展的人的要求，学生应该注重自身综合素质的提升，不仅是在学术方面，还包括社交能力、创新能力、领导才能和文化素养等方面的发展。

1. 注重学习，掌握专业知识

大学生应该注重学习，提高自己的学术水平，这将有助于他们在未来的职业道路上获得更好的机会、取得更高的成就。要提高学术水平，大学生应该注重课堂学习，积极参与学术交流，参加学术活动，开展科研工作等。同时，除了理论方面的知识，大学生还应该注重培养自己的实践能力和团队协作精神，这些都是未来职场需要的重要素质。并且，学生也应该积极参加各种学术、文艺、体育活动，锻炼自己的个人能力和团队合作能力。

2. 积极参与社会实践活动

大学生积极参加社会实践活动，社会实践活动可以帮助他们了解社会现实，锻炼实践技能，增强社会责任感和公民意识。通过参加社会实践活动，大学生可以接触到不同的社会群体和文化，增长见识，拓宽个人视野。同时，参加社会实践也可以提高大学生的组织能力、沟通能力和解决问题的能力，为他们未来的职业发展打下坚实的基础。

3. 注重自己的创新能力

大学生应积极参与各种创新比赛和项目，锻炼自己的创新思维和实践能力。随着全球技术市场的快速变化，创新能力已经成为在职场上取得成功的关键要素之一。为了提高自己的创新能力，大学生可以参与各种创新竞赛、组织创新团队、积极参与创新项目等。此外，大学生还可以阅读相关的创新理论和案例，了解最新的行业趋势和变化。经过不断的实践，大学生可以逐渐提高自己的创新能力，为未来的职业发展打下坚实的基础。

4. 注重培养文化素养

大学生应拓宽自己的文化视野，了解中国优秀的传统文化和世界文化，提高自己的人文素质，拓宽国际视野。文化素养不仅包括对传统文化的了解和欣赏，还包括对社会、科技、艺术等各个领域的认识和理解。培养文化素养对于大学生来说，不仅有助于提升自身的综合素质，还能够提高职场竞争力。因此，大学生应该注重自身的文化素养的培养，多读书、多了解各个领域的知识，这有助于他们成为更加全面、综合的人才。

大学生应该全面发展自己，提高自己的综合素质，以适应大学培养全面发展的人的要求。诚然，大学里的专业选择是高中后的合理分流，体现的是学生的个人意愿与选择，专业学习在大学生活中也占据非常重要的位置。但专业教育的最终目的，并非将人局限于一个相对狭小的领域，而是要让大学生通晓义理、培养理性、健全人格，让大学生群体在专业学习中学会思考、敢于质疑、善于创新，从而更好地肩负起未来社会的责任。

第二章　大学生责任意识适应性研究

责任是人的本质的内在规定和人生存发展的内在需要。马克思认为，人的本质并不是单个人所固有的抽象物，在其现实性上，它是一切社会关系的总和。人们总是处于一定的社会关系之中，处于特定的社会位置上。社会关系的客观存在，决定了人要承担自己应尽的责任。马克思说过："作为确定的人，现实的人，你就有规定，就有使命，就有任务。至于你是否意识到这一点，那是无所谓的。"① 其中，"确定的"和"现实的"就是指人们在劳动和交往过程中形成的社会关系，而使命和任务就是社会关系对人的责任的要求。人的社会属性决定了人在社会关系之中，要扮演一定的社会角色，这就意味着其要承担一定的职责和任务，要为他人和社会服务，这既是个人的生存手段和社会发展的必要条件，又是维系人与人之间、人与社会之间关系的最基本的纽带。可以说，责任无处不在，责任无时不在，它贯穿于生产生活和每一个人的生命活动之中，是对每个社会成员应当承担的职责、义务、使命等的基本要求。大学阶段是青年人的世界观、人生观和价值观形成的关键时期，也是责任意识形成的关键时期，能否成功地完成角色转换，是学生能否适应大学生活的关键。因此，在教育实践中，以学生为主体，加强责任意识培养，就显得尤为关键。

一、大学生责任意识发展特征

大学生是比较特殊的社会群体，他们有较高的文化素养，充满竞争活力，但要不断适应社会，需要被社会接纳，需要产生归属感。大学生思维敏捷而活跃，比较关注社会现象和社会问题，有时表现出相当的自主意识、参与意识和公民责任意识。作为有知识、有能力的社会公民，大学生是国家宝贵的人才资源，不仅要承担起作为公民的基本的道德责任，还要承担推动社会发展和推进中华民族伟大复兴的责任。

---

① 马克思，恩格斯. 马克思恩格斯文集：第 1 卷 ［M］. 北京：人民出版社，2009：501.

（一）大学生责任意识发展特征及缺失

大学生责任意识的发展特征是随着年龄的增长，逐渐形成对自己和社会的责任感，他们开始意识到自己的行为会对周围的人产生影响。此外，大学生在学习和生活中面临各种挑战和困难，这也促使他们逐渐形成了承担责任的意识。然而，在大学生责任意识的发展过程中，也存在一些责任意识缺失的情况，因此大学生应该加强对责任意识的养成，注重个人行为对社会的影响，同时也要学会承担自己应尽的责任，做一个负责任的人。

1. 大学生群体的思想具有两面性

大学生有深厚的爱国情怀，有强烈的民族感情，对国家和民族的发展充满自信心和自豪感。比如，在汶川地震那样重大的灾难面前，他们能够积极面对，勇于奔赴一线救灾，尽最大的可能为灾区人民贡献自己的一份力量。他们积极参与无偿献血、义工和志愿者服务等活动，能够自觉遵守法律和道德的要求，基本能够正确处理个人与集体、个人与社会之间的利益关系。绝大多数大学生懂得权利与义务的关系、个人与社会的关系以及责任与自由的关系。

但在现实生活中，大学阶段的学生除了上课之外，可自由支配的时间较多，部分自我管理能力较差的学生容易放纵自己。在过去长期的应试教育影响下，过分注重分数的思想，让部分学生更容易只关注专业理论知识的学习，而把学校思想政治理论课程放在边缘，忽视个体思想道德修养水平的提高。缺乏有效的思想理论和价值观的接纳，容易造成部分大学生政治参与意识不强，缺乏政治生活的参与热情，不能够公正客观地评判社会事件，社会意识淡薄。

2. 学习能力强但抗挫折能力较弱

随着信息技术的发展和互联网时代的到来，信息传播的途径与方式越来越多，学生获取信息的渠道也越来越多样化，大学生思维活跃，视野比较开阔，学习和接受知识的能力比较强，但是实际操控能力又比较弱。同时，当代大学生的成长环境大多数比较优越，没有经历过艰苦条件的洗涤，大学生在衣食无忧的平静生活中长大，日常受到长辈的照顾比较多，缺乏独立生活的能力，抗挫折的能力比较弱。

在大学阶段，学生在学业、生活、人际、恋爱和就业等方面遇到困境时，如果不能很好地调节和适应，就容易以逃避或者是放弃的方式处理。这些学生面对难以承受的困难和挫折时，有的选择沉迷于网络的虚拟空间，寻找暂时的精神解脱，有的甚至会以结束生命的方式来解决问题。这些均表明部分大学生存在着心理素质较差，抗打击能力比较弱的问题。

3. 情绪受到好奇心影响易波动

当代大学生的接受能力较强，对外界充满好奇，思想较为开放，容易接受新鲜观点和新鲜事物，兴趣爱好特别广泛，富有创新的激情和创新的意识。随着思维能力的提高和个体独立性增强，他们开始用批判的眼光来认识、评判事物，遇到问题也愿意尝试用自己的方法去解决。

同时，大学生群体正好处于青春中期，他们的情绪变化幅度较大，容易出现两极化倾向。与中学生相比，大学生有着较为稳定的情绪，调节能力和自我控制能力比较强，但是与成人相比，他们的情感比较丰富，情绪容易激动，波动幅度较大，特别是面临学习、生活、人际交往等环境的变化时，如果不能很好地处理情绪和理智之间的关系，情绪变化会比较明显。情绪高涨时，信心十足；情绪低落时，悲观失望，意志消沉；甚至在处理一些问题时，容易盲目冲动，造成无法挽回的后果。

这些情绪变化与大学生所处的生活环境、以往的个人人生经历、个体的性格差异以及自身的道德法律修养水平都有一定的关系。

4. 自我价值的实现程度能力有限

有部分大学生不愿意轻易接受别人的观点，也不愿意接受老师和学校的正面教育，觉得个人的自由才是最重要的，个体的自我意识比较强。随着个人主义、享乐主义等多元思潮的不断涌入，部分大学生的个体价值判断陷入迷茫的困境，责任意识逐渐淡薄，合作意识降低，集体观念淡化，这是思想道德教育弱化的结果。

近几年这种情况有所改善，但随着社会的发展，受经济和利益主体越来越多元化的影响，多元文化不断涌入，大学生具有丰富的知识面，思想较为活跃，同时社会阅历较浅，判断能力较差，又不重视日常政治素质的提高，容易受到功利主义的影响，出现只关注个人眼前利益，价值取向容易受拜金主义、个人主义、享乐主义的不良思潮影响的状况。这就导致部分大学生虽然有理想信念意识，但是在自我价值的实现过程中，容易受到外界因素干扰。

（二）当代大学生责任意识缺失的表现

联合国教科文组织在《学会生存——教育世界的今天和明天》中指出："人类社会发展的目的在于使人日臻完善；使他的人格丰富多彩，表达方式复杂多样；使他作为一个人，作为一个家庭和社会的成员，作为一个公民和生产者，技术发明者和有创造性的理想者来承担不同的责任。"可见，承担责任是大学生社会生存和发展的必要条件。中共中央、国务院出台的《关于进一步加强和改进大学生思想政治教育的意见》中也明确指出："要使大学生正确认识自己的社会责任，大学生要肩负起中华民族伟大复兴的光荣使命。"党的二十大报告明确指出："教育是国之大计，党之大计。培养什么人，怎样培养人，为谁培养人是教育的根本问题。育人的根本在于立德。"

大学生是社会主义现代化的建设者和接班人，是社会的中坚力量、民族的希望和国家的栋梁。这一群体要承担起个人独立、家庭融合和贡献社会的责任，但在现实中，大学生群体还存在责任意识缺乏的情况，大学生思想状况的主流是健康向上的，多数大学生有理想信念的追求，学习勤奋认真，生活勤俭节约，工作积极主动，富有同情心和责任感。但是由于各种原因，当前部分大学生出现了责任意识缺乏、推卸责任、逃避责任的情况，这些情况如果不及时加以纠正，将来这部分大学生就会很难融入社会，参与社会活动。

1. 自我责任缺失及表现

（1）生命健康责任缺失

自我责任最基本的要求就是对自己的生命健康负责。其中，生命权是个体最重要的和最基本的权利，如果生命权得不到保障，那么其他权利都无从谈起。生命承载着重要的责任和使命，因而不能轻易放弃生命，放弃生命就是逃避责任。此外，我们需要对自己的身体健康负责，只有身体健康，身体的其他机能才能协调工作，否则就不能保证正常的学习、生活和工作，更难以承担应有的社会责任。

对于大学生而言，学习仍然是他们的主要任务。但是，学生进入大学后发现可自由支配的时间比较多，以为进入了自由世界，部分自我约束能力比较差的学生便开始放纵自我，出现学习不认真、厌学，甚至逃课的情况，有个别学生为应付作业而抄袭，为考试过关而作弊，对生活漠不关心，整天萎靡不振，稀里糊涂，对一切都没有兴趣，采取无所谓的态度，遇到困难想方设法逃避，毫无责任意识可言。

出现这些情况的主要原因，一方面是部分学生身心健康意识淡薄，大学阶段是身强体壮，朝气蓬勃的人生黄金期，但是，当前针对大学生的体质监测发现，部分大学生体质逐步下滑，健康状况不容乐观；另一方面是部分学生对自己的身体极不负责，有的学生晚上熬夜聊天、打游戏、酗酒、吸烟、打麻将、打扑克，长期的睡眠不足便容易导致疲劳、健忘和免疫力下降。有的学生饮食不规律，不重视早餐营养，以各种理由放弃吃早餐，午饭吃得过饱，晚上喜欢吃夜宵，零食不离口、饮食不规律，营养不良导致体质下降。

调查显示，有27％的学生认为，经常通宵上网、打游戏、看电影甚至夜不归宿是大学生个人生活方式的选择，与是否浪费生命、荒废时光没有关系，丝毫没有认识到通宵上网等违背了人体生物钟的正常规律，是损害身体健康的行为。50％以上的女学生每周业余体育锻炼平均不到一次，40％的大学生不吃早饭是经常的事。从调查中可以看出，一部分学生并没有保持良好的作息和饮食习惯，自我管理能力较差，不能对自己的身体健康负责。

（2）生命责任意识淡薄

自我责任要求人对自己的生命负责，对自己的生命负责也是对他人、家庭和社会负责的前提和基础。然而，逐渐走向成熟的大学生，虽然富有理想，却把未来想象得过于美好，对将来可能会遇到的困难和挫折缺乏充分的心理准备，再加上他们对社会缺乏了解，人生经历比较单一，所以应对挫折的能力较差，遇到学业、感情、人际交往和就业等方面的困扰和挫折，往往采取逃避、抱怨的方式，容易灰心失望，甚至丧气沉沦。部分学生认为生命是自己的，别人无权干涉，甚至有的会用放弃生命的极端方式来解决问题。

近年来，大学生自伤、自残等现象时有发生，他们面对死亡、面对生命表现出来的冷漠着实让家长和老师震惊。大学生作为成年人，本应该珍惜自己的生命，回报父母含辛茹苦的抚养，用自己的所学回报社会。然而，有的大学生却因为大学生活适应不良、人际关系不好、恋爱受挫、考试挂科等小事就选择结束自己的生命。据报道，中国社会调查曾对北京、上海、广州、南京、武汉等地的高校共计1000名大学生展开了一项针对大学生心理方面的问卷调查，结果显示，超过1/4的被访者曾有过自杀念头。

（3）心理健康责任缺失

大学生的心理正趋于成熟，当面对学业、感情、人际交往、就业以及生活压力问题，长时间得不到解决时，容易造成各种倾向的心理障碍。

第一，有的学生忽视自身的心理健康问题。由于对自己的心理健康的重视不足，部分大学生有时会忽视自身的心理健康问题，导致问题逐渐恶化。第二，缺乏有效的心理应对策略。当出现心理问题时，大学生缺乏有效的心理应对策略，不知道如何应对和解决问题。第三，缺少心理健康知识。由于缺少心理健康知识，大学生无法正确地理解和评估自己的心理状态，也无法识别和应对他人的心理问题。大学生面临着学业、就业等方面的压力，这些压力导致他们忽视自身的心理健康问题，或者对他人的心理健康问题无法给予足够的关注和支持。

有的学生自理能力较弱，不适应大学生活，没有信心接受未来生活的挑战；有的学生对学习漠不关心，学习动力不足，学习目标不明确；有的学生人际关系不良，尤其是与同寝室同学的关系紧张；有的学生面对亲情、友情、爱情等问题处理不当，容易冲动，感情用事，甚至有的学生愿意出卖自己的人格尊严来换取金钱。这些现象如果不得到及时的矫正指导，学生容易出现不同程度的抑郁、焦虑、狂躁等情绪障碍，不利于他们人格的完整和谐，也不利于其身心健康发展。

2. 对他人责任的缺失及表现

对他人负责，是指一个人对他人的生存与发展所承担的职责和使命。因为人是社会的人，有他人的存在，个人才能够在社会中生存，如果没有他人的存在，社会就不能够称之为社会，个人也就不能存在。并且个人的生存也必须依赖于他人，个人的发展和进步，既依赖于自己的努力，也依赖于他人的帮助以及他人对自己的负责。同样，个人知识和能力的获取也有赖于他人的帮助和教化。同时，任何人都有责任帮助他人发展和进步，其中对他人负责是最关键的一点，要尊重和爱护他人的生命。

当前，大学生中的很大一部分是独生子女，他们从小养尊处优，容易存在自私、懒惰和冷漠的问题，处理事情很少能够站在他人的角度去思考，总是一味地以自我为中心，对与自己无关的人和事反应非常冷漠，甚至漠视他人的存在。有的大学生遇事不够冷静，容易情绪激动，做事不考虑后果，在侵害他人权益的同时也伤害了自身，表现如下。

（1）侵害他人的生命权

每个人的生命都是独特存在的价值之一，有些大学生缺乏自我约束力，在情感和理智发生冲突时，无法用理智控制自己的感情，成为情绪的奴隶，不分场合、不分结果地发泄情绪，甚至会造成意想不到的后果或者悲剧。当前校园内，人际关系、恋爱受挫等导致的打架、斗殴、群殴、伤害他人身体健康，甚至伤害他们生命的事件时有发生。有些院校短短一个学期内就会发生数起跨院系的学生群殴和伤害事件，严重侵害他人的生命健康权。

例如：学生张某和李某本是同一寝室的好友，却因在寝室讨论问题时而发生冲突，冲动之下，张某抓起啤酒瓶朝对方砸了过去，造成李某受伤，不仅花去医药费 30000 余元，而且经医疗鉴定构成轻伤，人民法院依法判决张某有期徒刑 2 年。这是典型的"冲动是魔鬼"的例子，原因就是张某对生命意识的淡漠，结果既害了他人，也害了自己。

（2）失诺违约现象时有发生

失诺是指没有按事先答应或同意的方式去做。大学生失诺主要表现为拖欠银行贷款，不按时缴纳学费。甚至有报道称，某大学教授出于同情心借钱给学生交学费，而学生毕业后一直不还款，教授不得已把学生告上法庭才追回借款。

违约是指未能按照预先约定的双方共同遵守的条文去做。大学生违约主要表现为在择业方面缺乏诚信，随意违约。目前，大学生的就业择业采取双向选择的方式，有的学生为了拥有多个选择机会，同时与几家用人单位签约，导致违约行为出现；有的学生为了户口问题与大城市的用人单位签约，户口解决后立即跳槽违约；有的学生入校前与用人单位签署委培协议，毕业后违反约定。这些现象说明有些大学生诚信意识缺失。

3. 家庭责任缺失及表现

对家庭负责是指家庭成员对家庭所承担的各种责任以及承担义务的自觉性。对家庭负责是维系一个家庭必要的条件，在家庭中的身份不同，责任就有所不同。家庭是社会最基本的单元，家庭成员要扮演好自己的角色，承担应尽的责任，孝敬父母就是其中之一。孝道是一切道德之本，孝敬父母是中华民族的传统美德，也是家庭成员应当遵守的最基本的道德准则。懂得体恤父母的艰辛抚养，勤俭节约，努力学习，就是对父母、对家庭负责的最充分的表现。而当前部分大学生却缺乏对父母、对家庭的责任意识，主要表现在以下几方面：

（1）漠视父母的艰辛，消费无节制

部分大学生在生活上一味与他人攀比，自私自利地追求时尚和高端的生活，追逐享受，无节制地向家人索要钱物，拿着父母挣的辛苦钱玩游戏、谈恋爱或者摆阔绰，甚至有的学生为了骗取更多的费用，谎报学费数额、学习费用等，完全无视家庭的经济负担和父母的辛苦。

在工作实践中笔者曾接触过这样一个学生：为了谈恋爱讨女友欢心，进行各种高消费。笔者作为辅导员找他谈心，他谎称父亲是煤老板，家中有足够的实力应付他的消费，因为当时通信不便并未就此进行核实。后来，他违反了校纪，我们在约谈家长后才了解，他的父亲只是个拉煤司机，家中条件也只够勉强供他读书。这样的学生在现实中绝不是个案。

（2）得过且过和学业荒废

父母辛苦地供养孩子上大学，孩子对父母最好的回报就是好好学习，尽最大的努力提升自己的才能和完善自己的人格，进入社会工作，实现自己的人生价值。然而，部分大学生离开父母的监督后，全然忘记了父母对自己的殷切期望，只知道自己已经成人，不再愿意接受父母的约束，且不愿意承担长大后应承担的责任，学习无目标，缺少动力，缺乏对学习的求索精神和吃苦耐劳的斗志。有的学生热衷于上网聊天、打游戏、逃课、抄袭作业，考试作弊的现象时有发生。有的学生热衷于拉关系走后门，编织关系网，做生意盼发财，专业学习只是追求及格，缺乏青年人应有的进取精神。

中央电视台《东方时空》栏目曾播出过一期调查高校退学风波的节目，报道了东北某高校对该校113名8门以上功课不及格的学生做退学处理，并对6名4门功课不及格的学生做留级处理。这些被处罚的学生，绝大多数因沾染网瘾而导致学业荒废，丢失了自己的梦想，打碎了父母的美好希望，这些学生的行为是对父母、对家庭极度不负责任的表现。[1]

（3）重过程轻结果的错误恋爱观

恋爱不再是一个神秘的话题，大学生的恋爱问题经历了从严令禁止到允许结婚的转变，谈恋爱已经成为大学生活的一部分。大学生虽然达到法定的结婚年龄，却缺乏对爱情婚姻的深刻理解与认识，尚未有对将来组建家庭的责任意识，甚至有的学生持有一种错误的恋爱婚姻观。据调查，20%的学生把谈恋爱作为大学期间消磨时间的一种方式，16.2%的学生认为恋爱就是跟着感觉走，"只求曾经拥有，不求天长地久"。

这说明大部分学生具有思想不够成熟，又无力承担责任的问题。当前的大学生多数是独生子女，从小娇生惯养，比较任性自私，没有认识到恋爱是婚姻的前提，爱情需要互相关心爱护，相互体谅帮助。只图自己享受，不顾他人健康的恋爱是不负责任的恋爱。

4. 社会责任缺失及表现

人是社会的人，公民在社会生活中需要有社会意识，要有关心他人、尊老爱幼、帮助弱势群体的观念。随着社会生活的不断扩大，人与人之间的交往也越来越多，社会责任意识成为公民的内在要求和基本素质。每个公民都有义务和责任维护社会秩序的稳定，都有责任去帮助那些需要帮助的人。马克思主义认为，"全部人类历史的第一个前提是个人生命的存在"，同时又认为"个人不是独立自主的生物，而是社会实践的产物"。

既然如此，个人与社会就不应当是分裂对抗的关系，而应当是相互依存的关系。离开了个人的生存和发展，社会便失去了存在的理由；离开了社会，个人也就失去了生存和发展的依托。如果人人都不对社会负责，到头来，谁的利益都得不到保障。这就是说，合理的社会责任和义务是作为社会规律在现实生活中的具体规定，是个人生存和发展不可逾越的前提。大学生社会责任缺失的表现主要有以下几方面：

（1）过分注重个人利益得失

大学生主观上并不否认承担社会责任的必要性和重要性，可一旦涉及具体利益时，往往首先考虑个人的得失。部分大学生对他人的疾苦不闻不问，对集体活动、社会公益事业漠不关心，根据对辽宁四所高校的调查，对集体感情比较不热爱和非常不热爱的占比分别为45.2%和1.6%，13.8%的学生表示不清

---

① 张敏. 大学生责任意识教育研究 [D]. 重庆：西南大学，2008.

楚，对学校组织的活动非常主动和比较主动的仅占 10.4％和 30.9％。这些数据说明大学生对集体活动的热情不高。[1]

谈到社会理想和历史使命，许多学生认为个人在其中的作用和价值微不足道，有些学生已经把为国家做贡献、增强事业心、责任感等排除在自己的学习动力以外，而把与个人相关的因素作为学习发展的主要动力。在学习上，重技术而轻基础，重知识而轻能力，重技术而轻人文。考证之风盛行，在入党、当干部、交友甚至恋爱方面都表现出明显的功利化的色彩。在择业时，往往对工作报酬、单位性质以及工作是否稳定等诸多实际利益的考虑多于对事业发展和满足社会需要的考虑。

中国青少年研究中心对大学生择业动向的调查显示，大学生择业时，86.4％的人最关心经济收入，70.24％的人最关心权力地位和升迁机会，65.8％的人希望工作舒适性高，且绝大多数毕业生愿意选择在经济发达地区和大城市就业。当社会利益与个人利益发生冲突时，大学生往往更看重个人利益。

在被问及如何处理个人利益与集体利益关系时，26％的学生选择了视具体情况而定，56％的同学主张"合理利己主义，主观为自己、客观为别人"的观点。这些学生不能把社会责任和个人责任统一起来，摆不正个人利益、集体利益的关系。个人功利性导致责任意识狭隘，一旦遇到自己暂时的要求和愿望不能实现或者遭遇不公平的事件时，不是从自身找原因、分析问题，而是过分地谴责社会，把问题归结于社会不公平、机会不均等。甚至有的大学生毕业后，遇到单位加班就不能接受，认为那是在盘剥自己。有报道称，一位大学生毕业后半年之内就换了六份工作，原因就在于他在工作中一点委屈都受不了，与领导一言不合就要求离职。这表明他缺少基本的抗挫折的能力，遇到一点打击就心灰意冷，觉得社会不公平，缺少最基本的责任意识。

（2）行为有失公德规范

社会公德规范是对社会成员行为的要求，体现了社会的文明程度和个人的道德水平的差异。有些大学生为了满足个人需要，不爱护公共财物，在课桌上乱涂乱画、乱扔垃圾。在宿舍生活中，部分大学生白天宿舍没有人电灯照亮，中午午休时间大声喧哗，晚上不睡觉，或者网络聊天，或者打游戏，影响他人休息，也影响自己的听课质量；有的学生不注意个人卫生，影响整个宿舍的卫生状况，舍友之间缺乏关爱，人情冷漠，缺乏对集体的责任感。在学习生活中，部分学生不尊重老师，上课迟到、早退或无故旷课，不遵守课堂秩序、随

---

① 刘静. 大学生责任意识培养［D］. 上海：复旦大学，2011：27－28.

意接打电话，或聊天干扰教学秩序。

虽然这些不当的行为只存在于少部分大学生身上，但是影响了大学生群体的整体形象。这样的情况长时间存在，会导致寝室室友关系紧张，如矛盾累积过多，极容易酿成严重后果，为大学生活蒙上阴影。同时，如果不及时纠正大学生的这些不良行为，大学生毕业后就会把这些行为带到工作单位，他将很难适应职业生活。

中华民族5000多年的历史发展过程中涌现出成千上万为了祖国统一和荣誉而甘洒热血的爱国人士。大学生应当继承中华民族的爱国传统，时刻心怀祖国，以国家利益为重，将自身的前途命运和祖国的前途命运联系在一起，自觉地承担起维护国家和平统一与服务国家的责任和使命，用所学的知识技能建设国家，报效祖国。当前，虽然大学生有强烈的爱国热情和高度的社会责任感，但是当个人利益和社会利益发生矛盾的时候，部分大学生表现出以个人利益为重的倾向，这是大学生责任意识有待提高的地方。

5. 生态责任缺失及表现

随着科技的进步，人类对自然资源无节制的开发和掠夺在带来了暂时的经济繁荣的同时，也给人类当下以及未来造成了前所未有的生态危害。工业文明的发展使人类对自然的索取越来越多，全球生态环境遭到前所未有的破坏。大学生生态责任缺失主要表现在以下几方面：

（1）生态文明知识匮乏

大部分学生只知道生态环保重要而未曾深入研究过具体知识，更不懂得如何协调人与自然的关系。大学生对生态文明缺乏基本的了解，导致他们对生态文明的认识不够全面，缺乏对生态文明的负责意识，缺乏生态文明的道德判断标准和正确的价值导向。对于生态环境的保护和可持续发展，缺乏每个人应有的责任意识。环境污染、生态破坏、野生动植物灭绝等问题，不仅会对我们的生活和健康造成严重影响，造成对环境的破坏和资源的浪费，而且会给未来的生活带来不可逆转的不良影响。缺乏生态文明知识也可能导致生活方式和消费习惯的不可持续性，从而加剧资源消耗和环境污染。

此外，一些大学生缺乏对环境保护的兴趣和意愿，或者缺少机会去了解学习相关知识。因此，需要加强大学生的生态文明教育，提高他们的环境保护意识，提供更多的机会和资源帮助其学习和了解生态文明相关知识。

（2）欠缺环保意识

环境是大家共有的，但是大学生的生态环境保护责任意识比较淡薄，缺乏规范意识。某课题组对七所高校的1000名大学生关于环境污染的问卷调查显示，有83.5%的大学生认为人人有责，但其中仅有30.6%的大学生经常关注环保，20.2％的学生有保护环境的具体行为，73.6％的大学生承认有过污染环境的行为。①

大学生环保责任意识欠缺，究其原因，有些大学生在校期间没有接受到足够的环保教育，缺乏环保意识和知识。有些大学生在日常生活中没有养成环保的好习惯，乱扔垃圾、浪费资源等。部分大学生所处的社会环境缺乏环保氛围和支持，缺乏对环保行为的认可和鼓励。一些大学生对环保问题持漠视、消极或者不重视的态度，缺乏对环保问题的责任感和使命感。

大学生环保意识欠缺的表现包括不注意垃圾分类、浪费资源、乱扔垃圾、不关灯节能等。这些行为会对环境造成负面影响，影响生态平衡和可持续发展。大学生应该增强环保意识，积极采取环保行动，为保护环境做出贡献。

（3）节约意识淡漠

近年来，党和政府对生态文明建设日益重视，生态环境意识是指人们对自然环境的认识、了解和保护意识，包括生存责任意识、环境责任意识和环保责任意识。生存责任意识是对人类生存环境状况的认识和了解。环境责任意识是对环境状况的认识和了解以及对环境保护自觉性的认识。环保责任意识是在环境责任意识基础之上产生的保护环境的自觉性的认同，在责任认同的基础上，还要在日常生活中提高环保自觉性，处处采取环保行动，让环保责任意识和环保行动有机统一起来。只有处理好人与自然的关系，自然才会给我们提供良好有序的生存环境，人与自然才能够和谐共生。

当前，高校的思想政治教育课程也倡导节能环保意识，大学生社团也经常组织节能和环保宣传的公益活动。但是，在组织实践活动中缺乏应有的训练环节，导致环保宣传没有起到应有的作用。一方面，环保宣传没有让学生在头脑之中形成环境保护和资源利用的科学认知，没有形成主动自觉地采取环保型资源利用的科学方法。另一方面，在日常生活中，破坏环境、浪费资源的行为没有得到应有的惩罚，没有形成自觉保护环境和节约资源的道德行为。实践证明，没有惩罚的规则都是无力的，甚至在大学校园里有一些破坏环境、浪费公共资源的行为出现，却没有引起大部分学生的注意。可见，大学生有参与环保的意识，但缺乏应有的自觉性。

大学生处于成长成才的关键时期，随着生理年龄的日益成熟，他们的认识也应逐步提高，可是由于自身、家庭、学校和社会的原因，大学生与其身体和心理相匹配的责任意识还没有完全建立起来，有很多缺失的地方，这需要引起各方的关

---

① 徐海元. 当代大学生生命责任意识现状及培养对策：基于大学生生命意识现状的调查 ［J］. 道德与文明，2009（3）：96－99.

注，同时大学生自身要具有清醒的认识，让自己尽快适应环保方面的责任要求。

二、大学生责任意识缺失的原因分析

马克思认为，世界上一切事物都处于相互联系之中，任何事物的出现必然有其产生的原因。大学生责任意识的缺失既有外部原因，也有内部原因，这些原因基于学生接触到的环境和所受的教育不同而有所差异。

（一）社会原因

社会存在决定社会意识，社会意识是社会存在的反映。当前，大学生责任的意识缺失，主要受以下四种因素的影响：

1. 市场经济的影响

随着我国改革开放的进一步扩大，西方多元化的价值观念不可避免地对当代大学生的思维方式、价值观念、行为选择等造成一定的冲击。在大学生的价值观还没有稳固形成的时候，思想活跃的他们容易接受新鲜事物，也容易受到不良思想的影响。市场经济是以个体为本位，关注个体自身利益、追求个人利益最大化为特点的经济运营方式，追求个人利益最大化，是市场经济体制中经济发展的最主要的动力，它在运行中所产生的价值取向强调以个人为中心。

市场经济的另一个特点是其运作的核心原则是强调等价交换，它要求人们在交换过程中必须等价，而且是建立在个人利益之上的等价交换。这种机制对人的思维形成也会产生很重要的影响，反映在实际的工作生活中就是事事讲究利益、讲竞争、讲效率，而不是关注人民的利益、对社会的发展负责，与为人民服务的精神追求和社会认同的道德行为相背而行。在这样的现实情况的影响下，大学生容易更多地关注个人规划与努力，遇事倾向于从个人利益出发，寻求利益最大化，很少去关注他人或社会的整体利益。

2. 社会道德行为失范

市场经济残酷的竞争，强调优胜劣汰。目前，中国社会主义法律体系已经建成，但还不健全，存在一些漏洞，人类的伦理道德约束受到了一定的挑战，容易滋生各种各样的道德失范行为。失范行为一旦没有得到及时的惩罚，将严重影响部分大学生的价值认同和价值观选择，涉世未深的大学生极容易对其进行模仿，久而久之形成固有的思维模式和行为习惯。随着社会关系越来越复杂多变，道德选择的环境也日益复杂，大学生缺乏对庞杂信息的筛选和辨别能力，容易被社会中和网络上的那些负面信息所影响，让他们感到困惑和迷茫。如果这时客观上缺少及时的引导，主观上缺少主动适应的积极性，这些信息就会严重地干扰大学生的责任选择意愿。

当自主意识、独立意识和功利意识超过一定理性控制时，实用主义观念就会增加，大学生就会更多地关注自己的利益，社会责任意识就会变得淡薄。相应地，在他们的认识中，上大学的目的不再是为了报效国家、感恩社会，而是将来能获得一份稳定的收入和较好的工作，参与工作是为了更好地实现自己的个人价值，而不考虑为他人和社会做贡献。追求人生理想也不是为了实现人类的根本利益和长远利益，而更多地关注的是个人收入多寡与个人幸福。那么，大学教育出来的就是一个个精致的利己主义者，与我们的培育目标背道而驰，不能完成"培养什么人，怎样培养人，为谁培养人"的任务。

3. 西方文化思潮的影响

随着改革开放步伐的进一步加快，西方社会的不良文化思潮随之进入我国。一方面，西方资本主义强调个人主义的道德原则，崇尚个人利益，凡事以个人利益为中心，把追求个人利益作为个体行为的出发点和落脚点。在处理个人与社会的关系时强调，为了实现个人利益，任何行为都是合理的，社会仅仅是实现个人利益的手段或者工具，强调个人利益可以凌驾于社会利益、集体利益和他人利益之上。

另一方面，西方的存在主义强调从主观唯心主义出发，认为个人首先是存在的，然后个人按照自己的意愿自由选择自己的道路，所以强调个人有权利只对自己负责，而不用对他人和社会负责。这样的说理对意志力和判断力较弱的大学生来说，就为他们的自私自利和懒惰享受找到了合理的借口，淡化了对他人和社会的责任。在不同文化的冲突下，部分大学生开始盲目崇尚西方文化，对西方的消费观、民主制度、价值取向表示认同，开始对国内民生状况的改善和生活水平的提高视而不见，总是从阴暗面看待自己国家社会的发展，所以说西方文化误导了大学生的价值取向，淡化了学生的责任意识。

如果没有教育的及时干预和自身认识的提高，大学生很可能就会形成错误的价值观和社会责任的缺失，并把这种价值观带进工作岗位，影响人的一生，也影响社会主义核心价值观的贯彻执行。

4. 网络技术的影响

网络技术给我们的生活、工作带来了便利的同时，也给我们带来了难以预料的不良影响。所以说，网络是一把双刃剑，网络信息实时传送速度之快，是其他媒介无法比拟的，信息传递日益方便快捷和丰富多彩，真假难辨的内容吸引了大学生的眼球，手机和平板电脑几乎成为大学生的生活必需品，上网也成为大学生生活的一部分内容。一方面，网络信息的开放性突破了原有传媒的地域管辖与限制，高度自由的虚拟空间容易让人误以为自己的行为是不受约束的，让人放纵自己，降低道德标准，淡化个人的责任意识。另一方面，网络空间的隐秘性，让人误以为可以发布一些不良信息而不用担心真实身份被暴露，同时西方社会也利用网络平台传播一些不正确的价值标准，对我国大学生群体造成了强烈的腐蚀，影响了大学生责任意识的形成。

例如：学生张某在大学期间，对专业不感兴趣，觉得大学生活百无聊赖。为了打发无聊的时间，他便在网络上多次无中生有地恶意中伤他人，结果被追究法律责任，受到刑罚处罚。因此，网络不是法外之地，在网上的行为一样要遵守社会规范，树立规范意识和责任意识。

（二）学校教育因素

学生责任意识和能力的培养，在很大程度上依赖于学校教育的正确引导。针对大学生责任品质缺失的现象，学校因素主要有以下四个方面：

1. 责任教育重视不够

受应试教育的长期影响，学校教育大多数情况下是重视知识，忽视德育；重视成绩，忽视能力；重视理论，轻视实践。这就造成学校教育过分注重成绩的提高，而忽视了对学生责任意识的培养。虽然高校也会开设思想政治教育课程，但是其教学内容偏向政治性，过于理想化、神圣化，不能满足多层次的教育要求，无法达到全方位的教育效果。有的学生认为社会责任与自己无关；有的学生愿意承担责任，但不知道哪里有责任，什么是责任；有的抱着"一心只读圣贤书"的观念，对班级、学校等集体活动缺乏积极性和责任心，忽视了责任意识的培养。

学校应设置相应的课程，采用正确的引导方式，对大学生进行责任意识培养，让他们认识到自己的责任和义务。

2. 部分教育者的教育责任感有待提高

在学校教育过程中，教师对学生的影响不仅包括责任理论知识的传递，而且他们的言行举止也会潜移默化地影响学生。然而，在现实生活中，有些教师不负责任的行为与责任教育理论形成鲜明对比。有的教师在工作中敷衍了事，不认真备课，上课不认真传授知识，答疑解惑，课后不辅导、不认真批改作业，对本职工作极不负责任，给正面的责任教育造成了不良影响；有的教师对学生进行体罚或精神控制。甚至有极个别院校对有违师德的情况姑息迁就，在学生中造成极坏的影响，近些年来，媒体曝光的例子就说明了这种现象绝不是个例。教师对学生既要言传，又要身教，而身教又重于言教。

3. 责任教育缺乏时效性

目前，高校虽然有责任教育的内容，但是更多沿用课堂教学的基本模式，强调个体对国家、对社会的责任，而忽视了学生个人成长中的个性化需求。一方面，责任教育的理论内容过于宽泛，与学生的实际生活结合得不充分，对社会中的一些不良现象和社会问题谈得不够，只是从正面对学生提出宏观的要求，缺乏针对性和时效性，打动学生的心灵的时候比较少。理论授课多半是以讲课为主，内容趣味性不够，学习效果一般化，即使开展一些团队活动，也是流于形式，学生参与的积极性不高，活动针对性不强，教育意义不大。另一方面，思想政治理论老师个人的理论功底还有待提升，有待将理论知识进一步延伸和提升。而在授课过程中学生的学习兴趣充分调动起来，讲课内容缺乏与学生实际学习生活情况的充分结合，不能与学生生活完全贴近，起不到充分的激励作用。因此，责任教育的效果与教育的目的还有距离，达不到教育的要求。

4. 责任教育缺乏实践激励机制

首先，大学生缺少参加社会实践、志愿服务等活动的机会，他们长期关注学习，缺乏社会实践，不能亲身体验社会责任，无法增强责任感和使命感，遇到问题习惯找老师和家长。其次，学校缺乏相应的规章制度对大学生的行为进行规范，因而应当设相应制度让学生明确自己的行为对社会和他人的影响，从而培养责任意识。最后，学校缺乏奖励机制对表现出色的大学生进行表彰和奖励，因而应当设立相应的奖励机制，激励他们树立正确的价值观和责任观念。

（三）家庭和朋辈的影响因素

家庭是社会最基本的构成单位，也是孩子成长的首要环境。家庭教育是个体接受的首个教育，家长是孩子的第一任老师，家庭的氛围和家长的教育方式对子女的成长有潜移默化的作用，对个体的个性形成、能力培养、品德陶冶以及责任感的形成至关重要。在中国传统的家庭伦理关系之中，父慈子孝的孝道思想也体现了家庭成员的责任担当。虽然国家放开"二孩、三孩"政策，但是当前独生子女家庭越来越多，子女成为家庭的核心，家庭教育发生了一定的偏差，导致责任教育品质的降低，主要表现在以下四个方面：

1. 家长教育方式不当

面对激烈的就业竞争，高学历、高文凭成为人们找工作的必备条件。有些家长功利思想比较严重，过分注重孩子的学习情况，忽视子女的兴趣爱好、行为和情绪波动；只关注就业和收入，忽视了对子女进行道德品质的培养；淡化了家庭的育人功能，遇事动辄对孩子破口大骂，甚至拳脚相加，这种棍棒式的教育，忽略了对孩子内心的了解，使孩子感受不到家庭的温暖，容易造成孩子撒谎、自卑和叛逆的行为出现。

有些孩子在幼年时因为反抗能力弱，而被动接受棍棒教育，但当他们有足够的反抗能力后，就会出现逆反心理，有的甚至进入大学后这种逆反心理也不会结束，与家长的紧张关系一触即发。这样的不良心理往往也会带到与他人的交往中，冲动的个性导致其一旦遇到情绪问题往往不顾忌后果，责任感差影响其与同学的相处，甚至影响未来处理同事关系。

有些家长采用溺爱式的教育方式教育子女，大包大揽地剥夺了孩子的责任感释放的机会，众星捧月和养尊处优的生活环境极容易助长孩子的自私、任性、依赖以及缺乏责任感的个性。有些家长采用放任式教育方式，由于日常工作繁忙，无暇顾及孩子，与家人交流沟通太少，因而从物质上过多满足孩子来弥补情感支出不足，缺乏对子女的正当监管，影响了孩子责任品质的发展。

这种在人生之路上缺乏引导的学生，通常缺乏分析问题、处理问题的能力，往往只从个人的喜好出发，缺乏长远规划，遇到困难容易退缩，逃避责任，缺少坚强的意志品质，而未来的人生之路总会遇到这样那样的困难，有责任意识的人才能遇到困难不退缩，成为生活的强者。

2. 家长素质的影响

家长的言行举止对孩子有潜移默化的影响，如果家长在教育孩子的过程中不能以身作则，就容易影响孩子责任心的培养。如果家长对上孝敬老人，对下关心爱护孩子，兄弟姐妹之间和睦相处，与邻居、同事之间关系和谐，那么在这种家庭环境下成长的孩子，无论在学习、生活工作以及与人交往中都会有责任意识。相反，如果家长对工作不负责任，在生活中爱占便宜，不能廉洁自律，在这种家长影响下成长的孩子很难做到对他人负责，对自己负责。

所以家长是孩子最好的老师，有的家长对家庭、对社会兢兢业业、恪尽职守，自然就会成为孩子的榜样，孩子会从心底里佩服，在行为上模仿。而有的家长本身就没有责任感，孩子在成长的过程中，看到的都是不好的榜样，就会对家长失望，在外人面前自卑，降低遇事的辨别能力，以为没有责任感是正常的事情，不会有耻辱感。长此以往，孩子就会缺乏责任意识，觉得除了学习以外，都是别人的事情，事不关己高高挂起，影响责任意识的建立。目前，在升学压力的驱使下，责任意识缺失现象有愈演愈烈的趋势。

3. 家庭成员缺乏责任分担

当前有许多独生子女家庭，部分家长对子女过度的保护和溺爱，父母承担了本不该他们承担的责任，剥夺了孩子本应该承担的角色和义务。父母对于子女的情感需求和精神需求很少过问，更多地表现为对其物质条件的最大满足。父母为子女所做的一切付出和牺牲，被子女看成是理所当然的事情，导致孩子越来越不懂得感恩和回报，只懂得享受。

子女作为家庭的主要成员，如果生活琐事都由父母代劳，遇到问题只会求助父母，习惯被呵护和照顾，那么他们将很难意识到自己所应承担的家庭责任，以及应该为家庭所做的力所能及的事情，以致其逐步形成只顾享受、不懂付出的思想意识。甚至当子女犯错后，认为父母帮其承担责任是理所当然的事情，而没有意识到自己已经长大成人，应该独自承担个人行为所产生的各种责任问题，缺乏应有的承担责任的勇气和信心。这样的学生如果不在大学期间及时地培养个人的责任意识，是很难适应未来的工作环境的。

4. 朋辈群体的影响

朋辈群体或同辈群体是由一群年龄相仿、兴趣爱好和价值观相同、社会地位相近的人组成的一类关系比较密切的群体。在青少年时期，朋辈群体对一个人的成长有着非常重要的影响，因为他们活动频繁，凝聚力强，彼此之间有很强的信任感。当学校和家庭的影响失去其垄断地位时，朋辈群体发挥了其独特甚至超乎想象的影响力。他们年龄相仿、兴趣爱好相同、阅历相似、学习任务一致，相互之间有共同语言，并容易获得理解与支持，容易形成较强的心理认同感。朋辈之间的交往互动容易对某一现象和问题达成共识，形成自己特定的价值标准和行为规范。

朋辈群体中总会有让人崇拜的偶像人物，他的个性、品行和能力会对其他成员形成一定的影响，其中的积极影响就是容易满足群体成员的情感交流的需求，使其获得一些生活经验，使得压抑的心理得到及时的疏解，加速个人价值观的形成。消极影响就是容易受到群体中某个核心人物失范行为的影响，当他的行为偏离了正常的轨道，群体其他成员容易受其影响而发生偏离，做出道德失范的行为。个别情况下，一个人的犯罪意图会把一群人带入犯罪的深渊。当群体内出现矛盾冲突时，如果缺乏理性指导，则会出现暴力斗殴等危害社会的事件发生。

（四）自身因素影响

多数大学生虽然知识水平较高，但是社会阅历较浅，缺乏辨别是非和适应社会的能力，不能正确地认清自己与社会的关系，不能准确定位大学生的社会地位与社会角色，也不能正确认识社会赋予他们的历史使命。因此，部分大学生虽然会意识到自己责任，却不能把它升华为一种自觉的内心信念和责任感，往往容易受到不良的社会环境和信息的影响，使其对责任的认知不够明确稳定，主要表现在以下四个方面：

1. 缺乏深刻的责任认知

当前，虽然部分大学生对其应当承担的社会责任的认知较为明确，明确社会的期望，但是对于承担社会责任的角色定位过于简单，主要表现为只为自己将来的发展做准备，更多地关注个人的专业的劳动强度和薪资待遇，少有为社会建设和国家发展承担责任的社会理想。部分学生进入大学后，由于摆脱了中学繁重的课业负担，所以没有明确的奋斗目标，感到茫然不知所措，莫名地感到空虚和无聊。学校毕竟不是社会，大学生对社会的接触和了解较少，不能正确地看待社会问题，容易把生活问题简单化和理想化，缺乏危机感和责任感。由于他们不能全面地理解个人与社会、现实与理想、社会的光明面与阴暗面、琐事与事业之间的关系，所以在认识和处理问题时容易感情用事，不能正确地认识自己的不足，不能正确地认识自己的地位和社会角色，行为容易失去方向，不能准确定位自己的人生，更容易随波逐流。

例如：大学实行学分制，有的学生只选择自己喜欢的内容进行学习，认为学习已经成为自己的事。大学可自由支配的时间比较多，有的学生认为学与不学是自己的事，找自己喜欢和感兴趣的工作也是自己的事，至于承担责任，似乎与自己无关。部分大学生的错误认知导致其忽略了个人与社会、个人与他人之间的责任关系，缺乏对自己应该承担的家庭责任和社会责任的认同，更缺乏承担责任的控制力与执行力。

2. 自我控制能力较差

大学生的心理发展尚未稳定成熟，情绪变化较大，喜怒无常且容易冲动，自我控制能力和辨别能力较弱。大学生自我控制能力较差的原因有很多，如生活方式不健康、缺乏目标和动机、压力过大、缺乏自律等。受不良信息和群体信息影响，部分大学生价值取向混乱，道德观扭曲的现象时有发生。在群体氛围中，心理暗示的影响，更容易增强个人的冲动情绪，出现受狂妄意识驱使而导致责任意识淡化现象。高校给予大学生的自由空间和时间较多，自我约束力较差的学生对情绪缺乏有效控制，容易冲动，出现不计后果的冲动行为，所谓"冲动是魔鬼"，说的就是这种情况。

我们可以采取一些有效的措施来提高大学生的自我控制能力，如培养健康的生活习惯、明确目标和计划、寻求支持和帮助、学习自我调节等。此外，大学生可以参加一些培训和课程，如心理健康课程、时间管理课程等，来提高自我控制能力。最重要的是，大学生应该认识到自我控制能力的重要性，并努力提高自己的自我控制能力。

3. 抗挫折能力较弱

挫折容忍力是指个人能够承受打击的能力。人与人之间的挫折容忍力有很大的差异，有的人挫折容忍力强，面对挫折百折不挠，能信心满满地面对挑战。有的人挫折容忍力较弱，面对挫折一蹶不振，失去生活的勇气和信心，甚至行为失控，失去自我。

现在的大学生面临着诸多的压力和挑战，包括学业压力、就业压力、人际关系压力等等，这些都会对他们的心理造成一定的负担。而大学生往往还没有经历过太多的挫折，生活阅历也少，所以在面对一些困难和挑战时，可能会更容易感到沮丧和无助。当前大学生因成长环境大多较为安稳，很少遇到挫折和困难，当面临挫折时，因不能客观地对其进行判断而失去应对能力，容易导致情绪低落，对抗他人和对抗社会，悲观抑郁等问题，进而影响学业，影响一生的发展。

例如：有的学生会因为失恋、学业成绩不理想、同学之间闹矛盾等，这样看似简单平常的事情就自哀自怨，觉得自己很丢人，事事不如意，甚至产生悲观厌世的情绪，影响日常的学习和生活，久而久之，便会远离集体和社会，甚至影响自己的人生走向。因此，大学生可以多参加一些社交活动，扩大社交圈，多向身边的老师、同学和朋友寻求帮助和支持。同时，大学生也可以积极参加一些心理咨询和心理疏导等活动，提高自己的心理素质和抗挫折能力。

4. 缺乏具体的参与意愿

大学生责任教育最终需要通过具体的参与活动培养责任行为习惯。然而，当前有相当一部分大学生虽然有责任认知，但是却没有具体的参与意愿。责任意识、责任感和责任行为都是在实际活动的参与中，慢慢地培养和发展起来的，并最终稳定地成为一个人的责任品质。

学生缺乏参与意愿是因为他们没有认识到个体责任意识的重要性。个体责任意识是指每个人都应该对自身的行为负责，并且意识到自己的行为会影响到周围的人和环境。大学生应该认识到自己对社会和环境的责任，并积极参与社会公益活动和环保活动等，以此来强化个体责任意识。同时，大学生也应该从自身做起，从日常生活中的小事做起，如节约用水、做好垃圾分类等，来培养个体责任意识。通过这些行为，大学生可以逐渐认识到个体责任意识的重要性，并且积极参与到社会环境的治理中来。大学生责任教育的实践也需要这些具体活动的支撑。如果大学生对这些活动参与意愿不强，甚至根本就不想参与，责任教育的效果就无从谈起。

大学生只有在参与社会实践的过程中，帮助别人，服务社会，提升自己的幸福感和责任感，责任意识才能建立起来。

三、加强大学生责任意识的必要性分析

加强大学生责任教育是提高大学生思想道德素质，培养其社会责任感和创新精神的重要途径，是实现新时代教育目标的基本要求之一。通过加强大学生责任教育，可以帮助大学生树立正确的世界观、人生观和价值观，增强他们的自我管理和自我约束能力，提高他们的社会责任感和公民意识，培养他们的创新精神和实践能力，进而使其为实现中国梦和国家高质量发展做出贡献。因此，加强大学生责任教育是当前高校教育改革和发展的重要任务之一。

（一）培养良好的社会责任感的需要

大学生是未来社会的中坚力量，他们应该有强烈的社会责任感，为社会做出贡献，加强大学生责任教育可以帮助他们认识到自己的社会责任，提高他们的社会责任感。责任意识是一个人对自己的行为和决策所产生的影响负责的意识。通过教育和培训，大学生可以培养出良好的社会责任感，这有助于他们在社会中更好地履行自己的义务和责任，在社会实践中，责任感包括：

1. 个人责任感

个人责任感是指个人对自我的行为和决策所产生的影响负责的意识。一个有个人责任感的人会对自己的行为负责，并尽力避免对他人造成伤害。个人责任感可以促使人们对社会的发展和进步负起更多的责任。这种责任感可以激励人们积极参与社会公益事业，为社会做出贡献，推动社会的发展。个人责任感可以促使人们更加重视环境保护，减少对自然资源的消耗，降低对环境的污染，保护生态环境，让人们生活在更加健康和美好的环境中。个人责任感可以促使人们更加重视家生活，通过自己的努力为家庭创造更好的生活条件，关心家人的健康和幸福，维系家庭的和谐和稳定。个人责任感可以促使人们更加重视自己的职业，尽职尽责地完成工作任务，提高自己的专业能力，为公司或组织的发展做出贡献。个人责任感还可以促使人们更加重视自己的行为举止，遵守社会公德和道德规范，尊重他人的权利和利益，维护社会的和谐和稳定。

2. 社会责任感

社会责任感是指个人对社会和他人的行为所产生的后果负责的意识。一个具有社会责任感的人会关注社会问题，并尽力为社会做出贡献。

社会责任感强的学生会积极组织参与社会公益活动，如义务劳动、环保活动、慈善捐助等，为社会做出贡献。社会责任感强的学生会积极参与社会事务，如参加社区建设、参与政治选举等，为社会发展提供息极力量。社会责任强的学生会积极参加社会实践活动，如社会调研、实习、创业等，培养自己的实践能力和创新精神，为社会发展努力提升个人才能。社会责任感强的学生会积参加社会教育活动，如讲座、培训等，传递社会正能量和正确的价值观念，为社会发展做出贡献。

大学生社会责任感对社会的作用是多方面的，可以帮助解决社会问题，缓解矛盾，促进社会发展，培养人才，传播正能量，为社会做出贡献。

3. 环境责任感

环境责任感是个人对环境的义务和责任负责的意识。一个具有环境责任感的人会注意环境保护，尽力减少对环境的污染和破坏。

大学生在学习和生活中，通过各种途径了解环保知识，增强环保意识，形成环保习惯，从而促进社会环保意识的提高。大学生积极参与各种环保行动，如植树造林、垃圾分类、环保宣传等为社会环境保护做出贡献。环境责任意识强的学生会自发组织环保组织，如环保协会、志愿者团队等，通过组织和协调各种环保行动推动社会环保事业的发展。在学习和科研中，积极探索环保技术，研究环保方案，为社会环保事业提供技术支持和解决方案。

大学生环境责任感的发挥，不仅可以促进社会环保意识的提高，更可以推动社会环保事业的发展，探索新质生产力的提高，为人类的可持续发展做出贡献。

（二）培养正确的价值观的需要

大学生在成长过程中，需要树立正确的价值观，明确自己的人生目标和价值追求。加强大学生责任教育可以帮助他们树立正确的价值观，明确自己的人生目的和价值追求。责任意识是一个人的基本素质之一，它对于个人价值观的养成具有重要的作用。从不同的角度来看，责任意识对价值观养成的作用分为以下四类：

1. 社会责任意识促进价值观养成

一个人的社会责任意识越强，他对社会的贡献就越大，对社会的认同感也就越强。这种社会责任意识的培养，有助于个人形成正确的社会价值观，如公正、公平、诚信等。通过认识自己在社会中的角色和责任，个人可以更好地理解自己的行为对社会的影响，进而更加注重自己的行为。这种意识可以促使个人更加关注社会公共利益，关注他人的需要，以及对环境和资源的保护。这些价值观的养成不仅可以帮助个人成为更好的公民，也可以促进社会的发展和进步，因此社会责任意识对于价值观的养成是非常重要的。

2. 个人责任意识促进价值观养成

个人责任意识是个人对自身的行为、言论负责的意识。这种责任意识的培养，有助于个人形成正确的个人价值观，如勤奋、坚韧、自律等。一个有责任意识的人会更加注重自己的行为举止，尊重他人，遵守社会规范和法律法规，这些都是良好的价值观的表现。通过履行个人责任，大学生可以逐渐形成自己的价值观，从而更好地适应社会，与他人和谐相处。同时，个人责任意识也可以帮助大学生更好地认识自己，发现自己的优点和不足，从而不断完善自己的人格，提升自己的道德水平。因此，个人责任意识是价值观养成中不可或缺的重要因素。

3. 家庭责任意识促进价值观养成

家庭是一个人成长的最初场所，家庭成员的行为方式会对孩子的思想观念和价值观产生深远影响。如果家长有强烈的家庭责任意识，那么就会注重家庭教育，关心孩子的成长，帮助孩子树立正确的人生观和价值观。温馨和谐的家庭氛围有助于孩子形成健康的人格和良好的社会行为习惯，对于社会的和谐发展也具有积极的意义。家庭责任意识是一个庭成员对家庭和家庭其他成员负责的意识。这种责任意识的培养，有助个人形成正确的家庭价值观，如亲情、友情、爱情等。

4. 国家责任意识促进价值观养成

国家责任意识是一个公民对社会和国家利益负责的意识。这种责任意识的培养，有助于个人形成正确的国家价值观，如爱国、敬业、诚信等。一个国家的价值观和道德标准往往会影响其国民的行为和思想，而国家的责任意识则是指国家对于其所管辖的领土和人民的责任感。当国家有着强烈的责任意识时，它会采取一系列措施来保障人民的权益和福祉，从而引导国民形成正确的价值观和道德标准。例如，国家可以制定法律法规来规范人民的行为，加强道德教育和文化建设，提高国民的道德素质等等。这些措施都有助促进国民的价值观养成，从而推动国家的发展和进步。

当一个人具有责任意识时，他们会更加关注自己的行为对周围人和环境所产生的影响。这种关注和意识可以帮助人们形成良好的价值观，例如尊重他人、关注环境、诚实守信等等。因此，培养责任意识不仅有助于个人的成长，也有助于社会的发展。

责任意识对个人的价值观养成具有重要的用，不同层面的责任意识的培养，有助个人形成正确的社会、个人、家庭和国家价值观。

（三）提高自我管理能力

大学生只有具备一定的自我管理能力，才能更好地完成学业和生活。加强大学生责任教育可以帮助他们提高自我管理能力，以便使其更好地适应大学生活。大学生的责任意识对自我管理产生不同的影响，可以分为以下四类：

1. 自我规划和目标设定

当大学生认识到自己的责任和义务时，他们会更加努力地学习和工作，以实现自己的目标。同时，这种责任感可以帮助他们更好地管理时间和资源，使他们能够更有效地实现自己的计划和目标。因此，大学生应该积极培养责任意识，以便更好地规划自己的未来并实现自己的目标。

2. 自我激励和自我约束

大学生的责任意识可以帮助他们更好地激励自己，让自己保持积极的态度和行为。同时，责任意识也可以帮助他们更好地约束自己，让其保持良好的行为习惯和道德标准。

大学生的责任意识是一种重要的品质，它可以促进学生的自我激励和自我约束能力提高。当大学生具备了责任意识，他们会更加珍惜自己的学习机会，认真对待学业，努力学习，不断提升自己的能力和素质。同时，他们也会更加尊重他人，遵守社会规范和法律法规，不会做出违反道德和法律的行为。这种责任意识的培养需要从教育和家庭两方面入手，通过多种途径引导大学生树立正确的价值观和人生观，培养他们的责任感和使命感，让其成为有担当、有责任的新青年。

3. 自我评价和反思

大学生的责任意识可以帮助他们更好地评价自己的表现和成果，同时可以帮助他们更好地发现自己的不足之处，并及时进行调整和改进。当大学生具备了责任意识，他们会更加关注自己的行为和言语是否符合社会道德规范，是否有益于自身和他人的成长。在这个过程中，大学生会不断地对自己的行为进行评价和反思，以便更好地改进自己的行为，提升自己的能力。

4. 培养团队合作精神

大学生只有具备良好的团队合作精神，才能更好地完成团队任务。加强大学责任教育可以帮助他们培养团队合作精神，提高团队合作能力。

大学生在学习和生活中应该积极培养责任意识，这有助于他们更好地适应团队合作的环境。团队合作是现代社会中非常重要的一种能力，而大学是培养这种能力的关键时期。通过培养责任意识，大学生可以更加清楚地理解自己在团队中的角色和责任，并且能够更好地协调和合作。因此，大学生应该积极参加团队活动，锻炼自己的团队合作精神，为将来的职业生涯做好充分准备。

大学生的责任意识对于团队合作精神的培养起着重要的作用。在团队合作中，每个成员都需要承担自己的责任，确保团队的目标得以实现。如果一个成员缺乏责任意识，往往会导致团队的整体效率下降，甚至会影响到团队的工作效率。

大学生应该在学习和生活中培养责任意识，包括对自己的学业、生活和团队的责任。通过承担责任，大学生可以逐渐提高自己的团队合作能力，学会与他人合作、协调和沟通，从而更好地完成团队任务。大学生还应该积极参与团队活动，加强与团队成员之间的交流和互动，建立起相互信任和尊重的关系，这样可以更好地促进团队合作精神的培养。

大学阶段是青年学生人生观、世界观和价值观形成的关键时期，也是个体道德由他律向自律发展转化的重要时期。加强大学生责任教育，能帮助他们树立科学的人生观、世界观和价值观，保证他们的身心健康发展。

一方面，责任教育是学生健全人格的需要。人格是心理学的重要概念，人格教育可以培养大学生健全的心智。大学生的健全人格主要包括思想道德素养、科学文化素养、心理素养、身体素养以及其他方面的素养。具体来说，应包括较强的创新意识、高尚的人生追求、丰富的人文修养、良好的社会道德、必要的文艺修养和心理保健知识。

具有健全人格的人是一个全面发展的人，才是中国特色社会主义建设事业所需要的人。加强大学生责任教育，塑造全面的人格，不仅是心理健康的重要要求，也是实现大学生全面发展的重要途径。

另一方面，责任教育是学生实现个人价值的需要。社会价值是自我价值的基础，没有社会价值就不会有真正的自我价值，自我价值只有在实现社会价值中才能得以体现。人生观教育以人生目的、人生态度和人生价值为主要内容，帮助学生解决"人为什么活着"和"人应当怎么样活着"的问题，其中人生价值很大程度上体现于对他人的尊重程度和服务程度上。适应和满足了人民群众的物质文化需要的程度，促进了社会发展和人类进步的程度，相应的自身付出的劳动越多，对社会的贡献就越大，为国家和人民贡献的社会价值也越大，同时也更大程度上实现了自身的人生价值。

四、当代大学生自我责任意识的培养及适应

当代大学生自我责任意识的培养及适应是现代教育的重要任务之一。随着社会的不断发展和变化，大学生们需要具备更高的自我管理和自我约束能力，以适应快速变化的社会环境。

（一）当代大学生自我责任意识培养

1. 自我责任感的认识

自我责任感是指个体对自己在承担自身发展的责任中做出的行为选择、行为过程及后果是否符合内心需要而产生的情感体验。自我责任感的内容包括自我生存的责任感和自我发展的责任感，以及自我生命的责任感和自我身心健康的责任感。自我责任感强的人可以满足自己的物质生活需要，丰富自己的精神生活，有明确的奋斗目标和人生理想，能够捍卫自我人格尊严，并履行自己的

社会和家庭义务，从而提升自己的人生境界。归纳起来，自我责任感就是人们对自我生命以及身心健康的责任感，有正确的世界观、人生观、价值观和有良好的道德修养。

自我责任感的核心是自爱、自尊、自律和自强。自爱就是要爱惜自己的身体、人格和名誉，是个人责任的基础。自尊表现在尊重自己的人格和尊严，重视自己在社会中的存在价值，喜欢和热爱自我的情绪以及接受自我的意向。一个人如果缺乏自尊，就没有人格的追求，就无法体现他的个性，也就否定了自己的存在。自律即个人自觉地按照正确的要求去选择和约束自己的行为，这有利于他们在平时的学习和生活中正确地认识和把握自己，只有做到了自律，才会成为一个有教养的、高尚的和有责任感的人。自强就是独立自主和自力更生，是通过自己的努力奋斗不断进取和不断进步，而不是跟在别人的后面亦步亦趋，简单模仿。自强是一种不满足于现状、不断向上的奋斗精神，在人们履行自我责任的过程之中，自强为人们实现自我责任，不断提出新的目标和努力的方向，并要求人们为此而做出不懈的努力，是踏实自爱，自尊和自立的升华。当然，自强绝不是自我封闭、排斥他人和社会，而是强调矛盾的主要方向，肯定成功与否的主要责任在自己。

2. 大学生自我责任感培养的必要性

（1）有利于大学生自我完善和发展

辩证唯物主义原理告诉我们物质决定意识，意识对物质具有能动的反作用。因此，人的自我意识一旦形成，便具有指导人们的行为意识的能动作用。正确的思想意识能够指导人们采取正确的行动，促进事物向良性循环发展。相反，错误的思想意识会引导人们采取错误的行动，对事物的发展产生阻碍甚至破坏作用。自我责任感属于正确的意识范畴，对人的行为具有正确的引导作用。

自我责任感有利于大学生自我认知的形成和发展，自我认知包含认识自我的智能、情感、个性、行为的现状及其发展的可能性，能够主动地认识自己的优点和不足。自我责任感有利于大学生进行自我调控和自我规划。大学生通过自我认知和自我反思，认识到自己的缺点不足、认识到自身的不和谐，以及与他人、集体、自然界乃至整个社会的不和谐，就会有意识的进行自我改变、自我调整，扬长避短，进行新的自我规划，以便使自己的情感和个性行为达到协调一致、达到全面发展的人生理想状态。大学教育应当使大学生逐步学会运用认知能力强化自我认识，自觉地协调发展自己的"知情意行"心理过程，并尝试实现自我价值。

在这一过程中，大学生主动培养自尊、自爱、自律和自强意识，并将已经认知的自我责任迁移到各种活动之中，内化为自身的品质。它具体表现为，大学生能随时地注意自己的心理活动，并有较强的自我学习和调控的能力。

（2）有利于大学生社会责任感的增强

个人是社会的一部分，一个对自己负责的人，会不断地认识自我、反思自我、规划和调整自我，从而实现自我的提高和完善，进而使自己成为一个积极向上的人，成为一个自尊自爱和自立自强的人，成为社会中的一个健全、独立和完善的个体，这本身也是对社会负责的一种表现。

任何社会责任都是基于个体的人格独立，健全完善的责任担当而建立起来的。人的自我责任意识是对社会负责的基础和前提，没有自我责任感，社会责任感也将无法形成和稳定发展。责任感还有助于大学生形成正确的世界观、人生观和价值观。自我责任感较强的大学生大多生活态度积极，有明确的奋斗目标和人生理想，他们会把自己的行动与社会的要求协调起来，自觉地调整和矫正自己的不当言行，自觉地让自己融入社会大环境中去。大学生能够把个人的利益、集体的利益、国家的利益、民族的利益以及社会的发展联系起来，在社会的发展进步中，实现自己的人生理想和人生价值。

有自我责任感的大学生能够自觉学习，勤俭自强，能够为社会创造更多的物质财富和精神财富。同时，他们也注重个人道德修养的提高，更懂得尊重自己、尊重他人、尊重社会、尊重自然，自觉地做到爱国守信、明礼诚信、勤俭自强、敬业奉献、保护环境、节约资源。

（3）有利于高校立德树人工作的开展

大学的道德教育要求教育学生如何做人，培养出有责任感，能肩负历史使命和时代使命，具有奉献精神的人。这既是高校道德教育的重要目标，也是高校道德教育的核心内容。思想道德素质的核心评价标准是个体责任意识的强弱，因为责任所包含的道德强制力和道德理性是所有道德规范中最强的，也是社会的道德规范和个人的道德规范结合得最紧密的部分。也就是说，责任在整个的道德规范体系中是最高层次的，道德教育实际上就是责任教育，它教会人们何为负责任的理性认同和采取负责任的行动。

当前，我国高校的立德树人教育不仅要求大学生具有渊博的知识，而且要有较高的道德修养，大学生在履行责任的过程中，不要仅积累充足的知识，同时也要把道德的外在要求内化为对自身的要求，提高自己的道德践履水平。道德修养作为人类道德实践的重要形式之一，就是要求个体自觉地将一定社会的道德规范、准则及要求内化为内在的道德品质，促进人格的自我完善，进而提升人的品德素养。

（4）有利于社会主义核心价值观的构建

社会主义核心价值观倡导民主法治、公平正义、诚信友爱、充满活力、安定有序、人与自然和谐相处。我国是法治与德治充分融合的社会，是一个人与人、人与社会以及人与自身和谐相处的社会。大学生自我责任感的培养，不仅有利于大学生自我的身心和谐，而且有利于大学生与他人、与社会、与自然的和谐。

大学生是未来的建设者和接班人，他们在践行社会主义核心价值观的过程中有自身的优势，即他们在学习科学知识的同时，也在接受、创造、传播着人类的文明。他们不仅为社会创造先进的科学技术成果，也为社会提供优良的精神产品，他们将会为社会主义核心价值观的践行提供强大的物质财富和精神财富。

大学生通过自我责任意识的增强，养成知法、守法和用法意识，强化自身的法治观念，维护法律的尊严，提高自身的道德主体意识、合作精神、团队意识以及集体主义精神，培养自身热爱自然，爱护环境，节约资源的社会公德意识，从而将自身塑造成个性自由发展的，具备强烈的自我责任意识与社会参与意识的现代社会的合格公民。这样不仅可以使当代大学生成为一个个优质的个体，成为社会的优秀的建设者，同时他们在自我成长和自我完善的过程中，也可以影响和带动其他人群，共同成为社会主义现代化强国的合格建设者和接班人。

（二）增强大学生自我责任意识的适应

当代大学生自我责任感的培养应遵循社会、学校、家庭以及大学生个人共同发力的"四位一体"的原则，通过外因和内因共同作用于大学生，使自我责任意识内化为大学生的个性品质，外化为良好的责任意识和个体的自觉行动。

1. 优化社会环境

经过 40 多年的改革开放，我国的社会经济成分、组织形式、利益分配和就业方式等日趋多样化，人们的价值取向、道德观念和文化生活也日益多样化。在当前思想活跃、观念碰撞、文化交融的时代背景下，必须用社会主义核心价值观引领多元的价值观念和社会思潮，努力在全社会形成统一的指导思想和共同的价值引领。

社会主义核心价值观是中华民族赖以生存和维系的精神纽带，是我同共同的思想道德基础，强大的精神支柱和基本的道德规范。它不仅可以使大学生的身心协调发展，而且能够包容当代大学生的普遍而合理的价值追求，能够引导他们摆脱片面狭隘的价值追求，使青年大学生焕发出极大的热情和积极性，向高尚和伟大的价值追求挺进；同时，能够使他们相信，只要坚持实践，每个人都会不断地有所收获，实现在哪用力、对谁用情、如何用心、做什么样的人的青春答案。

（1）吸收各种社会文明的有益成分

社会主义核心价值观吸纳了世界文明的有益成果，所以我们应当用社会主义核心价值观引领多样化的社会文明。首先，要积极主动地在多样化的世界文明中吸收各种有益的成分，既不断追求自身的发展和创新，又不断寻求和扩大社会思想的共识，共同巩固发展，不断提升社会主义核心价值观的生命力、凝聚力和改造力。其次，在形形色色的多样化社会文明中，存在着大量与社会主义核心价值体系的基本精神和主要方向比较一致的进步元素，这些思想或者本身是社会主义核心价值观的构成要素，或者是在社会主义核心价值观的影响和推动下形成和壮大的。

借鉴和吸收人类文明优秀道德成果，必须秉承正确的态度和科学的方法。文明是互通互鉴的，只有大力弘扬中华民族的优秀传统文化，积极借鉴人类有益的文明成果，主动汲取和广泛聚合多样性社会文明中的一切具有科学价值和人类精神的有益成分，才能真正激发活力，引领潮流，才能确保当代中国社会精神的主流体现，筑牢全党全国各族人民团结奋斗的思想道德基础，也才能形成全民族奋发向上的精神力量和团结合作的精神纽带，更好地建设中国特色社会主义文化强国，增强文化自信，更好地激发青年人在价值观养成的关键期"扣好人生第一粒扣子"，把个人的人生追求融入国家和民族事业中，提升个人的使命担当意识，站稳道义立场，自觉把责任意识变成日常的行为准则。

（2）充分包容多样社会文明中的有益因素

社会主义核心价值体系观既突出一元化的指导思想，又尊重差异；既包含了明确的共同理想，又涵盖了不同阶层、不同群体的愿望；既坚持了传统文化的科学性和先进性，又尊重了不同群体的思想状况；既体现了先进性的要求，又体现了广泛性的要求。用社会主义核心价值观引领多样化的社会文明，在坚持正确导向的基础上，充分尊重社会文化的多样性和合理性部分，善于包容社会文明中与社会主义核心价值观基本精神和主要方向并不相悖的成分。

大学生责任意识养成要向历史学习，历史是最好的教科书，历史人物中有许多以天下为己任的优秀人物，虽然他们身上可能会存在一定的历史局限性，但他们身上体现的以天下兴亡为己任的精神确实值得当代的大学生学习。不同文明的产生、发展和演化，都要依托一定的社会历史条件，在尊重多样性，包容差异性中构建社会主义核心价值观，才能增强社会成员的认同感、归属感和向心力。只有尊重差异才能获得更广泛的社会认同，只有包容多样才能增进思想共识，才能团结不同的阶层、不同的认识水平的人，也才能最大限度地形成思想共识，凝心聚力地为实现中华民族的伟大复兴贡献青春智慧和青春力量。

（3）坚决抵制并批判各种错误社会思潮中的有害因素

习近平同志指出，意识形态历来是敌对势力同我们激烈争夺的重要阵地。如果这个阵地出了问题，可能会导致社会动乱，甚至丧失政权。敌对势力要搞乱一个社会，颠覆一个政权，往往总是先从意识形态领域打开突破口，先从搅乱人们的思想下手。

当前，我国意识形态领域的主流思想虽然是积极健康向上的，但是各种思想文化相互激荡，先进文化与落后文化、腐朽文化并存。正确的思想和错误的思想，主流的意识形态和非主流的意识形态相互交织，错误的思潮的存在和传播不可避免地带来了价值领域一些不容忽视的问题。对于多样化社会思潮中的消极有害的因素，特别是各种反马克思主义的社会思潮，我们必须用社会主义核心价值观加以引领，坚决果断的抵制并批判各种消极乃至危害因素，使以马克思主义指导思想为灵魂的社会主义核心价值观不断巩固和发展。

总之，只有让社会主义核心价值观引领社会思潮，才能为当代大学生自我责任感的培养创造良好的社会环境，才能够引导当代大学生产生积极的价值认同，追求正确的价值观。

（4）健全法律规范，为责任意识提供制度保障

我国在完善社会主义市场经济体制过程中，出现了一些不良社会风气，如以权谋私、权钱交易、权色交易、假冒伪劣、食品安全、环境污染等等，这些严重影响了大学生的思想道德观念和价值取向。现代教育理论证明，青年大学生虽然有思想，但是由于他们的思想还不成熟，极易受到周围环境及社会风气的影响。青年大学生自我责任感的形成与提高，不仅取决于价值引领，还与社会对不良现象的有效遏制和惩处有极大关系。

而这些不良现象的遏制和解决，单纯依靠人们的道德约束是不够的，需要全面依法治国，建立健全法律制度，对违法情况进行严厉制裁，绝不手软，坚决维护法律的尊严，让那些腐败和违法乱纪、获取不正当利益的行为无路可走，真正形成保障公平正义的社会主义法治环境。同时，还要制定各种形式的责任制度，并且要严格地落实，一方面可以促进人们去履行责任；另外一方面要有效地追究责任，严格落实责任到人。对于责任的履行要奖罚分明，对认真负责的要奖励和表彰，对失职渎职、互相推卸的，要予以追究和严惩。只有明确了责任规定和落实追究制度，人们才能自觉自愿地承担自己的责任，才能在全社会确立一种良性的责任导向机制。

党的十八大以来，以习近平同志为核心的党中央把全面依法治国作为新时代坚持和发展中国特色社会主义"四个全面"战略布局的重要组成部分，走出了一条有中国特色的社会主义法治道路，社会风气明显好转，各行各业的责任意识

明显加强，这对高校大学生的法律意识和道德素养的提升也起到了促进作用。

2. 优化学校环境

新时代高校思想政治工作进入了一个新的、更加开放的环境，大学生思想政治教育的主要内容却面临着许多的挑战。在这种情况下，高校思想政治教育的内容要结合社会现实以及学生的实际情况，体现时代性和针对性，增加时效性。高校思想政治教育要坚持以理想信念教育为核心，以爱国主义为重点，以思想道德为基础，以大学生全面发展为目标导向，强化学生的责任意识。

（1）优化教学和管理方法

高校德育要充分利用现代化教育教学手段，积极借鉴先进的教育思想和有益经验，改革和创新教育方法，改善管理方式，拓宽德育渠道，以便有效促进当代大学生自我责任感的养成。

在教育方法方面，应将灌输和启发式结合起来。自我责任感属于道德层面，道德不是自发形成的，需要有计划、有目的地灌输。而道德行为不只是发自内心的道德习惯的养成，还需要靠不断的启发才能奏效。因而采取灌输和启发相结合的责任意识教育方式。在我国学校的传统德育教育中是十分必要的。究其原因，主要是灌输式教育容易使学生产生逆反心理，达不到学生主动接受的目的。在这一方面，我国教师要积极借鉴国外责任教育经验，注重教学方法的研究与推进。

在教学中教师要多启发学生，在各学科教学中融入思政教育元素，培养学生对专业的了解和热爱，加强职业道德教育，把爱岗敬业和责任意识结合起来，让学生参与互动，调动学生的主动性和积极性，让学生放开手脚，形成知识迁移，同时让学生在讲故事、社会实践和角色扮演中自己感悟，逐步意识到自身所承担的责任，并自觉地履行责任。

（2）加强大学生的道德实践活动

在教学中充分发挥大学生的实践主体作用。人的自我责任感是认识过程、意识建立、情感过程和行为过程相统一的结果，而实践是这一切的基础。人们道德行为的控制力不会偶然产生，它只能是通过道德实践活动，在与各种社会关系的交往中判断道德行为的是与非、善与恶，形成道德情感和道德意识，从而养成良好的道德习惯，并在日常生活中融入人的自觉行动。正是通过这一系列的行为过程，才让人建立起对家庭、职业和社会的责任感。

学生是道德责任的主体，培养大学生的道德责任感，需要尊重学生的主体地位和主体人格，不能仅靠道德灌输和对道德规范的死记硬背来达到目的，还必须通过各种社会实践活动，发挥学生的主体能动作用，强化他们对责任感的认同，并逐步将其内化为个体的意识和自觉行动。社会实践活动能够使大学生对社会生活的认识更加深刻，在观察感受社会生活中培养责任感，增强自己的责任意识。

例如，借助志愿者活动，提升学生的责任意识，让学生提前接触社会，在帮助别人的过程中了解社会冷暖，提升服务社会的意识，并感受帮助别人带来喜悦。在实现个体的社会价值的同时，责任意识得到有效提升，并积累社会经验，为进入社会工作奠定基础。

近年来，在教学实践中，我们增加了课程实践的比例，安排劳动实践课，让学生重视劳动，尊重劳动，在实践中锻炼自己。增设弘扬时代精神的微视频制作课程，学生通过实践提高了认识，明确了当代青年的历史使命，提升了大学生的责任意识，提高了大学生的综合素质，这些实践活动，使大学生的责任意识明显增强。

（3）建立责任评价制度

建立科学合理的责任评价和管理制度，用规范来监督、约束和遏制不负责任的思想及行为，以他律来推动自律。如果有责不担，那么责任感很难建立，只有违规行为将会受到相应的追究和惩处，并为此付出相应的代价，责任感才会在大学生的内心成为一种自觉，才能有效遏制校园中一切不负责任的行为。这需要做到以下两点：

其一，建立合理的责任评价体系和奖惩标准，明确规定哪些行为是被鼓励的，哪些行为是被禁止的。对于承担和履行责任的学生，要鼓励和奖赏；对于逃避责任的学生则应给予相应的惩罚，充分发挥责任评价机制的教育引导作用。其二，把责任评价作为大学生综合素质评定的一个重要方面，如实记录并写入学生的期末档案，也可作为毕业招聘或升迁的一个重要的参考标准，与大学生未来的工作和生活紧密相连。在这一机制下，大学生就不会轻易放弃对自己的严格要求，久而久之，大学生的责任意识就会形成，并在实践的严格要求下得到强化。

（4）拓宽德育渠道

高等教育应该在普通课程和专业课程的教学以及学校的日常管理中，不断地加强德育渗透。高校应实行德育的全过程教育、全方位教育，让德育渗透到各学科、各专业、各阶段，并把德育工作作为一项重要的任务长期来抓。在教育中充分发挥教师在教学中的渗透作用，把德育内容渗透到学科教学中形成课程思政，如计算机教育，教师可以教育学生充分利用高科技为社会创造财富，而不是利用高科技来搞破坏。环境学科的教育，教师可以教育学生要珍惜我们的生存环境、生存空间，爱护环境、节约资源。

在管理工作中，高等学校应设置专业的咨询团队，从事非学术的咨询、评议活动，当学生遇到某些心理、学习、生活上的困难时由专家来负责解决这些问题。此外，还需要有精神学、法学等方面的专家定期对学生的思想、心理以及生活问题进行评价，旨在培养学生健全的人格。在组织校内外活动中，也可以渗透责任教育的内容，使学生在不知不觉中受到道德教育的熏陶，提高责任意识。

（5）加强高校教师的道德修养

当前，大学自我责任感的培养与高校教师的言传身教有着直接的关系。邓小平同志曾经指出："一个学校能不能为社会主义建设培养合格的人才，培养德智体全面发展、有社会主义觉悟的有文化的劳动者，关键在于教师。"教师的职责不仅是传道授业解惑，更应该是为人师表。高素质教师队伍应具备职业道德素质和责任意识，因而高校教师应该自觉学习有关的教育法规和教学管理方面的制度，加强教师职业道德规范和优秀教师事迹的学习。

教师应深入同学了解学生的思想动态，调整教学内容，创新教育方法，利用互联网平台，随时与学生进行沟通。例如，在教学实践中，每个大教学班都建立一个管理群，及时发布课程信息，同学有问题可以点对点与老师沟通，这样既保护了学生隐私，又使每一个学生与老师沟通的渠道得到保障。

结合工作实际提高道德修养，以改进工作作风，严格履行岗位责任，严谨治学，从严执教，真正做到以德修身、以德治教、以德育人。教师在传授知识的同时，通过良好的仪表、文明的语言、高尚的道德，给学生以潜移默化的影响。在课堂教学中，教师要为人师表，不宣泄个人情绪，不散布不良言论，敢于管理，既要严格要求学生，又要热爱学生、尊重学生和关心学生，积极引导学生自主学习和健康成长，通过言传身教让学生感受成年人应具备的责任意识。

（6）建设良好的校园环境

校园是培养人和教育人的地方，良好的校园文化环境具有鲜明、正确的导向作用，它可以使学生在浓郁的文化氛围中健康成长。为建设良好的校园文化，高校要不断加强学校的基础设施建设，努力营造高雅的校园环境，使学校的山水园林路等的使用功能、审美功能和教育功能和谐统一。例如，以学校的景观布局体现学校的专业特色和历史文化，用优美的校园环境，激发大学生对校园的热爱之情，陶冶大学生关爱生命、关爱自然、关爱社会、关爱他人的美好情操。

完善各项管理制度。高校要把修订和完善制度作为工作重点，全面规范学校各方面的规章制度。并且，要把此项工作作为推进依法治校的重要环节，通过加强制度建设，进一步规范学校的管理制度，规范广大师生的教学行为，创造健康和谐的学习、工作环境和教学氛围。

加强校园精神文明建设。良好的校园精神文化有利于大学生自我责任感的提高。校园精神文化主要体现在良好的校风、教风、学风和丰富的校园文化活动基础之上。在校风建设方面，高校要在充分挖掘学校历史传统，宝贵资源的基础之上，结合学校发展战略和规划，根据学校办学思想和理念，大力营造崇尚科学，严谨求实，善于创造和具有时代特征与学校特色的良好的校园风气。在教风建设方面，高校要扎实开展师德教育，制定完善的师德规范，严格师德管理，加强教师思想品德和学术道德教育，宣传师德建设先进典型，积极建设志存高远、爱国敬业、教书育人、严谨笃学、与时俱进的优良教风。在学风建设方面，高校要制定完善的大学生行为规范，营造良好的学习氛围，努力形成勤于学习、奋发向上、正直守信和勇于创新的良好学风。

此外，高校还要精心设计和组织开展内容丰富、形式吸引力强大的校园文化活动，把德育、智育、体育和美育渗透到校园文化生活的各个方面，使大学生在活动中受到潜移默化的影响，思想感情得到熏陶，精神上得到充实，道德上得到升华。

3. 优化家庭环境

在大学生自我责任感的形成过程中，家庭的影响是最早的，也是极其深远的。家长是孩子的启蒙老师，也是孩子的终身老师。因此，家长要自觉负责，在日常生活中注意培养孩子的责任意识和责任行为，同时要改变重智轻德的观念，重视学生的道德培养和身心健康。

（1）家长要以身示范

自我责任感的形成过程是在人际交往中观察模仿他人责任行为的学习过程。父母是子女接触、观察、模仿最多的对象，家长的道德品质、责任行为、文化素养以及生活经历等都会对子女的一生产生影响。在子女的成长过程中，父母对子女责任感方面的教育，身教胜过言教。

作为父母，首先要不断学习，加强文化思想方面的修养，时时处处以身作则，起到榜样的作用，让子女看到父母做人做事的诚实和负责任的态度。其次，父母要勇于当着孩子的面承认自己的错误，并勇于承担自己应负的责任。这样的实际行动比单纯的说教更有说服力。实践证明，良好的家庭教育可以使孩子终身受益，而失败的家庭教育有时则会毁了孩子的人生。

（2）家长要注意培养子女的责任意识和责任行为

家庭教育应注意从小培养孩子的责任意识和良好的行为习惯，帮孩子树立责任意识，教育子女要为自己的言行和选择负责，不要为自己的失败找借口。父母要培养孩子形成良好的行为习惯，家长要有意识地培养孩子的责任感，比如让孩子自己整理房间，自己洗衣服，要求孩子按时作息，不挑吃穿。通过这些日常琐事培养孩子讲卫生、讲奉献、讲节俭、懂感恩的良好的行为和习惯。

（3）家长要关注孩子的道德修养和心理健康

家长要改变重智轻德的思想，要把子女的道德修养和心理健康作为重中之重，家长要用社会所共同倡导的价值理念、行为规范教育子女，帮助孩子正确认识自我与他人、自我与社会之间的关系，培养孩子尊老爱幼、团结同学、乐于助人、文明礼貌、诚实守信、遵守纪律、勤俭节约、艰苦朴素、感恩等美德，培养他们自尊、自爱、谦让、合作等基本的道德规范。同时，家长要关心孩子的心理健康，面对浮躁的世界，大学生容易禁不住诱惑，容易陷于自私、放纵的境地，父母要了解各阶段子女的生理、心理发展的特征，能正确地对待大学生的情绪和情感。要注重与子女进行心与心之间的交流，随时注意子女的思想动态和价值取向，发现有偏差和错误，要及时予以指导和纠正。父母还要教育子女学会自我调试，养成乐观进取、豁达开朗的精神和健全的人格。

（三）大学生要优化自我责任适应意识

大学生培养自我责任意识，固然离不开学校教师的引导，离不开社会环境的影响。但是，按照马克思主义哲学的观点，这些都是外因，外因是事物发展变化的条件，内因是事物发展变化的根据，外因只有通过内因才能起到作用。因此，大学生自我责任感的培养，归根到底还有赖于大学生自身作用的发挥。

1. 大学生要树立科学的世界观、人生观和价值观

大学生自我责任感的培养，离不开科学的、正确的世界观、人生观和价值观的引领。当代大学生要树立科学的世界观、人生观、价值观，就要做到以下三个方面：

（1）大学生要认真学习

大学生要认真学习马克思列宁主义、毛泽东思想，邓小平理论、"三个代表"重要思想、科学发展观、习近平新时代中国特色社会主义思想，不断提高马克思主义思想觉悟和理论水平，学会用辩证唯物主义和历史唯物主义的观点和方法分析问题、解决问题。大学生要明确习近平新时代中国特色社会主义思想是在实践中形成的新时代的马克思主义，是解决问题的金钥匙。此外，还要学习经济、政治、法律、科学、历史、文学等专业知识，为自身的提高和完善打下坚实的基础。

（2）树立科学的世界观

在实践中牢固树立马克思主义世界观、人生观和价值观，不是一朝一夕就能完成的。除了认真学习之外，大学生还要经常进行自我反思，要想认真地自我改造，就要以马克思主义世界观的标准，不断地审视自己的思想行为，进行必要的批评和自我批评，克服自以为是的习惯，不断的自我调控，还要敢于向

一切错误的思想观念、腐朽的生活方式宣战，要勇于接受别人的批评和监督，只有这样才能达到提升自我修养的目的。

（3）善于区分是非

大学生应提高对复杂事物的分辨能力，要把握好自己的言行。在全球化、信息化、工业化、城市化的进程中，西方的人生观、价值观也乘机而入，给人们的思想道德观念带来极大的冲击和诱惑，如个人主义、拜金主义、享乐主义严重地冲击大学校园，影响大学生的学习生活，如有的学生受不良社会风气的影响，进入大学就选择"躺平"式生活，对此，我们必须要有一个正确的区分，对错误的做法必须要坚决地抵制。要树立和坚持正确的世界观、人生观和价值观，这是一个长期的艰苦过程。大学生要有坚韧不拔的精神，甚至要牺牲个人的眼前利益，只有这样才能成为一个有道德的人，一个对自我负责任的人。

大学生自我责任感的培养，归根到底还有赖于其自身作用的发挥。因此，大学生要从自身做起，树立科学的世界观、人生观、价值观，自觉做到自尊、自爱和自律自强。马克思主义世界观是迄今为止最正确、最科学的世界观，它为人们认识世界、改造世界提供了科学的观点和方法。世界观决定着人们的人生观和价值观。一个人有什么样的世界观，就会有什么样的思维方式，就会有什么样的人生态度和价值取向。正确的世界观、人生观和价值观，有助于人们对当前的形势做出正确的判断，有助于人们树立对一些重大问题正确的立场和态度，战胜形形色色的错误理论和思潮，有助于大学生对利益采取正确的态度和立场，一切从人民的利益出发，一切向人民负责，全心全意为人民服务。

2. 大学生要自尊自爱

大学生有自己的理想和追求，对未来充满了期待和憧憬。他们更加注重自己的形象和价值观，希望通过努力实现自己的梦想。在校期间接触到了各种各样的知识和文化，他们对世界有了更加深入的了解和认识。受这些知识和文化的影响，大学生更加注重自己的精神世界和内在修养，从而形成了自尊自爱的态度。大学生自尊自爱要做到：

（1）正确地认识自我

大学生要全面地评价自我，自我认识水平高低的是一个人文明程度的标志之一，也是衡量社会文明进步的重要因素。如果对自己的认识不足，那也就不知道爱自己什么，怎么爱。相反，一个人如果能够正确地认识和评价自己，就能够正确地处理个人与社会、个人与自身、集体和他人之间的关系，就能克服自己的缺点，充分发挥自己的长处，就能在工作中充分展示自己的能力，即使遇到挫折，也能保持乐观的心态，并发挥自己的能动作用。

（2）全面地评价自我

在认识自我的基础上，大学生更要学会全面地评价自我。自我评价是对自己能力、品德、行为、兴趣爱好、思维方式特点、毅力的恒久性、已有的知识结构、献身精神等方面做出的评价，它能代表一个人自我认识的水平。一个心理健康的人能够做出恰当的自我评价，既不骄傲也不自卑，而心理不健康的人常常缺乏自知之明，对自己的优缺点缺乏正确的评价，自高自大、孤芳自赏或自暴自弃。

（3）有意识地爱护自我

大学生在正确认识自我和评价自我的基础上，要做到自觉地、有意识地爱护自我，爱惜身体，珍惜生命，在任何时候都不能轻易地放弃生命和生存的权利。要有健康的生活方式，不抽烟、不酗酒、不赌博，要正确地使用网络工具，控制上网时间，养成良好的生活习惯，要做到按时作息，饮食有规律，生活有节制，杜绝垃圾食品，坚持运动，重视锻炼，使自己拥有健康的体魄。

（4）在实践中完善自我

爱惜自己的人格和名誉，不为金钱、权利、利益、美色等丧失自己的人格尊严，在任何情况下都不做有损道德的事。在日常生活中，大学生应自觉遵守公民基本道德规范，遵守社会公德、职业道德和家庭美德以及高等学校学生行为准则，自觉地以社会公认的道德准则来规范自己、约束自己，平衡"理想中的我"和"现实中的我"的矛盾，力求矫正自己，完善自我，注意完善道德修养。同时，大学生要学会接纳自我、欣赏自我、改进自我，学会自信，善于释放自己的压力，养成良好的心理素质。

3. 大学生要学会自控和自律

自律是与他律相对的一个概念，自律要求个人自觉地按照一定的社会道德评价标准，对自己的言行进行自我审视和自我调控，进而形成与社会正常道德水平相一致的自我约束能力，即按照"应当如何"的要求去约束自己的言行，控制自己的情绪。提高培养责任意识自觉性，形成道德自律自控，是大学生道德修养的重要目标。

（1）要学会管理自我

大学生要管理好自己的事项，这种自控可使人较少受到欲望、焦虑、恐惧、盲目乐观和悲观的严重影响，使人很少有内在冲突，以便有更多的精力从事学习创造。大学生要管好自己的语言，协调好人际关系。现实中很多学生出现问题，究其原因，都是没有处理好人际关系导致的，语言文明，不诽谤他人，不挑拨离间，这是处理好人际关系的基本要求，也是体现大学生素质的基本尺度。大学生要管好自己的行为，在生活中不偷不抢，不贪小便宜，不做有损道德规范或违法的事情，捡到别人的东西主动交公或寻找失主。在现实生活中，部分学生陷入"校园贷""网络诈骗"的泥潭，往往都是由贪小便宜造成的。

（2）要克服依赖思想

大学生要努力克服怕苦怕难的情绪，要对大学生活有清醒的认识。大学生没有经济收入，在经济上往往要依赖父母，大学生活本身也是要克服困难，刻苦钻研的过程，所以大学阶段就要培养艰苦奋斗的精神，不要梦想不劳而获。要做到经常充电，用丰富的知识充实头脑，用榜样和先进人物的力量洗涤自己的思想，提高自己的道德自觉，多了解社会对人才的需求，在学好专业课的基础上，及早做好下一步学习和工作的准备。

大学学习阶段是人生中第一个相对比较独立的时期，生活中远离了父母，在学习上又没有高中阶段的严格要求。这一时期大学生的自由性和随意性强，这既为大学生塑造健康独立人格创造了良好的外部环境，同时也孕育着潜在的风险。因此，大学生只有做到自律自控，才能在面对纷繁的、充满诱惑力的风险时有把控自我的能力，才能使他们在平时的学习生活中正确地把握自己，有效的约束和控制自己的言行，并及时改正不良的言行，增强自我责任感。

（3）具有坚强的意志

生活中遇到不顺心的事是很正常的，艰难挫折是人生的伴侣，无论社会发展到何种程度，它们都会和我们同行，只不过在不同时期，不同人身上表现得不一样而已，关键是如何去面对处理。困难和痛苦常使弱者厌世轻生，却使强者更加清醒奋进，当代大学生应当坦然面对生活、学习中的困难，不要轻易放弃，要把困难看作人生的一笔财富，当成磨炼自身意志的机会。当代大学生因为生活环境优越，难以接受艰苦生活的挑战，有些大学生虽很想有一番作为，却不肯付出努力，没有一点吃苦精神，难以做到持之以恒，这样的人是很难如愿的。英国著名科学家贝弗里奇说："几乎所有有成就的科学家都具有一种百折不挠的精神，因为大凡有价值的成就，在面临反复挫折的时刻，都需要毅力和勇气。"

伟人之所以取得成功，是因为他们在经历无数灾难和挫折的时候，拥有摧不垮的精神和不松懈的意志。大学生也应该培养自己坚强的意志品质，在任何时候都不屈服、不放弃，这样就离成功更近了。事实上，在竞争日趋激烈的社会，成年人做某些事情都不能保证一次成功，更不要说涉世未深的学生了，要允许学生犯错误和失败，但不能一蹶不振，从此失去继续努力的勇气，直接选择"躺平"。

4. 大学生要自立自强

当今社会是一个竞争越来越激烈的社会，一个人如果缺乏独立意识，什么事情都依靠别人，那么他迟早会被社会边缘化，沦为工作生活的失败者。凡是事业有成的人，往往都是有着很强的独立生存能力的人，因为他们在自己的成长过程中独自经历了困难和挫折。因此，大学生要培养自己的独立意识和自强精神。自立自强，不但可以使当代大学生在校园中生活的更加充实，学习更多的知识，为将来走向社会打下坚实的基础，也可以使他们有足够的心理准备去应对困难、挫折和打击，使其在生命转型中不断地走向成功。大学生在学习期间要从以下几个方面努力培养自己自立自强的能力：

（1）要勤于动脑，思想独立

大学生养成独立思考的习惯，不要人云亦云，不知所措。同时在做决定时，不要总是依赖别人或者犹豫不决，而是要在独立思考，综合考虑后自己做出决定。思想决定行动，只有思想独立，才有可能行动独立，这一点对从未有过住宿生活经历的同学尤为关键，因为大学生活给了同学一次历练自己的机会，只要积极应对，一定会由开始的手足无措，到后来的应对自如。

（2）要勤于动手，独立地处理日常事务

从进入大学校门那一天起，就意味着大学生已经从父母的保护中走出来，那种在日常生活中依靠父母的状态就要随着环境的改变而改变。吃饭、洗衣、打扫卫生、学习以及与同学老师的相处问题，都要靠自己来处理。这些基本生活问题的处理，是大学生走向自立自强的第一步，大学生要有足够的自信心，虚心学习生活中的一切技能，规划好时间，走好独立的第一步。

（3）有机会多参与社会实践

大学生可以通过勤工俭学或参与其他社会实践活动，靠自己的体力、脑力获取生活费。这样不仅锻炼了自己的社会适应能力，将学到的理论知识与实践相结合，培养自己自力更生的能力和艰苦奋斗的精神，在实践中不断提高自己，也可以减轻父母的经济负担，增强自己的自信心和独立性。值得注意的是，大学生一定要脚踏实地的根据自己的特长选择社会实践活动，对于以高薪为诱饵的招聘一定要谨慎，避免误入传销组织或从事违法活动。

培养自我责任意识的关键在于教育，大学生需要接受全面的包括道德、文化、科技等方面的教育，以帮助他们建立正确的人生观、价值观和责任观。同时，大学生还需要积极参与社会实践，增强自身的社会责任感和使命感。大学生需要不断学习新的知识、技能和技术，以应对不断变化的社会需求。当代大学生需要具备自我责任意识和适应能力，成为社会发展的中坚力量。

五、新时代大学生家庭责任意识的培养及适应

习近平总书记强调："家庭是人生的第一个课堂，父母是孩子的第一任老师。孩子们从牙牙学语起就开始接受家教，有什么样的家教，就有什么样的人。家庭教育涉及很多方面，但最重要的是品德教育，是如何做人的教育。""广大家庭都要重言传、重身教，教知识、育品德，身体力行、耳濡目染，帮助孩子扣好人生的第一粒扣子，迈好人生的第一个台阶。"[①] 大学生要注重家庭责任意识的培养，并将家庭责任与民族的命运紧密相连，倡导忠诚、责任的理念，推动为家庭谋幸福的同时，提高精神境界，培育新风尚。

（一）大学生家庭责任意识的内涵及特征

1. 家庭责任意识

家庭是指以婚姻和血缘等关系为基础的社会基本单位，包括父母、子女和其他共同生活的亲属。家庭责任通常指分内应做的事或当没有做好分内应做的事应该承担的后果。

由于社会角色不同，所以人的责任也具有多样性，大学生作为相对独立的特殊群体，既离开了家庭，又离不开家庭，这就决定了他们与家庭，特别是与父母之间的紧密联系。然而，作为家庭成员，他们无论在当下和未来，都有着与自己的年龄和身份相一致的责任。这种责任更多地体现在情感和行为方面，因而也更需要教育引导，加强大学生对于家庭责任的正确理解。责任意识的培养与履行职责能力的提高，在很大程度上通过自身的学习，并通过将规则的认同内化为自身的行为习惯实现的。

2. 大学生家庭责任意识的特征

大学生家庭责任教育是指学校、家庭和社会依据一定的社会伦理思想和道德规范，对大学生施加有目的的影响，以帮助他们培养良好的家庭道德观、健全的人格和浓厚的家庭责任意识，从而促使他们自觉履行家庭责任或提高履行家庭责任能力的过程。大学生家庭责任意识的特征包括以下几点：

（1）爱护家人

大学生具有强烈的家庭情感，他们会尽力照顾家人的生活和健康，关心家庭成员的情绪和需求。大学生具有家庭责任意识表现为：关心家庭成员的生活

---

① 习近平. 习近平谈治国理政：第二卷 ［M］. 北京：外文出版社，2018：353.

和健康状况，尽可能地为家庭成员提供帮助和支持。承担一定的家庭责任，如照顾年迈的父母、友爱兄弟姐妹、参与家务劳动等。尽力维护家庭的和睦，避免家庭内部矛盾和冲突的发生。尊重家庭传统和文化，不断传承并发扬家族文化，应该关注家庭的发展和未来，为家庭的长远利益着想。

（2）分担家庭责任

大学生会尽力分担家庭的责任，包括做家务、照顾年迈的父母、照顾弟妹等。他们会尽力减轻家庭成员的负担，为家庭创造更好的生活条件。大学生应该具有强烈的家庭意识，认为自己应该为家庭的幸福和稳定负责。应该具有强烈的社会责任感，认为自己该为社会做出贡献，而家庭是社会的基本单位，因此他们也认为自己应该为家庭做出贡献。大学生通常有着独立自主的性格，能够独立处理家庭事务，不需要过多地依赖父母，通常非常关心家人的生活和健康状况，会尽力满足家人的需要。为此，在假期，大学生会积极地参与家庭的日常家务，如洗衣、做饭、打扫卫生等。有的学生会尽力为家庭提供经济支持，如打工赚钱、节约开支等；会尽力照顾家人的生活和健康状况，如照顾老人和孩子等；会孝顺父母，如满足父母的需求、尊重父母的意见等。

（3）建设和谐家庭

大学生会努力营造和谐的家庭氛围，通过沟通、理解和包容等方式，化解家庭矛盾和纷争，为家庭带来更多的幸福和快乐。大学生逐渐学会尊重父母和家人，理解他们的辛苦付出，并尽可能地帮助他们。这表现为主动承担家务、关心家人的身体健康、尊重家人的意见等。

大学生积极维护家庭和谐，避免家庭冲突和矛盾，表现为主动沟通、理解家人的需求、尊重家人的感受等。大学生开始学会承担自己应尽家庭的责任，主动参与家务、照顾家人、关心家庭经济状况等。大学生应该学会独立，不依赖家庭，表现为自主学习、自主生活、自主解决问题等。大学生开始关注家庭教育，尽可能地帮助家人提高教育水平和素质，表现为帮助家人解决教育问题、鼓励家人学习等。大学生家庭责任意识的养成对和谐家庭的建设具有积极的、主动的作用。

大学生作为一个特殊的社会群体，在家庭之中，他们并未完全独立，无论在经济上还是在情感上，都依赖自己所在的家庭。在家庭之外，他们绝大多数远离父母，长时间在校园生活，而且独立性日渐增强。但是作为社会的人，大学生也应该而且必须有较强的家庭责任意识，这不仅关系到他们个人的生存，而且关系到他们如何与他人相处，如何谋求将来的个人幸福。

（4）集体生活对大学生家庭责任意识的影响

大学生所在的班集体和寝室在一定意义上也可以被看成是一个小家庭，尤其独生子女，他们在成长过程中缺少与同龄家庭成员相处的经验，所以在新的环境下，如何与同学、室友相处，对他们来说既是挑战也是机遇，如果处理得顺利，对于将来在工作岗位上处理与同事的关系将会大有裨益。因此加强大学生家庭责任教育，不仅对大学生正确扮演家庭成员角色，履行家庭责任有重要意义，而且对大学生如何在集体生活中学会与人相处，提高责任意识同样具有广泛而深远的意义。

在大学期间，学生们通常会加入各种社团组织或参加各种活动，这些集体活动可以帮助他们更好地了解家庭的重要性和意义。通过参加集体活动，大学生可以结交新朋友，分享彼此的家庭故事和经历，从而更好地了解和明确家庭的重要性。此外，集体活动还可以帮助大学生们更好地了解家庭价值观和传统文化，进一步增强他们对家庭的认同和尊重。

集体活动还可以帮助大学生们更好地解决家庭问题。在集体中，大学生们可以向其他成员寻求帮助和建议，共同探讨解决家庭问题的方法。这种集体的支持和帮助可以帮助大学生们更好地应对家庭问题，增强他们的家庭意识和责任感。

（二）大学生家庭责任意识的培养及对策

提高大学生的家庭责任意识是当前高校大学生思想政治工作的一项重要的教育内容。我们必须积极主动采取切实可行的措施，在提高认识、健全形式等方面下功夫。

1. 提高对大学生进行家庭教育重要性的认识

社会良知、公民责任、生命伦理是每一个人都应当坚守的道德底线。在众多家庭悲剧之中，不乏受过高等教育者的不孝之事，例如北大的杀母案，这折射出受过高等教育或正在接受高等教育的群体的家庭责任意识的淡薄甚至缺失。一个人的不负责任会导致连环的负面效应，我们应当意识到，这些问题的出现和事件的发生将对社会和个人产生的危害。

我们必须认识到对大学生进行家庭责任教育的重要性，并有针对性地引导他们从履行自己的职责担当和家庭责任做起，从为父母、为家庭分担责任，减轻家庭压力做起，注重家庭、注重家教、注重家风，从父辈身上传承优秀的文化传统，学习做人的气节和骨气，培养大学生做事负责，勇于担当的责任意识。

2. 丰富大学生家庭责任意识教育的内容

对当代大学生进行家庭责任教育，除了传统的道德教育内容外，还对标当前大学生家庭责任教育的基本原则和主要措施方面出现的问题，有针对性地拓展其内容，侹之适应社会生活的需要。

（1）生命责任意识

人们通常认为生命是属于自己的，个人有权利选择生死。生命权从根本上说是一种个体的自我权利，但是就个人与社会、个人与家庭的关系来讲，没有谁是孤立存在的单独个体。从本质上来说，人始终是处于社会关系中的个体。马克思认为，"人的本质不是单个人所固有的抽象物，在其现实性上，它是一切社会关系的总和。"因此，从这个意义上来说，人的生存既有个体价值，也有社会价值。

从家庭的角度来看，每个人的生存都有其合理性，也有一定的责任性。随意地选择结束自己的生命，既是对自己的不负责任，也是对家庭的不负责任。但是，现在不少大学生十分自我，包括对待生命责任的问题上，他们往往没有深入思考过生命的意义，认为生命权是个体的权利，选择好好生活还是选择结束生命，没有谁管得着。有的大学生因为在经济上或者感情上不顺心，往往还会抱怨父母不该生下自己。近年来，大学生群体中，因为某些方面的不如意或者遭受重大的挫折就选择结束生命的现象不时出现，让人痛惜。

对于生命个体的自然属性来说，它的存在只有自身的意义，而对其所具有的社会属性来说，它的存在就有其非凡的意义。因此，引导大学生对自身行为负责，是家庭责任教育的起点。对于一个已经成年且正在接受高等教育的青年人来说，要负起自己的家庭职责，最基本的条件就是要保障生命的存在。只有学生热爱生命、保护生命，才能承担相应的家庭责任。学生要懂得母亲孕育生命的艰难、分娩的痛苦、养育的艰辛，要感谢父母的养育之恩，必须热爱生命、保护生命，对生命充满了敬畏和尊重，不能因遇到的困难一时不能解决，而轻言放弃生命。一个人的成长离不开社会和国家的培养，当然要细细数来，还有很多理由让我们要关爱生命，不能轻易地轻视、伤害和结束自己的生命。只有热爱生活才能诠释生命的全部意义，才能回报社会的关爱，才能回报国家的培养。

（2）树立科学的人生观

人的生命过程与其他动物的生命过程不一样。人生不仅是一个自然过程，还包含着极为丰富的社会内容。人不仅要活着，还要生产、交换、创造，形成一定的人生价值目标，以一定的人生价值观指导自己的行为，赋予人生不同的意义。而人生观就是人们在实践中形成的，对于人生目的、人生态度和人生价值的根本看法，它决定了人们实践活动的目标，人生道路和对待生活的态度。因而，我们一定要抓住大学这个关键时期，对大学生进行人生观教育，同时让他们结合个人实际、家庭情况和社会现实去思考人的本质是什么、人生是为了什么、什么样的人生更有意义等问题，明辨是非、善恶、美丑的界限。只有通过人生观教育，才能让大学生确定正确的人生目的、积极进取的人生态度，最终让他们领悟人生真谛，创造人生价值，活出精彩的人生。

（3）树立恋爱责任意识

爱情是一个古老而常新的话题，人们不吝用最美丽的语言来描述爱情的永恒与不朽。有人认为，爱情能给人带来精神上的激励、情绪上的欢愉、生活上的充实。因此，没有爱情的人生是苍白的，甚至是没有意义的。相反，也有人因看到他人的不幸，而对爱情持悲观的态度，认为美好的爱情只是文艺作品中的演绎，而生活中的爱情带给人更多的是痛苦和伤害。

性爱、理想和责任是构成爱情的基本要素。当代大学生只有在考虑实际的社会条件的制约、一定的文化传统、社会心理和风俗习惯的基础上，才能更好地理解和把握爱情的真谛或本质。从一定意义上来说，爱情活动本身是一种社会交往或交际，要对对方负责，对社会负责，爱情的真谛在于奉献，而不在于索取。

责任是对性爱和理想的升华，是对爱情的起码要求，也是最高要求，是爱情得以长久的重要基础。有责任担当的爱情，不是自己占有了对方的感情，而是自己自愿地为所爱的人付出感情和担当。爱情的责任丰富了爱情的内涵，提升了爱情的境界。

恋爱是缔结婚姻组成家庭的前提和基础，婚姻和家庭则是恋爱的结果，是爱情在内容和形式上的升华。因此，恋爱、婚姻和家庭是既密切相关，又有明显区别的概念。婚姻是指由法律所承认的男女两性的结合，以及由此而产生的夫妻关系。家庭是指在婚姻关系、血缘关系、收养关系基础之上产生的，亲属之间所构成的社会生活单位。婚姻是家庭产生的重要前提，家庭又是缔结婚姻的必然结果。婚姻的成功体现为家庭的幸福，而家庭的繁衍又彰显出婚姻的意义。因此，我们要倡导家庭美德，把家庭美德作为家庭责任教育的重要内容之一。只有通过学习，大学生才能更加认识到尊老爱幼是人类社会的永恒的美德，是人类生命链条延绵不断的保障。

（4）树立家庭责任意识

家庭成员之间要做到男女平等和互敬互爱。从本质上来说，只有基于纯洁的真爱基础之上的婚姻家庭，才能确保夫妻平等。与此同时我们也要看到，夫妻和睦的关键是能够共同承担家庭的责任和义务，生活富裕也不要忘记勤俭节约，妻子要相夫教子，丈夫要爱护妻子，勇于担起家庭的重担，子女要敬重长辈，长辈要关爱晚辈，做到父慈子孝，家庭和睦。了解了这些基本知识，才能增强大学生的家庭责任感，从而促使他们对家庭尽责。一个杂志社做了一个"什么在婚姻中起到决定的作用"的调查，在收集的 4800 份调查问卷中，90％的人回答是爱情，可是从法院民事法庭提供的 800 份协议离婚的结果来看，真正因感情破裂而离婚的占了不到 10％。在两项调查比较中，我们发现，在婚姻中失败的人，并不是找错了对象，而是没有将家庭责任放在心上。

3. 创新大学生家庭责任意识养成模式

传统的思想道德教育形式，不可否认地具有合理性和继承性，而现代社会教育者倡导的思想道德培育形式更具有现实性和针对性，如注重环境细节和人文关怀，包括现在社会环境和校园环境的营造。随着社会的发展，学生的主体地位越来越受到重视，这要求我们对当代大学生进行家庭教育的模式要创新发展，具体表现在：

（1）尊重学生的主体地位

在思想政治教育过程中，教育者是主体，受教育者是客体。教育主体在整个教育活动中起主导作用，也就是说，教育主体具有主体性的本质特征。这种主体性是指他在与教育客体的对象性关系中表现出来的自主性、能动性和创造性。但是，这不能让广大的教育者因此而忽视甚至不尊重学生的主体地位和个性特征，我们必须尊重学生的主体地位。主体性主要是指受教育者自觉主动地认同教育目标和教育要求，独立做出判断和选择，自主调节行为，并在实践中完善自身素质。

网络时代，信息传播速度快、范围广、形态多样，受此影响，大学生的思维活跃，追求个性自由，渴望理解与被尊重，因此要最大限度地发挥学生的主导作用，解决学生在学习和生活中遇到的困难，引导学生参与学校生活和学习的全过程。学生可以进行自主学习和探究性学习，敢于提出质疑并发表独立的见解，学生在主动参与中发现问题、分析问题和解决问题，激发学习创造兴趣，在团队合作中承担责任，在实践中了解专业特色，并逐渐培养爱岗敬业的责任意识。

（2）建立有效的沟通机制

随着信息技术的发展，网络已逐渐成为个人生存和发展的必要工具，网线可以连通外部世界，实现零距离沟通。网络自身存在着隐秘性、无标识性和虚拟性的特点，让大学生的自主性、开放性、选择性和创造性在沟通交流中获得一定的发展，并且能够促进学校、家庭和学生之间的沟通，促进学生平等观念的生成。因而在对大学生进行家庭责任教育的过程中，教育者可以通过邮件、聊天平台、微信群、家长群等进行适时适度的沟通，这有利于解决一些面对面交流所不能解决的问题，而且可以非常及时地获得学生的思想动态信息和家长的想法等，从而可以更好地解决实际问题。

借助各种形式的活动，使教育更加切合实际，从而促使学生更加自律。按照我国宪法的相关规定，18 周岁已经成年，成年人除了有宪法规定的基本权利以外，还应承担宪法规定的义务。父母有抚养教育未成年子女的义务，成年子女有赡养扶助父母的义务。同时，按照《民法典》的规定，18 周岁以上的公民是成年人，具有完全民事行为能力，可以独立进行民事活动和民事诉讼活动，是完全民事行为能力人。对此，可以通过如成人仪式等活动让学生知晓其已经成年，让他们意识到自己的生命已经成长到一个特定的阶段，这个阶段赋予了他们太多的意义，同时也承载了更多的家庭责任。

增强对法律的敬畏心理，遵守法律就是履行法律责任的最直接的表现。这是每一个大学生实际生活中可以真心感受到的。通过贴近实际的活动方式，达到家庭责任养成的本真状态，其意义是促进自律习惯的养成。我国著名的教育学家叶圣陶指出："教育的目的就是为了达到不教育"，学者王礼湛也说："任何理性教育，形象的感染都是外部的客体，都只有通过主体的心理过程才能起到这样或那样的作用，如果没有主体内心的心理过程发生，任何教育都等于零。"因此，学生达到这种状态以后，他们就会把自身作为认识和改造的对象，从而进行自我塑造以求得自我发展和自我完善，最终达到家庭责任的自觉养成的目的。

（3）搭建从理论到实践建设的桥梁

思想道德与法治课程是高校必修课，本门课程以适应大学生活，开拓人生新境界为切入点，以学习和践行社会主义核心价值观为主线，紧扣大学生成长过程中遇到的基本问题，特别是思想道德和法律方面的问题，有针对性地开展马克思主义世界观、人生观、价值观、道德观和法治观的教育。

该课程的主要内容要求学生们在学习的过程中知行统一，在学习理论知识的同时，要联系自己的思想实际，身体力行，把学习规范和遵纪守法结合起来，努力把道德认知转化为内在的素质，加强思想道德和法律方面的素养，做到知情意行的辩证统一。只有通过个人的主观努力和实践，才能增强自我教育、自我约束、自我激励的能力，提高自己的家庭责任意识和主动承担家庭责任的能力，并在实际生活中做出负责任的实际行动，最终达到适应社会生活的目的。

（4）发挥教育的整合作用

家庭是一个人思想品德和行为规范养成的第一场所和重要环境。因此，作为家庭核心人物的父母，在良好家庭环境营造和正确教育子女方面具有义不容辞的责任。父母不可因疼爱孩子而一味地迁就他们，而应该如颜氏家训认为的那样，将爱子和教子紧密结合起来，要坚持严慈结合的原则。严氏家训还指出，爱子是人之常情，本无可厚非，但如果只爱子而不教子，甚至将"爱"发展成娇惯和溺爱，则是错误的。

家庭责任的承担，不是靠一个人，而是靠家庭所有的成员，只是每个人的侧重点不同而已。在经济发展和物质生活日益丰富的今天，家庭教育过程中，有许多观念认为，孩子乱花钱是思想和行为滑坡的第一步，因而对其经济实行严格的控制。这种教育管理思想有其自身的道理，但应该有一个度的把握，否则会适得其反。

虽然大学生进校时基本上都已成年，但是他们的思想道德还有很大的可塑性，尤其在当下的环境和特定的认知阶段，高校更应该高度地关注并付诸行动。同时，高等学校本身也承担着对大学生进行思想政治教育的重大责任。因此，一方面要让学生认清社会现实、社会矛盾和社会发展方向，另外一方面要对其进行主流价值观的教育，在教育实践上发挥学校教育的更多功能，从而对大学生进行行之有效的家庭责任教育。

良好社会氛围的营造是学生家庭责任教育的有利条件。当今社会的诱惑实在是太多，拜金主义、享乐主义和极端个人主义等错误的思想观念极容易腐蚀大学生。因此，我们应利用现代大众传媒的优越性，在全社会营造一种良好的氛围，同时利用社区的一些资源，让大学生参与其中，如感化问题少年和敬老爱老的活动，让他们在社会实践中感受生活的多样性，从而更深入地理解其所承担的家庭责任的重要性。

江泽民同志曾说："我们对青年人，第一要爱，满腔热情地爱护他们；第二要严，对他们要热情帮助，要有批评、爱和严，都是为了促进他们将更好地创造我们民族美好的未来。"爱和严要结合起来，真正的爱体现在严格的要求之中，只有在严格的要求下，青年一代才能肩负起建设第二个百年奋斗目标的历史重任。也只有整合家庭、学校、社会的资源，发挥三者的教育合力作用，齐抓共管才能实现提升大学生家庭责任意识的目的。

（5）大学生自觉参与实践

大学生家庭责任意识的养成，既要靠外在的教育引导，也要靠其自身的学习实践。结合当前高校开展大学生思想政治教育的实践和大学生思想实际，我们应该着重引导大学生自觉践行家庭责任。

要积极引导大学生进行社区调研，让他们在参与中深刻地领会作为家庭成员承担家庭责任的重要性。大学生绝大部分时间是在校园内学习，大多数学生远离家庭，要让他们在学校生活中深刻领会家庭责任的重要性有一定的难度，加之有些家庭对这个问题没有足够的重视，把更多的精力放在提高学习成绩上，甚至在有的家庭中父母自身就没有履行好家庭职责，这无疑给大学生从家庭中学会承担家庭责任增加了难度。高校思想政治工作要将家庭责任教育当作思想政治教育的重要内容，结合学校和学生实际，积极引导大学生在学校附近社区开展关于家庭责任方面的调研，让他们切身体会和感受家庭责任的重要性。

家庭责任是既重要又容易被忽视的问题，虽然作为半社会人的大学生还没有组建自己的家庭，没有成为家庭的核心，但是就其生长的家庭而言，自觉承担作为家庭成员的责任也是义不容辞的。家庭责任意识的培养，如果没有家庭的配合和学生自己的实践，始终难见实效。学校要借助寒暑假两个较长的时间段，要求学生自行开展履行家庭责任的专题，以社会实践作业的形式给学生布置任务，让其逐天完成各项实践指标，进而使学生在实践中慢慢体会劳动的不易和为家人服务带来的成就感，提升家庭责任意识。

六、当代大学生社会责任意识的培养及适应

大学生是我国社会主义事业的建设者和接班人，社会人才的后备军，更是我国在以人才竞争为核心的综合力量较量中立于不败之地的关键因素。因此，大学生有无社会责任意识或社会责任意识的强弱，关系到中华民族的未来、国家的兴衰乃至整个人类的命运。当代大学生生活在一个价值多元化的时代，主要体现在他们不再把自己困于象牙塔内，而是作为独特敏感的社会群体，广泛地参与社会生活的方方面面，表现出公民意识和公民责任。这些变化势必影响、改变他们对社会责任意识的认知和理解。

（一）大学生社会责任意识的要素

1. 国家忠诚意识

国家忠诚意识是指人们对自己所属国家的归属感和忠诚度，是一种重要的民族精神和道德观念。在国家忠诚意识的引导下，人们能够对国家的利益和荣誉抱有高度的认同感和忠诚度，弘扬爱国主义精神，积极投身于国家建设和发展事业中，共同创造美好的未来。国家忠诚意识既是人类长期以来对自己祖国的归属感、认同感，也是民族精神的核心和大学生社会责任意识的重要内含。中华文化之所以历经五千年沧海桑田，仍然屹立于世界民族之林，很重要的是以爱国主义为核心的民族精神的支撑。当代大学生的忠诚爱国意识具体表现为：

（1）认同主流意识形态

在当代中国的思想意识中，中国化的马克思主义意识形态居于核心地位起着主导作用。它是凝聚民心、汇集民力、增强民族自信心与自豪感的精神力量，也是全球化背景下反映我国社会主义国家利益的文化力量。当代大学生只有学习贯彻习近平新时代中国特色社会主义思想主题教育内容，认同社会主义核心价值观，才能树立正确的世界观、人生观和价值观，才能承担大学生的社会责任。马克思主义在中国的一百年实践，中国完成了从站起来到富起来，再到强起来的历史飞跃。大学生只有对主流意识高度认同，才能将其内化为个体的意识，与国家和人民同向同行，增强社会责任感。

（2）拥护社会主义制度

我国坚持以公有制为主体，多种所有制并存的社会主义市场经济体制，发展社会主义政治文明，建设民主法治、公平正义、诚信友善、充满活力、安定有序、人与自然和谐共生的社会。社会主义在中国七十年的实践证明，社会主义没有辜负中国，适合中国的发展。大学生在学习过程中，要坚持对社会主义的信心，坚持道路自信、理论自信、制度自信和文化自信，把国家的前途命运和个人的发展有机联系起来，增强社会责任意识。

（3）拥护中国共产党的领导

中国共产党是中国特色社会主义事业的领导核心，党的领导是中国特色社会主义最本质的特征，代表着最广大人民的根本利益。进入新时代，中国共产党再次扬帆远行，带领全国人民奔向第二个百年奋斗目标。当代大学生要拥护党的社会主义初级阶段基本路线，立志为实现党的理想奋斗。大学生应该积极投身于社会事务，关心社会公益事业，并为社会做出积极的贡献。大学生应该遵守国家的法律法规，并承担自己应尽的社会责任，为社会和谐稳定做出努力。

（4）维护民族团结和国家统一

民族团结与国家统一是我国历史发展的主流趋势。全力维护国家统一，促进民族团结，才能形成和巩固社会和谐稳定的局面。当代中国还未实现完全的统一，不仅国内存在不稳定因素，一些国际反华势力的活动也十分猖獗，当代大学生应该充分认识到社会主义各民族关系的和谐发展和国家统一的重要性，坚决维护国家统一和全国各民族的团结，积极投身到中华民族共同体建设中。

大学生作为社会的中坚力量，应该具备高度的社会责任意识及拥护民族团结和国家统一的意识。在校期间，大学生应该积极参与各种社会实践和志愿服务活动，了解和关注社会问题，为社会做出自己的贡献。同时，大学生也应该认识到民族团结和国家统一的重要性，尊重和学习各民族文化，增强民族认同感和国家意识，为推动国家统一和民族团结做出自己的贡献。

作为未来社会的建设者，大学生要时刻牢记自己的社会责任和历史使命，为实现中华民族伟大复兴而努力奋斗。在日常生活中，要关心照顾少数民族同学，让他们感受到被理解和被尊重，并把这种感受带回自己的家乡，形成良性互动，为民族团结做出贡献。

2. 公共事务参与意识

从思想意识层面来看，大学生社会责任包含对公平正义的追求和对公共事务的热情参与。公民参与是指围绕如何在治理公共事务过程中实现公共利益而在公共领域展开的言论和辩论。大学生的公共事务参与意识表现的正是民主政治所要求的一种积极的公民的言行，是大学生社会责任的重要内涵之一。衡量当代大学生公共事务参与意识的具体指标有以下几点：

（1）公平正义意识

公平正义是人类文明进步的标尺，是社会主义制度的本质要求，也是构建社会主义核心价值观的重要内容。公平正义是对社会各方面利益的妥善协调，以及对人民内部和各种社会矛盾的正确处理。维护和实现社会公平正义，是我国社会主义制度的本质要求。大学生只有秉承公平正义的理念，为维护和实现社会公平正义而努力，积极主动和创造性参与公共事务，形成公平正义的公共价值观，才能维护人民的利益，满足人民的需要，才能实现个人的人生价值，承担相应的社会责任。

（2）具有广泛的国际视野

当代大学生作为国家和社会培养的高知识、高技能人才，不仅应该关心个人的事情，也应该把眼光放到公共事务上。在全球化背景下，当代大学生还应具有国际视野，能够站在全球和更广泛的领域上观察经济社会运行和政治博弈等问题，具有分析辨别能力，有参与意识、责任意识和使命意识，为融入社会生活做好准备，积极了解国家的宏观经济发展战略，了解国家的产业布局和发展规划，不断调整个人的学习方向，以适应社会发展的需要，成为新时代国家的建设者和参与者。

（3）热衷参与公共事务

当代大学生不仅应该关注、关心公共事务，还要致力于通过制度化的理性参与，达成解决公共问题的共识。大学生参与公共事务能够促进公共事务的妥善解决，同时激发大学生参与公共事务的兴趣和热情，以活动参与带动学习，促进大学生综合素质的发展，强化社会责任意识的适应与养成。

大学生们应该积极参与社会事务，为社会做出贡献，并且参与公共事务可以帮助大学生们更好地了解社会现状和社会问题，提高他们的社会责任感和公民意识。大学生通过参加志愿活动、社区服务、公益项目等方式，为社会做出自己的贡献。大学生也可以通过参与公共事务提高自己的组织能力、沟通能力、解决问题的能力等，这些能力对于他们未来的职业发展和个人成长都非常重要。

3. 社会问题关注意识

改革开放带来了经济的快速发展和社会变革，与此同时，社会生活也出现种种矛盾。大学生具有强烈的好奇心，对于社会问题敏感度高，应该主动关注社会事件和社会问题，积极协助政府和社会化解矛盾，将突发事件消化在萌芽之中，才能避免引发社会危机，出现新的社会问题。因此，具备社会问题关注意识是大学生具有社会责任感的重要表现。大学生社会关注意识包括以下三个方面：

（1）关注问题实际

大学生具有一定的思辨能力，关注社会事件不能停留在表面，应该深度剖析问题实际，才能为理性判断、解决问题打下基础。社会问题的解决需要大家的共同努力，而大学生作为社会的一份子，也应该为之做出贡献。

大学生可以通过参加社会实践、志愿服务等活动深入了解社会问题，了解社会现状。大学生可以通过自己的专业知识和技能为社会问题提供解决方案。此外，大学生还可以通过自己的力量和影响来呼吁更多人关注社会问题，促进社会进步。总之，大学生应该积极关注社会问题，并通过自己的努力和行动来促进社会的发展和进步。

（2）理性判断能力

大学生虽然具有对社会问题的敏感性，但是在现代信息社会，媒体信息以海量形式传播，关键是如何进行选择判断，不盲目听信及如何理性处理问题。若是对媒体爆出的各种信息都盲目跟从，一哄而上声援声讨，没有任何思考，这也是不负责任的表现。例如，"2021年刘学洲事件"，就是网络暴力导致的极端事件，对网络人物不加分析的一面倒的横加指责，成为压死骆驼的最后一根稻草，演变成社会悲剧。

上述事件的发生，究其原因就是因为无知而违法，唯有基于自己的丰富知识和敏锐的判断力，基于社会主义核心价值观，理性对待和分析问题，寻求问题解决的正确路径，才能体现出对国家和社会的责任感和使命感。

（3）协助解决问题

关注社会问题的最终目的是解决问题。社会问题的化解不仅是政府的事情，进入新时代的中国正致力于以中国式现代化推动中华民族伟大复兴，国家治理包括政治、国家与公民社会的合作、政府与非政府的合作、公共机构与私人机构的合作。大学生可以通过多种渠道协助社会解决问题，可以积极参与志愿者活动。

志愿者活动涉及环保、扶贫、教育、文化、医疗等各个领域，大学生可以根据自己的兴趣和专业知识选择参与相应的活动，为社会提供一些有价值的服务。例如，参与社区开展的科技创新活动、为社区提供免费的法律咨询、为贫困地区的学生提供免费的教育支持等等。大学生还可以通过参与社会实践课程、参与创业项目等方式积累经验和提升能力，为未来的就业和创业打下坚实的基础。

当代大学生作为新时代的公民，应尽自己所能，与政府和相关部门共同解决人们共同关注的社会热点问题，增强参与意识，提高融入社会的能力。

4. 公共危机责任担当意识

大学生作为新时代青年，在公共危机治理中勇于担当责任，是具有社会责任感的重要体现。因此，公共危机责任担当意识应是大学生社会责任意识的具体构成之一。衡量大学生公共危机责任担当意识的指标是其是否勇于担当。大学生要摆脱自身的狭隘思想，视公共利益的维护为己任，时刻认识自己肩负的责任，积极参与危机治理，争当扶危济贫的先锋，在志愿活动中历练自己，体现个人的价值，提高责任意识。

（1）参与危机治理的行为

行为是最好的语言，只有付出实际行动才能真正的治理危机和解决问题。是否将自己应该承担的责任付诸实际行动，是衡量大学生公共危机责任担当意识的核心指标。大学生参与公共危机治理，可以通过自己的渠道和方式，向公众传递有关公共危机的知识和信息，提高大众的安全意识和应对能力。俗话说，"谣言止于智者"，大学生要做到不信谣不传谣，对于网络谣言要给予正面解释，敢于说"不"。大学生可以积极参与志愿服务活动，为公共危机的应对提供帮助和支持，如为灾民提供物资、搭建临时帐篷、清理垃圾等。可以加入应急救援队伍，提供紧急救援服务。还可以通过参与公共议题的讨论和决策，为公共危机的预防和应对提供建议和意见。积极反映有关公共危机的问题，例如向相关政府部门反映安全隐患、向媒体举报违法行为等。

大学生参与公共危机治理的行为，既可以为社会做出贡献，又可以提高自己的社会责任感和公民素质。大学生应多了解和查阅相关知识，用数据和事实回应关切，为建设风清气正的网络世界做出个人的贡献。

（2）具有牺牲精神

公共危机作为一种突发的非正常状况，使政府面临巨大压力，为减少损失，政府有时会选择牺牲少数人的利益，保全公共利益，这就需要公众具有牺牲精神。

公共危机往往涉及人民群众的生命财产安全，需要有人在危难时刻挺身而出，提供帮助和支持。而大学生作为社会的一股重要力量，有责任也有义务参与到公共危机治理中来。为了完成这一使命，他们需要付出时间、精力甚至生命，这就需要他们具备一定的牺牲精神。

然而，在参与公共危机治理的过程中，大学生也需要合理认识自己的能力和局限性，尽量避免不必要的风险和损失。同时，他们需要保持冷静和理智，遵守法律法规，确保自己和他人的安全。只有在这样的前提下，大学生才能更好地发挥自己的作用，为公共危机治理做出积极贡献。大学生在危机治理中能够顾全大局，舍弃自己部分利益，提高危机控制的效率，减少危机的损失，为政府减压，才算具有真正的公共危机责任担当意识。

5. 志愿服务意识

大学生志愿服务活动在 20 世纪 90 年代开始兴起，是青年大学生展现自我、丰富自我、实现自我的重要形式，是青年大学生走出小我、成就大我的重要过程，是青年大学生社会化的重要途径。志愿服务是大学生成长成才，成为社会的人和履行公民社会职责的实践平台。志愿服务意识包括以下三个方面：

（1）志愿服务意识

志愿服务是志愿者基于人类的道德与良知自愿参加的社会服务活动。因此，志愿服务意识首先包含着志愿者服务意识，即愿意成为一名光荣的志愿者，承诺尽己所能不计报酬地帮助他人，服务社会。青年志愿者的豪迈誓言体现出志愿者服务要具有志愿性。

（2）合作互助意识

志愿服务是志愿者在公共生活中的社会服务行为，其特点是具有公共性。因此，志愿者不可能单枪匹马完成任务，要有互助合作意识，在与他人的合作中实践仁爱、向善和奉献的道德精神。奉献友爱和互助进步的志愿精神，旨在谋求志愿服务活动的互动双赢，实现志愿服务活动的社会价值。很多大学生在志愿服务过程中，提高了对社会的认识，丰富了个体的情感世界，做事意志力更加坚定，社会责任感更强。

（3）文明与公平理念

志愿者注重社会美好，追求人文关怀，社会文明和公平。大学生志愿者在志愿活动中，帮助人们维护公民的权利，引导人与人之间相互理解尊重，通过呼吁和参与等途径，推动政府实施更多公平正义的政策。在志愿活动中，志愿者之间、志愿者与服务对象之间要相互理解、相互尊重，才能实现志愿活动的健康可持续发展，通过志愿服务活动，温暖社会、提高了人的综合素质，大学生责任意识在不经意间得到了提高。

6. 社会关怀意识

无论是西方的社会公平理念、公民权利理论，还是中国的传统文化精神和社会关怀精神，都是社会责任感与使命感的充分体现。在中国传统文化精神中，自我的生存价值历来蕴含于其所在的社会环境中，历代知识分子所推崇的政治理念，其重心就是治国平天下，其实质是强调个人和社会的关系，个人离不开社会的同时，也要关注社会发展，确立社会关怀意识。

（1）坚守社会公平理念

坚守社会公平理念及追求和保障社会主义市场经济体制下，全体社会成员享有平等的政治权利、经济权利和社会保障等其他方面的权利，实现全体人民共同富裕，实现中国式现代化。我国正处在社会发展的关键时期，市场经济的竞争机制、社会分配中的效率优先原则使得社会的公平暂时难以实现，但公平理念不能放弃。大学生需要有社会关怀意识，有社会责任感与使命感，为追求公平理想的社会奋斗。

（2）对弱势群体的关爱意识

大学生应关注弱势群体的物质生活条件，关心他们的心理健康，在力所能及的范围内协助弱势群体解决实际问题，鼓励他们自立自强，使他们感受到社会大家庭的温暖。近年来，回乡大学生利用寒暑假，开展关爱空巢老人，留守儿童活动，在活动中与老人聊天，帮助他们做家务，辅导孩子学习，不仅锻炼了表达与沟通能力，也使个人的社会责任意识显著提高。

（3）富有社会实践意识

个人理想和社会理想的实现均需要付诸实践，大学生通过亲身体验和实践，才能够真正了解社会，了解基层人民群众的社会现状，锻炼养成自立自强、艰苦奋斗的品质，进而增强才干提高能力。社会实践是将主观世界和客观世界结合起来的唯一途径，也是大学生具有社会关怀精神最有力的证明。因此，社会实践精神是大学生社会关怀意识的主要内容之一，有的大学生利用假期打工，到博物馆、图书馆做志愿者，有的到超市打工既增加了收入，也了解了就业市场，使自己的发展目标更加清晰，责任意识更加明确。

由此，人生理想以社会关怀为核心，无论是自我内在修养，还是关注政治、体察民情，都以履行社会责任为实现个人价值的舞台。当然，大学生肩负着构建社会主义现代化强国的责任与使命，只有坚守社会公平，具备社会关爱意识和富有实践精神，才能够彰显人文关怀精神，在实践中实现人生理想。

（二）大学生社会责任意识的适应

大学生社会责任意识的适应需要从多个方面进行，需要学校、家庭和社会共同努力，让学生在适应社会责任意识的过程中，不断提高自己的社会责任感和适应能力，为社会做更多的贡献。大学生社会责任意识的适应需要从以下几个方面进行：

1. 教育引导

大学生社会责任意识的适应需要从教育入手，学校应该加强对大学生进行社会责任意识的教育引导，培养大学生的社会责任感和社会意识。大学生是未来社会的中坚力量，他们的社会责任意识的培养和提高对于社会的发展和进步至关重要。

教育引导可以通过多方面实现，大学可以在课程设置中增加相关的社会责任课程，让学生了解社会责任的概念和重要性，以及如何履行社会责任。可以组织社会实践活动，让学生亲身体验社会责任的重要性和实践方法，提高他们社会责任意识。可以对教师进行社会责任意识的培训，提高他们对社会责任的认识和理解，从而更好地引导学生。大学可以与社会各界合作，开展社会责任相关的活动，让学生参与其中，提高他们的社会责任意识。学校要通过多种途径来引导学生提高社会责任意识，让他们成为有责任感和勇于担当的合格人才。

2. 参加实践活动

大学生应该积极参加各种社会实践活动，通过实践活动增强自己的社会责任感和社会责任意识，同时也可以锻炼自己的实践能力和团队合作能力。大学生社会责任意识的适应需要社会实践，大学生可以参与各种志愿服务活动，如义工、支教、环保等，通过实践了解社会问题和需求，提高社会责任意识。可以参加学校组织的社会实践课程，了解社会现实和问题，学习解决问题的方法和技能，增强社会责任意识。可以加入各种社会组织，如社团、协会等，通过组织活动和服务社会，提高社会责任意识和组织能力。可以参与各种公益活动，如捐赠、义卖、筹款等，提高社会责任意识和公益意识。可以参与创新创业活动，通过创造价值和解决社会问题，提高社会责任意识和创新创业能力。

3. 家庭教育

家庭教育对大学生社会责任意识适应也起着重要作用，家长应该培养孩子的社会责任感和社会意识，让孩子从小就懂得为社会做出贡献的重要性。大学生社会责任意识的适应需要家庭教育的参与。

家庭教育应该注重培养孩子的公民意识和社会责任感，让孩子明白自己应该为社会做出贡献。家长可以通过让孩子参加志愿服务、捐款等活动培养孩子的社会责任感。家庭教育应该注重培养孩子的道德观念和价值观，让孩子明白什么是对的，什么是错的。家长可以通过讲述一些道德故事、引导孩子正确处理人际关系等方式培养孩子的道德观念和价值观。家庭教育应该注重培养孩子的独立思考能力和判断能力，让孩子能够正确看待社会问题，提出自己的观点和看法。家长可以通过鼓励孩子多读书、多思考、多交流等方式培养孩子的独立思考力和判断能力。家庭教育应该注重培养孩子的团队意识和合作精神，让孩子懂得在团队中应相互协作、相互支持。家长可以通过让孩子参加团队活动、组织孩子和朋友共同做一些小项目等方式培养孩子的团队意识和合作精神。家庭教育是培养大学生社会责任意识的重要途径之一，家长们应该注重培养孩子的社会责任感、道德观念、独立思考能力和团队意识等方面的能力。

习近平总书记强调："青年是整个社会力量中最积极、最有生气的力量，国家的希望在青年，民族的未来在青年。今天，新时代中国青年处在中华民族发展的最好时期，既面临着难得的建功立业的人生际遇，也面临着'天将降大任于斯人'的时代使命。"① 无论是在传统社会还是信息化社会，责任意识都是做人做事的前提条件。大学生是社会群体中具有较高文化素质的组成部分，承担着社会主义现代化建设事业的重任，肩负着振兴国家和民族的重任。因此，大学生在大学期间要加强责任意识的培养和适应。

---

① 习近平. 习近平谈治国理政：第三卷［M］. 北京：外文出版社，2020：333.

第三章　大学生法治思维意识适应性研究

法治思维是以法治为核心的思维方式。中国正处于全面依法治国的关键时期，为实现国家治理体系和治理能力现代化，法治应成为治国理政的主要方式，是实现中国式现代化的重要组成部分。目前，中国已经进入社会主义法治建设的新时代，将法治思维和法治方式作为实现国家治理体系和治理能力现代化的主要思维模式和治理手段，是以中国式现代化实现中华民族伟大复兴的重要手段，是全面深化改革，全面从严治党的重要保障。"准确把握推进全面依法治国工作布局，坚持依法治国、依法执政、依法行政共同推进，坚持法治国家、法治政府、法治社会一体建设。"① 在国家治理和社会发展中，法治的重要性，切实推进国家治理现代化的建设与发展。

一、法治思维意识

（一）法治思维的内涵

法治思维作为意识形态，是知情意行的有机结合，起于认知终于行动，最终目的是依法实践。依法行事，实现法治国家、法治社会和法治政府，是思维与实践的辩证统一过程。有学者认为，法治思维可以分为三个层面：法律知识、法治理念和法律行为。虽然研究界定不同，但都包含了知识、思维和行为等内容，法治思维是人脑对法治的反应、认知与思考，也包含对相关法律知识的理解。② 思维是人认识周围现实世界的高级阶段，在思维的帮助下，人们能够认识对象之间客观存在的各种联系和关系。人借助思维能够认识他用感觉反映现实的方法所不能够认识的东西。思维作为一种高级活动，依赖于大脑的机能认识世界，法治思维是治理现实世界的规则在人脑中的映射与思考，这种规则包含宪法和各种法律。

---

① 习近平. 加快建设社会主义法治国家 [J]. 求是，2015 (1).
② 王静波. 法治思维的逻辑起点 [J]. 新疆师范大学学报（哲学社会科学版），2014 (3).

法治思维是一种理性思维，是思维主体将反映到大脑中的认知与学习获得的既有知识相结合，经过审视与思考得到的理性结论。用认知的发展规律审视法治思维，可以看出，法治思维是人们对法律的反应和认识，再从认识到理论提升的发展过程。具体来说，是法治思维主体将通过实践获得的法律知识、经验和方法运用到实践中去解决具体问题，并在此过程中把握和提升法律知识的过程，是从认知到理论实践的螺旋上升过程。

法律的相关知识是法治思维的具体载体，法治思维的确立必须以对法律的认知及一定的法律知识为前提。只有具备一定的法律知识，才能树立规则意识，并以此规范人们的行为，做到依照法律的内容和程序办事。

（二）法治思维的基本构成

1. 对法治的情感认同

只有认同、热爱和信仰法律，才能够真正树立法治思维。目前，大学生对法治的情感认同具有一定的普遍性，但对法治的热爱与信任还需要进一步提升，对法治的信仰更需要大力培养。大学生对法治的情感认同不足的原因，其根源在于中国法治传统根基不足，以人治为主的政治模式使人们对法治的执行力还很缺乏，遇事求权、求势和求人情的观念还无法根除，对法治国家建设还持有观望怀疑的态度，而大学生刚刚进入高校，由于家庭的影响他们对法治社会的认知不足，需要具体的引导。

2. 个体持有的观点态度

法律意识的产生是现实世界的法律条文、法律规则、法律事件不断刺激大脑神经所做出的反应，借助经验的累积，经过印象记忆，逐步发展成为一种意识的存在。法律意识是对法律文化的一种观念表达，是对法律动机、法律内容、法律认知、法律事实和法律定位的整体把握，是法治思维的存在前提。法律设置了人们行为的底线，因而人们应树立法律意识，用法律规则来思考问题，以法律为准绳来判断事物的真伪与对错，依据法律的程序来解决问题，用法律的方式来处各种矛盾。

3. 对法治的信仰程度

法治在本质上是对公平、正义、平等、自由等权利的尊重与保护，也是国家的一种治理模式。人民要信仰法律，法治以法律为基础和核心，法律属于上层建筑，是国家意志的体现，是治理国家的重要工具及法律保障全体社会成员的合法权益，对全体社会成员的行为进行约束，是社会公共意识的表达，理应得到社会的普遍尊重和认可，法律自身所具有的权威性值得人们去信仰。卢梭说："这种法律既不镌刻在大理石上，也不镌刻在铜表上，而是镌刻在公民的心中。"①

法律被信仰的前提是其必须是制定好的法律，法治信仰是对以法律为基础的法治的认同，它根植于人的内心世界，是发自肺腑地遵从法治、敬仰法律、推崇法律、捍卫法律并维护法治的权威。法治信仰要求社会从严执法，内心敬畏和尊重法律，将法治原则贯穿到工作和生活的方方面面，不断增强法治观念，真正做到知法、守法、尊法和用法。

4. 依法行事的方式

法治的应用、实施和实践最终落实在法治方式上。在知与行的关系上，知是行的前提，行是知的目的。法治思维指导法治方式，法治方式是法治思维的体现，行动由意识来决定，方式由思维来选择，获取法治知识，产生法治认同，树立法治意识和信仰，是为了解决实际问题，指导实践活动，这是用理论指导实践的过程。

依法行事是指行为主体对实施对象进行法治考量，借助法治手段分析问题、解决问题，这是法治思维的外化过程，是将法治运用于实践的过程和方法。法治方式是法治思维的理性选择，是理性对意志的强制执行。行为既是意识的反应，又反作用意识，是行为对意识的理性驾驭与规范。法治方式就是要遵守法律，树立法律至上的理念，严格地依法行事。法律的生命在于实施，不具有可行性的法律没有存在的意义。法律用来保护人民的合法权益，规范社会行为，调整社会关系，维护社会秩序。

把法律作为行动的规则来评判和处理社会发展中遇到的各类问题，能够化解矛盾，体现社会的公平正义，法治方式是解决问题的首要方法。

（三）大学生法治思维意识应坚持的原则

高等教育承担着全面贯彻党的教育方针，落实立德树人根本任务，发展素质教育，推进教育公平，培养德才兼备的社会主义现代化建设者和接班人的重要任务。重视大学生的法治思维教育，增强他们的法治思维的适应性，是推进全面依法治国，实现大学生治理思维现代化，促进青年学生接过中国式现代化建设的接力棒，实现个体自由而全面发展的一项重要任务。让青年学生真正懂法，会用法治思维分析问题，用法治手段解决问题，用法治原则维护权利，推动国家的法治化进程向纵深发展。

---

① 卢梭. 社会契约论［M］. 李平沤，译. 商务印书馆，2011：61.

1. 大学生法治思维要内外兼修

习近平总书记曾说："法安天下，德润人心。法律有效实施有赖于道德支持，道德践行也离不开法律约束，法律和道德相辅相成，从不同的层面对人的行为作出约束。"① 考量法治和道德的相互关系可以看出，德行思维的内化和法治思维的外塑，从两个维度对大学生的思维方式和行为方式发生作用，进行有效融合，并在日常的学习、工作、生活实践中细化为个体的行为准则和行为习惯。法治思维的形成是一个由内化到外化的过程，是人的思维发展的第二次飞跃。这个过程也由量变到质变，由简单到复杂，由低级到高级，是一个不断否定和扬弃的上升过程。

德行内化和法治思维具有统一性，德行内化是法治思维形成的前提，为法治思维提供了内在的价值准则。德行内化只有在取得良好的教育效果的基础之上，才能使大学生对依法治国的方针政策产生思想认同、理论认同和情感认同。进而，依法治国的理念才能内化为大学生的意识形态观念，并被用于指导社会实践，这是当代大学生法治思维培育的内外结合原则。

2. 大学生法治思维要公私并举

法律要求人们遵守成文的公共意识，通过思想政治教育促使大学生养成良好的个体道德品质。思想政治教育的主要内容——思想观念、政治观念和道德规范是在长期的社会发展过程中形成的，思想政治教育的目的是用优秀的道德理念去塑造人，通过内化其内容，使大学生养成爱岗敬业，诚实友善的个性品质。发挥好道德的教化作用，要以道德内容滋养法治精神，强化道德对法治文化的支撑作用。再完善的法律，都必须内化为人们内心的自觉认同才能真正成为人们所遵守的信念。

同时，法律是公益的行为，考虑了全体社会成员的普遍利益，是为社会多数人的利益服务的社会规范。维护宪法权威，就是维护党和人民的共同的意志；捍卫宪法法律尊严，就是捍卫党和人民共同意志的尊严；保证宪法实施过程，就是保证党和人民共同意志的实现。法律是社会公共利益的具体化，其制定的目的是维护社会公共秩序和公共利益。法律也是道德的物质载体，两者在本质上都存在着对象的普遍性，是社会公共意识的表达。法治适应性教育要在大学治理现代化过程中作出独特贡献，促使大学生形成法治思维，让青年学生养成学法、懂法、尊法、守法和用法的法治思维模式。

---

① 习近平. 立德树人德法兼修抓好法治人才培养，励志勤学刻苦磨炼促进青年成长进步［N］. 人民日报，2017-05-04（1）.

3. 大学生法治思维应刚柔并济

思想道德教育的职责是正己化人，通过对大学生个体素质的提升，使其自觉遵守各种行为规范。"内化"是通过说服教育实现的，本身是一种柔性的工作机制，不带有任何强制性，是通过润物细无声的方式教化人，是一种软约束，体现在理论引导力上。

思想政治教育的柔性价值理念是法治思维的价值基础，而法治则是控制人行为的外在约束工具，是道德外化的行为枷锁。正如卢梭所说："人生来是自由的，但却无处不身戴枷锁。"① 每个人都有自由生活的权利，却必须戴着法律这个"枷锁"活动，一旦试图触犯，必将受到严厉的惩罚。法律是刚性的，制度是一种硬性的约束力，体现在控制力上。大学生法治思维适应性在于通过春风化雨似的内化学习适应刚性的法律规则。我们在日常教学中，要对学生进行有效的引导。

4. 大学生法治思维应德法并行

德法并行的思想历史悠久，孟子曰："徒善不足以为政，徒法不能以自行。"这句话强调了道德和法律各有自己的局限性，只有德法并举，才能够达到治理国家的理想效果。

习近平总书记也指出："要坚持依法治国和以德治国相结合，把法治建设和道德建设紧密结合起来，把他律和自律紧密结合起来，做到法治和德治相辅相成，相互促进。"② 因此，法治思维培育并非重法轻德，也并非只要法律不要道德，而应该德法并行。法是具体可感的形式，有严格而明确的界定，规定社会成员最低的行为准则。道德是历史文化和思维传统的凝结，是一种看不见的隐性标准，是一种高层次的行为准则要求，是人们对自身行为进行约束的内在要求，所以，道德是内化于心的规则。维护社会正常的秩序，需要道德与法治共同发挥作用，二者缺一不可，且不可替代。两者相互补充，在意识形态中共同发挥规范社会行为、调节社会关系、促进社会公平正义和谐的作用。在国家和社会治理中需要法律和道德共同发挥作用，只有德法并行，才能够共同推进当代大学生的法治思维养成。

高校深化教育改革的各个层面都要与法治化建设相关，在处理和解决问题时，法治思维的运用能够有效地减少和避免校园内各个利益主体之间矛盾问题的出现。从大处考量，全面依法治国的战略布局为大学生法治思维培育提供了

---

① 卢梭. 社会契约论 [M]. 李平沤，译. 北京：商务印书馆，2011：4.
② 习近平. 依法治国依法执政依法行政共同推进，法治国家、法治政府、法治社会一体建设 [N]. 人民日报，2014-10-29 (1).

宏大的思维前提；从小处着眼，大学治理现代化，既为大学生法治思维培育营造了学习空间，又为大学生法治思维的提升做出了贡献，使大学生能够更好地适应社会的法治环境，提升综合素质。

二、大学生法治思维的构成

法治思维是一个体系，包括知情意行四个方面的内容，"知"是对以宪法为核心的法律知识的掌握，这是法治思维的物质基础；"情"是指对社会主义法治价值观的情感认同，这是法治思维的心理基础；"意"是指要树立社会主义法治意识，这是法治思维的观念基础；"行"是指法治思维指导下的法治实践，这是法治思维的最终归宿。

（一）掌握法律知识

法律知识是形成法治思维的物质基础，只有在对法律有一定认知的基础上，才能形成法治思维。中国的法律法规是一个庞大的体系，党的十八大以来，中国特色的社会主义法律体系日趋完善，大学生不可能通过短期的学习就达到全部掌握的程度。因此，对大学生进行法治思维培育，应该以国家的根本大法——宪法为核心，再根据个人的实际需要而进行相关实体法的了解和学习。

1. 学习法律知识

针对大学生应如何选择相关课程学习并培养法治思维的问题，笔者认为，大学生可以尝试选修法学课程，例如宪法学、刑法学、民法学等。这些课程可以让大学生了解法律制度的基本原理和规则，掌握基本的法律知识，且这些知识对于培养法治思维非常有帮助。大学生可以选择社会科学类的课程，例如政治学、社会学、心理学等。这些课程可以让大学生了解社会运行和人类行为的规律，从而更好地理解法律产生的背景和意义，还可以参加模拟法庭、法律实习、司法考试等活动，通过实际操作掌握法律知识，提高法律素养。同时，积极参与公益活动，关注社会大学生的热点事件，了解法律对社会的重要作用，也有助于培养社会主义法治思维。

因此，大学生可以从多个角度入手，如选择相关课程学习、参与实践活动，来培养法治思维，提高法律素养。

2. 参加法律社团

参加法律社团可以帮助大学生培养法治思维。在法律社团中，学生可以接触到各种法律知识和案例，了解法律制度和法律文化，学习如何理性思考和分析问题。

参加法律社团还可以提高学生的法律素养和综合能力，例如口才、协调能力、团队合作能力等，这些能力在未来的职业生涯中对学生也会很有帮助。总之，参加法律社团可以帮助大学生更好地了解法律，培养法治思维，通过和其他法律爱好者交流，了解更多有关法律的信息，并有机会参与一些模拟法庭活动，锻炼自己的能力。

3. 阅读相关书籍

大学生可以阅读相关的法律书籍，了解更多的法律知识，这有助于增强他们的法治思维。法治思维是指遵守法律、尊重法律、依法行事的思维方式，通过阅读相关书籍，大学生可以了解法律的基本知识，学习法律的精神和原则，了解法律对社会的作用和影响，从而形成正确的法律观念和法治思维。通过阅读法律法规、司法案例等，可以帮助大学生了解和掌握法律知识如何运用，进一步提高他们的法律素养和法律意识，从而使他们更好地维护自己的权益和利益。

此外，通过阅读与法律相关的经典著作，如《法的精神》《法治与社会变革》等，大学生可以更加深入地理解法律的本质和法治思想，培养出更加严谨和理性的思维方式，这有助于他们更好地适应社会环境和发展自身事业。

（二）培养法治情感

法治情感不属于人类自发的情感，需要后天养成。当代大学生大部分具有对法治的认同意识，但还没有达到对法治充满热爱和完全信任的程度。当自身权利受损时，还存在着托关系、找人情、靠权势的心理，对法治还持有观望的态度，缺乏足够的敬畏和信赖，对法治国家建设缺乏参与的积极性和主动性。这说明大学生的法治思维水平还需要通过系统的法治教育来改变和提升。

1. 具备对法治的认同感

法律对人民的利益的全面承认和维护是法治认同的基本前提，树立法治思维，要在心理上认同法治。法律作为制度，对全体社会成员都具有约束力，对象的普遍性使法律具有严格的公信力。法律的约束力和公信力源于法治，在本质上是对社会公共意识的表达，体现了人民民主、社会规范和公平正义，基于对人们正当利益的认可和维护，理当得到民众的认可和信任。要努力使每一项立法都符合宪法精神，反映人民意愿，得到人民拥护，保证有法可依，有法必依。

法律作为上层建筑，体现了统治阶级的意志。对法治的认同，体现为社会个体对法治的主观心理体验。利用法治社会实践，大学生通过亲身体验，感受到法治的威严和法治正义的力量，就会增强对法治的认同感。法治正义不仅体现在自身的正义得到认可，而且体现在程序正义，法律程序的公开透明，才能够真正吸引人们对法治进行深刻的理解，体会法律的正义价值。大学生通过法治教育和实践，对法治有深刻了解之后，就会对其产生内在认同的情感，愿意自觉地遵从法治，践行法治，从而形成法治思维。

2. 要有对法治的敬畏感

2022 年 1 月至 6 月，被全国检察机关起诉的人员中，18 至 22 岁的占 23.7％，这些涉案人员中有许多是在校大学生。大学生本应是全面建成社会主义现代化强国的生力军，但却频频因为抵挡不住诱惑而落入犯罪分子的圈套，实在令人惋惜。究其原因，是因为法律意识的淡薄，例如不少大学生对帮助信息网络犯罪活动罪的认知存在误区，他们自认为仅出于蝇头小利出租、出售自己的银行卡、手机卡、微信号等行为，社会危害性不大，不至于伤天害理，殊不知已经触犯法律。

对当代大学生而言，应该通过法治教育，培养其对法律的敬畏之情。大学生对法治的情感认同，是因敬畏之情而产生的情感。因敬畏而生，敬是前提，是对法治发自内心的尊敬和认可。因敬畏产生的法治认同具有可持续性，会成为生活中的习惯，在现实生活中表现为尊重规则，崇尚法治，愿意按照规则和程序办事。遵纪守法，是法治社会中合格公民的必备素质，不崇拜权威，不迷信权力，将法治作为个人行为的准则。遵纪守法、遵守规则、遵照程序、依法办事，是法治社会公民的素质要求。法治的情感认同，是法治思维的心理基础。法治情感认同是在情感动力支持下产生的，法治认同是建立在规则基础上，是法治思维构成的必要条件和精神内涵，也是法治的思想内核。2011 年 3 月，十一届全国人大四次会议庄严宣布，一个立足中国国情和实际，适应改革开放和社会主义现代化需要，集中体现党和人民意志的中国特色社会主义法律体系已经形成。中国特色社会主义法律体系的形成，是我国实施全面依法治国、建设社会主义法治国家历史进程中的重要里程碑，也是世界法制史上有标志性的重大事件。

加强当代大学生的法治情感认同，要加大对大学生进行法治教育的力度，使其了解中国的法律法规，了解国家的建设目标和进程，加强他们对社会主义法治国家的归属感的培养。使大学生明确自己在法治国家建设中的责任和目标，不断提升自身的法治思维水平，尊重和敬畏法律，树立法律至上的观念，才能为全面依法治国贡献自己的力量，不断推动社会主义法治国家的建设进程，为中国式现代化建设提供良好的法治环境。

3. 要有对法律的信任感

法治是国家稳定和社会发展的基石，法治情感是指公民对法律和司法机关的信任和尊重，这种信任和尊重是建立在司法公正和司法透明的基础上的。只有当公民信任法律和司法机关时，才能保证社会秩序的稳定。它体现了公民对法律的尊重和遵守，以及对法律制度的信任和支持。

在法治社会中，法律是公正、公平、公开、透明的，公民应该遵守法律，依法行事，不得违法乱纪。只有信任法律，才能保证社会的稳定和发展，实现公平正义，维护人民的合法权益。法律是国家的基本准则，司法机构则是维护法律的重要机构。人们对法治的情感信任，往往源于对法律和司法机构的信任，法律的存在和执行，可以保障公民的权益和社会的稳定，司法机构的公正和高效，可以保证法律的有效实施和取得人民的信任。因此，人们对法治的情感信任，往往建立在对法律和司法机关的认可和尊重上。

（三）增强法治意识

1. 对社会主义法治的深刻理解与认识

对于当代大学生来说，要形成法治思维，先要树立社会主义法治意识，通过对中国的历史传统和现实国情的了解，在把握时代脉络和现实境遇的基础上，明确法治意识的内涵。要通过通识性的法治教育，对社会主义法治有明确的了解。法律专业工作者，从事法治教育、思想政治工作的工作者和法律专业的学生要率先树立法治意识，要在依法治国、依宪治国中发挥榜样示范作用。在课程设置上，要加强法治教育的普及工作，与高等教育、公民素质教育和法律职业教育紧密结合，使全体大学生都要具备权利意识和义务意识，并逐步确立法治意识，为法治思维形成奠定思想基础。

追本溯源，法治意识是随着法治社会发展而不断发展的社会心理现象。同时，它随着全面依法治国及国家治理体系和治理能力现代化的实践，不断得到提升和丰富。大学生作为社会个体，其法治意识主要通过学校的法治教育和各类社会实践，在后天成长过程中不断得到发展。对于社会整体而言，法治意识是法治思维的组成部分。在法治实践过程中，人们通过感知不断体验各种与法治现象相关的心理活动，逐渐养成契合法律规则和秩序的行为模式。法律意识体现了社会成员对社会公共利益价值取向的认同，是法治价值观的社会化。

因此，法治意识不是社会个体自觉自发的心理体验，而是在法治教育基础上形成的稳定的、系统的心理活动。法治意识的形成和发展，能够促使社会个体自觉地将法律法规融入个人意识形态，成为自身的行为准则和日常的行为习惯。

2. 法治意识是建设法治社会的心理基础

法治意识是法治思维的前提，建设社会主义法治国家，要求全体社会成员都要具备法治意识。大学生在社会主义法治国家建设中发挥着重要作用，因而需要在学习中不断提升法治意识，建立法治思维，奠定良好心理基础。法治意识是宪法和法律制度能够被普遍遵循的意识基础，良好的宪法和法律在实践中能否得到严格的遵守和执行，依赖于社会成员法治意识水平的高低，并直接影响到依法治国和依宪治国的实现水平。

强制性是法律的重要特征，但强制性并不能够保证法律一定能够得到有效实施，也不能够保证国家的长治久安和社会的和谐稳定。因此，对法治源自内心的认同和对秩序的遵守，才是法治得以实施的根本。法律只有在受到信任，并且不要求强制力制裁的时候，才是有效的。

法治思维作为意识，对法治实践具有能动的反作用。法治意识水平提高，不但能够使社会个体自觉遵守法律法规，促进社会主义法治国家建设，还能够促进宪法和法律不断修订和完善，推动法治建设的良性发展，这在一定程度上促进了民主政治的发展。

3. 对网络上的负面言论要有清醒的认识

面对网络舆情，公众往往通过个人认知完成信息真伪的辨识，并对自己认定的信息表达观点、发表言论。舆论场里言论自由的边界是什么？网络信息的真伪该如何辨别？

网络上的负面言论在某种程度上对国家的政治稳定产生了一定的影响，在目前多元文化背景下，公民的法治意识水平参差不齐，社会上出现的各种错误思潮对主流意识形态造成了一定的冲击。大学生应该对网上的负面言论有清醒的认识。在互联网时代，信息传播的速度非常快，而且网络上的言论往往都是匿名的，且真假难辨，容易引发不良影响。因此，大学生应该通过正确的教育和引导，增强自己的网络辨别能力，学会正确看待网络信息，避免被负面言论所迷惑。同时，大学生也应该主动发声，积极参与到网络舆论中，为社会传递正能量，共同维护和谐的网络环境。

自由从来都是相对的、有边界的，古今中外，概莫能外。文明社会中的任何一种自由和权利，都不能是无限制地肆意妄为，而应是由体现公众意志的法律所规范、所保障的。肆意打破法律的"边界"，必将受到法律的惩处。《中华人民共和国宪法》既赋予了公民言论自由，又对言论自由的边界进行了定义。"中华人民共和国公民有言论、出版、集会、结社、游行、示威的自由。""中华人民共和国公民在行使自由和权利的时候，不得损害国家的、社会的、集体的利益和其他公民的合法的自由和权利。"

（四）树立法治信仰

法治信仰是坚守法治的信念，是对现行的宪法和法律所秉持的一种发自内心的尊重、信任和认同的态度，是社会个体在法治理性认识基础之上产生的对宪法和法律的认同和遵循。法律要发挥作用，需要全社会信仰法律，法治信仰的程度决定着人们对法治的态度，也影响着人们遵守法律的行为。因此，需要通过加强大学生的法治教育，使其认识到法治的重要性，树立法治信仰。

1. 大学生要信仰法治，营造法治文化氛围

创建现代化的法治文化氛围，要理解人治为主的文化传统，在批判、继承和发扬传统法治文化的基础上，创建适合中国国情和时代需要的法治文化，培育现代人的法治精神和信仰。为此，一方面要继承中国传统的法治思想，认真地传承法治文化的精髓，并将其与鲜明的时代特色进行对接和梳理，形成符合中国国情的现代化法治文化。另一方面，要学习借鉴国外经过实践验证的正确的法治理论成果，理性地促进国家法治建设的发展，将法律至上、自由民主、平等权利等现代法治理念有计划、有步骤地灌输到大学生的理想信念中，这样社会主义法治信仰才能逐步形成。法律要在社会治理中发挥作用，前提是社会成员要信仰法律，再好的法律，如果没有百姓的信任和主动遵守，也不能发挥出应有的作用。因此，良好的现代化法治文化氛围的形成，是大学生树立法治信仰，形成法治思维的环境基础。

2. 树立法治信仰，突出高校治理的导向功能

具备法律知识是遵法守法的前提条件，但不是应然条件，毕竟还存在着知法犯法的现象。坚定的法治信仰，源自对法治精神的深刻理解和信任。

真正能阻止犯罪的是守法的传统，这种传统植根于一种深切而热烈的信念之中，那就是法律不仅是世俗政策的工具，而且是生活的终极目的和意义的一部分。所以，要引导大学生认识法治的价值功能。法治取代人治，是中国民主法治进步的体现，符合现代化国家发展的趋势。法治作为治国理政的主要方式，体现了中国在发展政治文明和实现国家治理体系和治理能力现代化方面的进步，是一种理性的思考与审慎的选择。

法治优于人治，是目前人类最科学的国家治理方式，符合历史进步的发展趋势。法治作为国家治理方式，是一套复杂系统的原则、程序和制度。大学生在学习中提高法律认识，落实法律要求，让法治思维成为信仰，指导自己的行动。

法治信仰对于确立法治思维，实现依法治国有着非常重要的作用，使全体人民都成为社会主义法治的忠实崇尚者、自觉遵守者、坚定捍卫者。大学生作

为法治国家建设的生力军，要率先做到信仰法治，认同社会主义法治观，领悟法治内涵，具备法治意识，坚定法治信仰，形成法治思维，发自内心地尊重法律，敬畏法律，遵守法律和实施法律。只有认同和信仰，才能使大学生自觉守法用法，法治才不是一句空话。

（五）增强法治实践能力

对大学生来说，只有通过系统的课堂学习和认真的法律实践，对法治的信仰才能真正从内心确立。要坚持法治教育从娃娃抓起，把法治教育纳入国民教育体系和社会文明建设内容，由易到难，循序渐进，不断增强青少年的规则意识。因此，对高等教育来说，要突出高校管理中的法治取向，高校要重点加强大学治理现代化中的法治功能。贯彻依法治国，在高校中就要实现依法治校，实现高校管理现代化。要剔除高校管理中的人治色彩，加强法治建设，依法行政，依法管理，就要做到：

1. 要在校园内营造浓厚的法治氛围

高校要实现法治化管理，在工作中要秉持民主平等、法律至上的法治原则。对大学生进行法治教育，使他们了解宪法以及法律，培养他们的法治认同感，具备法治意识，树立法治信仰，最终的目的是践行法治观念。简而言之，就是要大学生提升法治实践能力，做到知法、懂法、守法、用法。实践是法律的基础，法律要随着实践发展而发展，法律实践及法治的实施，就是要发挥法治的作用，取得法治实效，即法治的实现。宪法和法律制定出来，并不意味着能在实践中得到贯彻，拥有法律的社会也不一定就是法治社会。法治实施一方面要看法律本身是否为良法，另一方面，还要看现实中是否具备法治实施的社会基础，只有两项都具备才可能是法治的理想社会。

2. 在社会实践中贯彻各项规定

法治实施是法律后果的发生方式，法治的权威和效果都要通过实践得以体现。法治实践就是要使各种法律规范转化为人的行为规范，在人们的日常社会生活中得以贯彻实施，调节人们的行为与现实社会的关系，以及法治在现实社会中被遵守使用和贯彻实施的程度。

法治实践是在实践中对法治的应用，法治的实施是国家的政治问题、经济问题、文化问题和社会问题等解决方式的法治化，其核心是对权力的约束。要加强对权力运行的制约和监督，把权力关进制度的笼子里，形成不敢腐、不能腐、不想腐的机制。法治的意义在于对权力加以限制，防止权力被滥用，让权力得到人民的监督，维护人民的利益。法治实践体现了传统以人治为主的治国理念的颠覆，法律的生命力在于实施，法律的权威也在于实施。

3. 需要法治各要素协同运行

只有人民熟悉宪法以及法律知识、权力机关严格执法和公正司法，最终才能够实现全民守法。分析法治各要素的作用可以看出，宪法作为根本大法，在国家的法治体系中起统帅作用，对其他法律的实施起指挥棒的作用，其他法律不能与宪法相抵触。国家机关作为法治的实施主体，在执法过程中要做到严格、规范、公正、公平司法。在司法过程中，坚持公平正义原则，不仅要在结果上公平正义，还要在程序上体现公平与正义。守法是对全体社会成员的共同要求，法治实施应在坚持公平正义等法治价值的同时，注重社会效率，主要体现为三点：一是法治的实现程度，二是法治实践的社会效果，三是法治实践中的资源有效配置。只有法治实践与法治的目的得以实现，制定法律时所蕴含的和平、发展、公平、正义、民主、自由等价值目标才能得以体现，但法治实践的程度和效果则与社会效率息息相关。法治作为国家治理方式，最终还要人来实施。因此，个人的法治实践能力决定了法治国家的建设进程。全面推进法治国家建设需要高素质的法治人才，而法治人才的培养离不开高校这个阵地。因此，对大学生的法治教育还需要不断加强。

各种制度和各项义务都要通过法治实践得以实现，公民的基本权利要通过法治实践获得保障，国家和社会也要积极营造有利于法治实践的社会氛围。法治调整国家、社会、单位和个人的关系，也就是公权利和私权利的关系。法治的价值在于规范行为，保障公民的基本权利可以实现。法治的作用在于用法治的方式调整关系，化解矛盾，保障权利。

法治实践是包括立法、执法、司法、知法、守法各环节的协同运转的保障体系，是一个系统的工程，涉及法治的可实施性、法治实践的体制、法治人员的素质能力和法治实践所需要的法治环境的问题，关乎法治体系的严谨性、执法程序的公正性、经济渠道的畅通性、法治队伍的专业性和法制教育的有效性等多个法治要素。

4. 要体现人民的参与意识

人民不但要参与法律的制定，还要监督法律的实施，法治是国家治理的工具和手段。为了维护整个社会的正常运作，法治作为工具，体现了不同于其他工具的权威性和神圣性，它是理性的化身和正义的代表。对大学生进行法治教育，应注重传播法律知识，培养法治精神，树立法治信仰。但最终落脚点是法治实践。法治不是单一存在的制度，而是和政治、经济、文化和社会制度息息相关的。任何单位和个人都离不开法治，要真正实现全面依法治国，就要充分发挥法治在国家治理中的作用，就要对全体社会成员进行法治教育和法治文化输出，而作为国家栋梁的大学生则更是重点培养对象。只有这样，才能使大学生逐步树立法治思维，全面建成社会主义法治国家的目标才能实现。

在社会主义法治文化建设中，每个人都应承担实践法治的责任。社会特有的文化气息既和其漫长的历史息息相关，也脱胎于生活在其中的每一名成员。身为中国公民，我们不仅是法治中国的受益者，更应是法治中国的建设者和实践者。建设社会主义法治文化，人民是主体，只有人民群众主动遵法学法守法用法，社会主义法治文化建设才有坚实的社会基础。长此以往，法治意识才会在日积月累的遵法学法中逐渐孕育，守法用法才会从被动到主动，成为一种行为习惯。只有所有社会成员笃信法治，普遍遵守法律，既有活力又有秩序的社会共同体秩序才可能建立，并最终造福每个社会成员。

三、大学生法治思维培育存在的主要问题

党的十八大提出要提高领导干部的法治思维，但法治思维并非领导干部的专属，必须通过加强法治教育，让全体社会成员都具备法治思维。当代大学生是社会主义现代化强国的参与者与见证者，更应具备法治思维。法治思维是一种思维方式，它是将法治理念、法律知识和法律规定运用于法律服务对象的认识过程。培育大学生的法治思维不仅关系到个人的全面发展，而且对推进全面依法治国具有十分重要的意义。基于此目的，在对大学生的法治教育现状进行调研时，发现以下问题。

（一）部分大学生对法治思维的重要性认识不足

随着国家法治建设的发展，法治思维培育越来越受重视，已成为高校法治教育的重要内容。除了法学专业以外，思想品德课是非法律专业学生接受法治教育的主要途径。尽管教学内容的设置经过反复推敲，并在课堂教学中不断改进，以期把中国特色社会主义法律体系的构成及宪法和法律知识传授给学生，并使其能将法律知识运用于实践。但是，部分学生还是不能够领会法治教育的目的，因而对于法治教育的重要性认识不足。

大学生涉世未深，生活环境相对单纯，遇到的法律事件少，因而不重视法治学习。此外，学生虽然从书本和课堂上学到了一定的法律基础知识，但是掌握得还不全面，更缺乏实践应用的机会，所以很难形成法治思维。具体体现在：一方面，能够掌握一定的法律条文，但缺乏实践应用能力，虽然在学习过程中对案例分析和以案说法更感兴趣，但在头脑中很难形成完整的法律框架体系。另一方面，对实体法的了解浮于表面，只有在日常生活中遇到自身的权益受损失时，才会想到法律的重要性。近年来，由于不懂法，大学生违法甚至造

成恶性犯罪事件的行为时常出现，如药家鑫事件、复旦投毒案等。

对法律的无知，源于对法治思维认识的重视不足。高校进行法治思维教育的着眼点是普及法律相关知识，法律知识掌握的程度影响着法治思维水平的高低。从调研来看，大学生的法律知识储备总体上比较欠缺，而法治思维学习目标不明确是一个重要的原因。通过调研发现，当问及学生"是否会主动去学习法律知识"的时候，4％的学生表示不会主动学习法律知识，56％的学生表示偶尔会学习一些法律知识，只有40％的学生表示会主动学习法律知识。这说明大学生对法治思维学习的重要性有一定的认识，因而部分学生有主动学习法律知识的意愿，但也有很大一部分同学欠缺学习的主动性。

大学生更多把注意力放在专业知识技能获取上，学科教育具有突出的职业化和专业化的特点，功利性和目的性非常强。对与职业发展无关的课程，例如"思想道德与法治"，难以引起学生的兴趣，部分学生根据与专业技能的相关性认为，《思想道德与法治》课用处不明显，这大大影响了法治思维培育的效果。对于开设"思想道德与法治"课程有无必要的问题，有50％的学生认为非常有必要，42％的学生认为有必要，还有8％的学生认为没有必要。对于该课程的不重视，导致了部分学生法治思维欠缺，因做事易冲动而造成不良后果。

大学生处于从少年向成人过渡的时期，遇事容易冲动，处理问题缺乏冷静思考，往往会出现偏激的行为。同时，大学生虽然具有一定的知识储备，但是缺乏社会经验，对社会规则缺乏认识，权利义务观念不强，容易自以为是，因而很难对法治思维产生深入的理解。学习目的不明确，必然导致知识掌握不牢靠，法律知识欠缺。法治思维的形成，必须以丰厚的法律知识为基础，读大学之前，法律知识的掌握部分源自学校教育，部分来自非系统的家庭教育、社会教育和无意识的自学，是一种被动的法治教育。虽然可以使学生掌握一定的粗浅的法律知识，具备一定的规则意识，但是缺乏专业性和系统性。进入大学以后学生才开始接受系统化的法治思维教育，但由于学习态度、教育方式等多种因素影响，大学生对法治的学习多流于表面化和碎片化。有些大学生学习是为了应付考试，抱有此目的的占调研人数的61％，还有26％的学生是为了掌握知识，而仅有13％的学生是为了养成法治思维方式。由于未能全面系统地掌握法律知识，在遇到法律事件时，大学生往往不能做出正确的判断，致使近年来大学生违法犯罪有逐渐上升的趋势，这与大学生应具备的法律素养不相匹配。

（二）法治思维培育主体的专业素质素养薄弱

目前，思想政治理论课老师是从事大学生思想政治工作的主体，还有部分思想政治教师出身的辅导员和少数从事党务工作的人员承担着思想政治理论课的教学任务。从大学生法治思维培育的主体来看，学科背景以思想政治教育专业为主，这与当前高校思想政治教育的学科归属密切相关，隶属于思想政治教育专业。因此，法学专业背景的教师极少参与大学生的法治教育，法治思维培育主体的专业知识不足，是目前大学生法治思维欠缺的重要因素。

高等学校是传承文化，传播科学知识，培养高素质人才的基地，要为民族发展和国家振兴培养生力军。中国式现代化和法治化建设的发展，不但要求各高校要培养出学科特点突出、专业知识丰富的高精尖人才，也需要这些人才具备较高的道德素质和法治素质。法治思维已经成为法治国家、法治政府、法治社会的高素质人才必备的基础素养，而这种素养主要通过高校的法治教育来实现。因此，作为法治思维教育主体的思想政治理论教育者，教师的法治素养至关重要，只有其自身具备较高的法治素质，才能在教学过程中通过言传身教把法治思维传播给大学生。

面向广大学生层面的法治教育，主要通过思想道德与法治课程实现。但目前，大部分从事思想道德教育的高校教师，一般来说并不是法律专业出身，所以其自身的法律素养也不是很高。导致的结果就是，一方面，法治教育资源安排不能够满足教育的需要，另一方面，现有的法治教育资源配置不合理，带来了资源浪费。通过对部分教师的访谈得知，就目前高校从事法治思维教育的专职教师来说，学科专业不同，思想政治教师的法律专业知识普遍不足，在授课时法治部分并未得到足够的重视。

就目前情况而言，大学生法治思维教育效果不尽如人意，与专业教师自身法治素养能力较弱有直接关系。"师者，所以传道授业解惑也。"授课教师的法律专业水平直接影响高校的法治教育效果，缺乏法律实践的非法学专业出身的教师只能照本宣科，缺乏实践操作的可信度。任课教师没有一定的法律专业知识储备，没有很好地将法律知识与大学生的学习和生活实际相结合，与社会实践相结合，很难让学生形成法治思维。缺乏法治专业训练背景的教师，讲授法律知识只能是单纯的填鸭式的理论灌输。对学生层面而言，法律层面的学习就是为了应付考试，而真正的法治思维能力很难应用到实践和训练中去，距离真正形成大学生的法治思维模式差距还很远。在大学生法治思维培养实践中，法律专业师资人才缺乏，成为高校法治教育发展制约因素。

（三）法治思维培育途径单一

课堂教学是高校法治思维教育的主要途径，思想道德与法治是对大学生进行法治思维培育的主要课程。讲授主要以传统的课堂教学为主，老师讲学生听，讲课过程中互动和交流缺少。学生在课堂上主动性差，只是被动地接受老师讲授的内容，因而课堂兴趣不高。因为课时少、内容枯燥以及教师缺乏相关教学经验，很难把这门课程讲得生动易懂，大大影响了大学生法治意识培养的实效性。2018年修订的《思想道德与法治》中的法治教育内容，更符合社会主义法治国家建设的实际情况，与之前以传授法律条文为主的法律基础教学内容相比，做了大幅度的调整与优化。

大学生法治思维教育缺乏实践教学的支撑，知识的传递是为了应用，对大学生进行法治教育，其目的是让学生形成法治思维，做到学以致用，在现实生活和实际工作中运用法治方式解决问题，这也是国家全面依法治国战略的需求。传授知识的目的是使之学以致用，培养大学生社会主义法治思维，使大学生群体养成按照法治的理念、原则和标准，判断、分析和处理问题的习惯。目前，高校的法治教育还停留在传授教材内容，让学生掌握理论原理的层面，具有内容抽象、理论性强、课堂教学不生动、生动形象的案例缺少、缺乏互动、学生参与率低的缺点，在教学中缺乏实践教学和第二课堂的支撑。大学生学习法律知识只是用来应付考试，不能在现象中得到验证和实践。

当前的大学法治教育不能真正地使其将法律知识为我所用，考试结束后所有的知识就荒废了，课堂教学目标和课程理想仅仅停留在教材之中，不能转化为学生的法治实践能力，去推动整个社会的民主化与法治化进程。大学生法治思维培育在实践教学方面的缺失，无法满足法治教学学以致用的目的，最终导致法治思维培育的结果不尽如人意。

在实践中，可以利用法治教育专题讲座、大学生法律知识竞赛与大学生"三进"相结合的方式进行，开展法律宣传周系列活动，举行以案说法、模拟法庭等活动，甚至还可以通过在老师的带领下，组织学生到公检法等部门进行参观学习等途径提高大学生法治思维的时效性。目前，大学生法治思维的培育，没有和新媒体技术很好地结合。当今社会是一个互联网技术飞速发展的时代，互联网几乎改变了所有行业，教育领域也不例外，新媒体技术不断融入教育领域。例如，慕课的出现，可以让优质的教育资源实现跨区域共享。相比之下，大学生法治思维培育却处于相对落后的境地，任课老师绝大部分还采取课堂讲授的方式，形式活泼的会在PPT中穿插少量的音频和视频，丰富的多媒体手段应用较少。

在调研中，问及大学生自主获取法律知识的途径时，作为多选题，选择网络媒体的占100%，选择课本的有72%，选择报纸、杂志和宣传栏的占40%和32%，而依靠传统的广播电视的仅占12%。分析调研数据可以看出，以前以广播电视中的法制栏目为主的法治教育渠道，已经被手机媒体所取代，互联网成为当今大学生获取信息的主要来源。通过课本获得法律知识是大学生系统接受法治教育的主要途径，报纸杂志的吸引力在网络信息面前走向没落，宣传栏的效果相对来说发挥作用最小，在海量的网络信息面前显得很渺小。

基于以上情况，要改变传统的教师讲授、学生听讲的教学模式，就需要根据时代的特征和学生的兴趣，创新教学方式。大学生法治教育中，教育手段陈旧，教学途径单一，降低了学生的接受度和认可度。大学生学习法律专业方面知识的另一个主要途径，是通过报纸、广播、电视、网络等大众传播媒体。要想真正地提升大学生的法治思维，行之有效的方法还是要将高校系统的法治教育与新媒体技术融合，才能达到吸引学生，寓教于乐的目的。

（四）法治思维培育外部环境欠佳

中国的法治建设还存在着不健全的现象，执法不严、执法不公的行为也时有发生，影响了大学生法治思维培育的育人环境。人作为社会动物，生活在社会群体中，其思想和行为时刻受到外部环境的影响。大学生虽然身处环境相对单纯的校园，但是其言行也会受到所处时代及社会环境的影响。法治社会环境的优劣会对大学生法治思维培育的过程和效果产生直接影响，也会影响法治思维培育对象的思想和行为。

当代大学生正处于一个技术飞速发展的全新时代，经济全球化、文化多元化和政治多极化对整个中国的环境发展产生巨大的影响，也影响了大学生的法治和道德状况。目前，中国正处于全面建成小康社会实现第一个百年奋斗目标，向第二个百年奋斗目标奋勇前进的关键时刻。而全面依法治国，为全面实现中华民族伟大复兴、全面深化改革和全面从严治党提供了制度保障，是"四个全面"的基础保障。要把全面依法治国放在"四个全面"的战略布局中，深刻认识全面依法治国同其他三个全面的关系，努力做到"四个全面"相辅相成和相互促进。因此，大学生的法治思维适应性能否建立是关系到全面依法治国成败的人才保障工程。

然而，在当前法治国家的建设进程中，仍然存在着一些与依法治国相违背的现象，如拜金主义支撑下的腐败问题、贫困差距引起的经济犯罪、公务人员执法不严、公民有法不依的现象。这些问题不仅关系国计民生、人心向背，也影响大学生接受法治教育的育人环境。在调研中，问及"你对社会上依法办事的执行状况满意吗？"回答"非常满意"的仅占 5％，"感到满意"的占 52％，"感到不满意"的占 28％，还有 15％的学生对依法办事的执行状况感到非常不满意。这种情况，一方面反映出了在社会生活中确实还存在着权力凌驾于法律之上的现象，削弱了法律的权威性，影响了大学生对法治的信仰；另一方面也源于大学生社会经验少，容易受负面报道的影响，还不能完全甄别现象与本质，夸大了社会上违纪行为的影响。

但如果有法不依、执法不严、违法不究，法律形同虚设，权力肆意妄为，法治环境恶劣，大学生就会丧失对法治的信心，法治思维培育也就难以推进。党的十八大以来，我国在全面依法治国方面取得了显著成效，但仍有亟待解决的问题。目前，我们全民族的道德状况还有待提升，国家的法治建设还有待进一步完善，社会法治大环境还需要进一步优化，否则都会制约大学生法治思维培育的成效。

依法治校不能全面实施，法治教育不完善，也影响了大学生法治思维培育的效果。高校的依法治校水平，学校各项规章制度的完善，都会对大学生的法治思维产生影响。从校园治理小环境来说，高校的管理水平和法治状况会直接影响到大学生对法治的信念，进而影响到大学生的法治思维、法律素养的形成。高校作为育人主体，先要明确依法治校的内涵，但就目前高校依法治校的情况而言，还存在着需要完善的地方。

家庭教育的缺位使得大学生的法治教育先天不足。家庭教育是学生接受教育的起点，同样也是大学生接受法治思维教育的起点，良好的家庭教育氛围会对大学生法治思维的养成产生潜移默化的影响。中国家庭历来重视孩子的教育，孟母三迁的故事就很好地诠释了这一点。但对孩子的法治教育来说却是一个例外，家长比较重视孩子科学知识的获取和道德素质的养成，但对法律知识的传授却少之又少。当问及访谈和调查对象"谁会传授给你法律知识"时，57%的人选择了老师，23%的人选择了自己，8%的人选择了亲朋，选择家长的只有12%。可见，在家庭中有意识地对孩子进行法治教育的人为数不多。

传统的家庭教育理念更加重视子女道德的养成，而忽视其法治人格的养成。这种现象是一种客观存在，与中国的法治发展进程密切相关。当代大学生的父母大多出生于20世纪七八十年代，那时的中国虽然已经进入改革开放，但法治建设还处于探索时期。当时，高等教育普及率较低，很多家长只是中学毕业，没有直接接受相对全面的法律知识教育。由于家长本身缺乏相应的法治思维，所以无法将法律知识传递给子女，并且大学生处于成人初期，急于脱离家庭走向独立，更不愿意再接受来自家长的唠叨。但现实是，家庭的客观条件和学生进入大学后，想要减少被约束的想法，导致家庭在法治教育中无法发挥正常作用，使得本应发挥法治思维启迪作用的家庭教育严重缺位，导致大学生的法治思维培育先天不足，进入大学后亟须补齐短板，以适应未来进入法治社会的要求。

四、明确大学生法治思维培育的目标

随着中国式现代化建设的不断推进,法治的重要性日益凸显。人民生活水平的提高和社会的发展进步,都迫切需要大批具备良好法治思维,能用法治方式管理社会和解决问题的法治人才。法治教育的重要目的,是人们要尊重和遵守法律,并非仅出于对利益或得失的权衡,也并非仅考虑法律制度能为我们提供怎样的权利保护和危害惩罚,而是在法律的作用下,整个社会能够呈现良好的秩序和为人民提供良好的生活环境。

法治思维培育的目标应基于法治思维的构成要素,从知情意行四个方面对大学生进行法治思维培育,就是要使大学生具备自觉守法、遇事找法、解决问题靠法的理念,形成按照规则行事的思维习惯,并把这些规则转化为心中的行为准则,从而形成独立的法治人格。在法治教育过程中渗透个体对自身人格塑造的要求,使每一个独立的个体在社会生活中都能够自觉地成为规范的遵守者、责任的承担者。这样,大学生才能够成为有独特个性和稳定的行为模式的法治主体。

(一)树立自觉守法的理念

用法治的思维分析和解决问题,已经成为社会存在的必不可少的发展方向。法治思维作为现代多元思维的核心之一,其重要的地位不言而喻。而法治思维培育的目标是培育人们自觉守法的意识,使其成为遵纪守法的合格公民。自觉守法,以"知""情"为基础,要求人们知法懂法,具备法律情感;自觉守法是法治建设的理性状态,也是社会主义法治建设追求的目标。

也就是说,法律不能够为人所遵守,就失去了存在的意义。守法是人的一种精神活动,如果单靠强制力来实施法律,并不符合法治的核心要义。对大学生进行法治思维培育,要充分发挥他们的主观能动性,使青年学生主动地学习并掌握一定的法律基础知识,形成对社会主义法治的认同和信任,进而能够积极地学习法律,自觉地遵守法律,坚定地维护法律的尊严,把对法律的信念化作内心的坚定信念和个体的自觉行动,才能最终达到法治社会的理想境界。

法律被自觉遵守的前提是法律本身必须是良法,也就是说,良法是守法的基础。中华人民共和国成立后,国家在法治建设中虽然走了一段弯路,中国真正实施法治的时间也不过40年时间,但是却取得了令人瞩目的成就。各项法律法规从无到有,从有到优,国家的法治建设发生了历史性的变化,到2018年,党的十八大提出的建设中国特色社会主义法治体系的目标如期完成。这就是我国社会主义民主法治建设史上的重要里程碑，是建设中国特色社会主义法治体系走向成熟的重要标志，具有重大的现实意义和深远的社会意义。

我国现已拥有一套适用于中国特色社会主义国家发展的良法，已具备自觉守法的前提和基础。只有有法可依，通过有力的法治思维培育，使青年具备丰富的法律知识储备，拥有对社会法治观的深刻认识，才有可能使其自觉守法。有法可依并不意味着法律一定会被遵守，还要做到有法必依、自觉守法才是实现法治的关键。

拥有法治信仰会对法治社会充满憧憬，并愿意身体力行地去推动法治社会的建设。只有经过法治思维培育之后，人们具备了自觉守法的意识，对法治认同的忠诚，对法治产生信任之情，法治社会的理想才能够实现。确保遵从规则的因素，如信仰公正，可靠性和归属感，远较强制力更重要，法律只有在受到信任，且不要求强制力制裁的时候才是有效的，无须处处都仰赖国家强制力。

公民具有自觉遵守法律的意识，是法治思维培育想要达成的目标。但是，再完善的法治要为全体社会成员所接受，不经过培育也不可能实现。对大学生进行法治教育，不仅要使其学习得法律知识，并且自觉地遵守法律，知晓法律的权利和义务，授权性、义务性与禁止性规范，还要让大学生明白法律是个人行为的准则，更要明白法律是需要全体社会成员共同遵守的社会规则，违反法律就会受到相应的强制性处罚。法治思维培育的职责是引导大学生树立自觉守法的理念，自觉地维护法律和法规的尊严，宪法和法律不但限制个人的行为，同时对政府的公权力也会加以约束。不管是个人还是国家，都要做符合法律规范的事情。

引导大学生树立法治思维，首先要引导大学生尊重宪法的权威。宪法是国家的根本大法，是一切权利和个人行为的根本准则。从法治思维的构成要素来看，"知"是前提，大学生要率先掌握宪法的基本知识，明确宪法在法律体系中的核心作用，知晓宪法是其他法律法规的根本依据，具有最强的法律效力和权威性，尊重宪法的权威，在实际行动中要以宪法为实践指引。

大学生作为国家未来的栋梁，要积极主动地学习宪法以及与宪法相关的法律知识，明确公民的职责。我们要教育青少年依照宪法法律行使权利并承担义务，用法律规范自己的行为。"宪法对公民的基本权利和义务给出了明确的规定，教育青少年学生在行使权利时，要处处以法律为依据，不无限扩大自己的权利，同时要具有自觉履行法律规定的义务的意识。"①

---

① 李立群. 学校法制教育的核心内容及其实施路径［J］. 教学与管理，2015（30）.

对社会主义法治价值观的情感认同，是大学生法治思维的心理基础，因而对大学生进行法治思维培育要入心入脑，要培育大学生自觉遵法的意识，关键在于培养他们对社会主义法治价值观的认同之情，要通过法治思维培育大学生内心对法治的忠诚和信任。所有的法律制度，不仅要求我们在理智上承认社会所倡导的合法美德，而且要求我们以我们的全部生命献身于对法治的信仰和忠诚。在法治思维培育过程中，大学生对法治的情感能够在实际生活中建立，才能养成他们自觉守法的习惯。

（二）具备遇事找法的意识

法治思维是一种价值思维方式，奉行法律至上的原则。对大学生进行法治思维培育，就是要使其养成法律至上的习惯，形成对法律的尊重和敬畏。法律只有被信仰，才有可能成为解决问题的优先选择，遇事找法的意识才可能形成。对法治的信仰，是一种源自内心的情感，是对法治的神圣崇拜和情感依恋。遇到问题时，要首先想到求助于法律，将法律的准则和手段作为处理问题时的唯一选择。

习近平总书记强调："领导干部要把对法治的尊崇、对法律的敬畏转化成思维方式和行为方式，做到在法治之下、而不是法治之外、更不是法治之上想问题、做决策、办事情。"①

帮助大学生增强社会主义法治观念，首要的任务就是增强大学生走中国特色社会主义治道路的自觉与自信。同时，引导他们通过合法的途径正确参与国家社会生活治理中的各种问题。

法治思维培育的目的就在于应用，对于大学生来说，法治思维不仅是一种价值思维，还是一种导向思维。遇事找法的意识不但体现在对宪法和法律的应用与实施中，也体现在包括大学生在内的全体社会成员在社会法治生活中的各个环节。习近平总书记还强调："谋划工作要运用法治思维，处理问题要运用法治方式，说话做事要考虑一下是不是合法"②。遇事找法就是在做任何事情时，先考虑合不合法，也就是在实际工作中要运用法治思维。遇事找法要求大学生的法治思维既要具有丰富性，又要具有开放性。这种丰富开放以法治自信为基础，源于丰富的法律知识储备和对法律规范的认同。

---

① 中央文献研究室. 习近平关于全面依法治国论述摘编［M］. 北京：中央文献出版社，2015：124.

② 中央文献研究室. 习近平关于全面依法治国论述摘编［M］. 北京：中央文献出版社，2015：124.

　　因此，法治思维培育进课堂，最终是为了进大学生头脑，只有具备一定的法律知识，形成遇事找法的意识，遇到问题才能够立即做出正确反应，用法治思维进行分析判断，直到用法律手段来解决问题。然而，在现实生活中还存在着一些不按法治原则办事的现象，严重阻碍了人们法治的信念形成。社会上的违法行为既败坏了社会风气，又影响了大学生守法意识的形成。目前，社会上存在着的一些看不见、摸不着的潜规则，成为阻碍老百姓遇事找法的重要原因。办事难就难在潜规则上，这也成为败坏党纪国法的毒瘤，不除不足以扬正气。

　　正是社会上不良风气的存在，打击了人们对法治的信任和信心。法治文化建设氛围不佳，也影响了大学生法治思维的培育和遇事找法意识的形成，所以在法治思维培育的道路上，还有很长的路要走。高校法治思维培育的着眼点是使大学生拥有依法约束自己行为的能力，能根据自己所学的法律知识，预制自己行为的后果，避免违法以及犯罪行为的发生，也就是形成遇事找法、行事依法的法治思维能力。从实际情况来看，大学生正处于世界观、人生观和价值观形成的关键时期，他们虽然接受了法治思维培育，但是还没有形成稳定的法治价值观。因此，在日常学习和生活中，运用法治思维、法治方式处理问题的能力还比较弱，还没有完全具备遇事找法的意识。法治思维培育以权利和义务为核心内容，遇事找法意识的养成也应以权利和义务教育为主线，提高法治思维教育的有效性和针对性，要使大学生形成法律权利和法律义务相统一的观念。

　　遇事找法的意识包含两层内容：一是对法律的认可。将法律作为处理社会事务和国家事务的首要依据，并将法律作为自己的行为准则。大学生作为法律主体，既要依法行使自身权利，维护自身的合法利益，又要依法履行法定义务。关键是在实际生活中，大学生要明确自己及他人的法定权利和义务，在维护自身权利不受他人损害的同时，能够主动地履行义务，时刻将法律置于思维系统的首位。二是对法律的践行。大学生不但要使自己的言行符合法律规范，在处理个人与他人、个人与社会、个人与国家的问题时，也要依照法律，在法治的范围内进行。

　　关于高校法治教育的现实状况及目标，一方面，包括大学生在内的青少年法治教育还存在着定位不明确、思想认识不到位、教育内容不系统、保障条件不充分的情况。另一方面，要把法治教育纳入学校教育体系，目标就是要把法治变为包括大学生在内的青少年的一种思维方式和生活方式，并且不仅要将法治意识内化为大学生的公民素质，更重要的是要见诸于大学生法治生活行为。[①]

这就为大学生的法治思维培育指明了具体的发展方向，首先要明确进行法治思维培育的目的，不仅是要传授法律知识，更在于应用法律。通过多种途径和方式，引导大学生将法律知识内化为法治思维，使他们养成遇事找法的意识，能够从法治的角度看待和处理问题。其次，应将法治思维培育融入大学生的日常生活中。学生不只是被动地接受知识灌输，而是在生活中接受法治的存在，良好的生活秩序、明晰的规则制度、风清气正的社会环境都会带动大学生养成遇事找法的意识。习近平总书记指出："法不阿贵，绳不挠曲。"[②] 这就是法治精神的真谛。

（三）养成解决问题靠法的习惯

法治思维起源于人类的认知并表现为行为，最终的落脚点在于行动及法治实践。对大学生来说，就是要养成解决问题靠法的习惯。社会生活中时时有问题，处处有问题，社会也在分析问题和解决问题中不断前进，正确地看待问题存在的意义和价值，抓住主要矛盾，解决主要问题，社会发展才有可能更上一层楼。法治是统治阶级为了维护自己的统治，同时也是为了有效的解决社会问题而制定的规章制度。法治的存在不是为了消灭问题，而是找到化解问题和矛盾的合理方法。

中国特色社会主义进入新时代，经过十余年高质量发展，社会矛盾得到很大缓解，实现了全面建成小康社会的第一个百年奋斗目标。但是，当前我国社会主要矛盾仍然是人民日益增长的美好生活的需要和不平衡不充分的发展之间的矛盾，这也导致了一系列社会问题的发生，如果不能及时有效地解决这些问题，就有可能阻碍社会的前进和发展。而法治作为最有效的处理社会问题的方式，已经经受了历史发展的检验。在社会主义法治建设中，只有运用法治思维和法治方式来处理和解决问题，才能使法治的权威得到彰显。在处理社会问题的过程中，要遵循法治原则和法治程序，做到依法办事，才能维护社会的公平正义，构建适应现代化发展的新型社会关系。

法治体系的建立为解决社会问题提供了强大的制度保障。目前，中国特色社会主义法治体系已经基本确立，但这并不意味着国家已经达到了高度法治化

---

① 臧红. 高校法制教育目标体系探析 [J]. 东北师范大学学报（哲学社会科学版），2016（5）.

② 中央文献研究室. 习近平关于全面依法治国论述摘编 [M]. 北京：中央文献出版社，2015：98.

的水平。法治体系的形成，只是实现了全面依法治国的阶段性目标，社会的制度化和法治化，还有很长的路要走。不管是领导干部、政府工作人员还是包括大学生在内的其他公民，在面对矛盾和问题时，都要养成解决问题靠法的习惯，用以清除实际工作中缺乏法治思维的弊端。

中央明确要求健全依法维权和化解纠纷的机制。要解决当前存在的大量社会问题，必须要加强法治思维，提高法治方式的运用能力，转变过去以权代法、以情代法，甚至以钱代法的人治模式，改变有法不依、有法难依的状况，学会运用法治手段解决问题。然而，大学生作为接受高等教育的群体，其法治思维状况不容乐观。由于法治教育不到位，大学生运用法律解决问题的能力不足，以致大学生群体的犯罪率有上升的趋势。因此，对大学生进行法治思维培育是十分必要的。要让大学生树立法治思维，每个社会个体必须严格依法办事，个人要在宪法和法律允许的范围内处理各项事务。解决实际问题也要以法律为准绳，既维护自身的合法权益，又不损害他人的利益，更不违背法律原则。社会问题千千万万，要想真正有效的解决，毫无疑问应当采取法治途径。

在化解社会矛盾和维护社会稳定方面，不能简单依靠国家强制力甚至国家暴力去压制，也不能用行政手段摆平，当然用经济手段这个老办法也不能从根本上解决问题，而是要通过法治的方式回归法治的途径化解矛盾和解决问题。法治思维培育要坚持教育引导和实践能力相结合的方式进行，使大学生将法治思维内化于心，外践于行。通过法治思维教育，大学生应当自觉形成和树立法治意识，成为具备法治理念、法治素养、法治信仰和法治自信的社会主义法治国家建设者和接班人，并将这种意识化为职业素养，带进职业领域。

总之，高校对大学生进行的法治思维培育是法治精神培育的过程，是法治价值观养成的过程。从这个角度来看，高校目前已经形成一套完整的教育模式，不但要把法治教育的内容与实际相结合，将法律至上的原则与解决问题的方法相对应，还在于让大学生养成法治思维，形成解决问题靠法的习惯，这将是一个漫长的教育过程。

五、拓展大学生法治思维养成方式

拓展大学生法治思维培育路径和法治思维养成方式，是法治社会处理问题和解决问题的主要方式。法治思维是全面建设社会主义法治国家的一种理性思维方式，也是当代大学生必须具备的基本素质。法治思维的重要性要求提高大学生的法治思维培育效果，高等学校应充分发掘各种资源和载体，积极拓展法治思维培育的路径，营造有利于法治传播的培育环境，以课堂教学为阵地，利用课内课外，校内校外的各种途径，对大学生进行全方位、全覆盖的法治思维教育。

教育是进行知识有效传递的方式，法治思维培育就是要将法律知识和理论进行有效的传播，使其为社会成员掌握和运用。因此，法治思维的培育也应符合传播学的特点，遵循传播学的规律，法治思维培育要取得良好的教学效果，其整个培育框架要建立在传播逻辑的基础之上。

（一）营造优良的法治思维传播环境

深入推进大学生法治思维培育，要以培育和践行社会主义核心价值观为主线，将法治教育与道德教育结合起来，使青少年理解法治的道德底蕴，尊崇社会的公序良俗，牢固树立基于道德和法律之上的规则意识、平等意识、诚信观念和契约精神。

大学生的法治思维只有在优良的社会大环境下进行培育，才能够取得良好的效果。传播环境在大学生法治思维培育中起基础性的作用，要充分整合各种法治教育资源，将传播环境中各要素的积极性调动起来，形成家庭、学校、社会和国家协调联动的模式，要营造大学生法治思维培育的良性社会环境。

1. 树立优良的家风

随着我国改革开放的不断深入，随着我国经济社会发展的不断推进，随着我国人民生活水平的不断提高，城乡家庭的结构和生活方式发生了新变化。但是，无论时代如何变化，无论经济社会如何发展，对社会来说，家庭的生活依托不可替代，家庭的社会功能不可替代，家庭的文明作用不可替代。无论过去、现在还是将来，绝大多数人都生活在家庭之中。我们要重视家庭文明建设，努力使千千万万个家庭成为国家发展、民族进步、社会和谐的重要基点，成为人们梦想启航的地方。[1] 培育和弘扬社会主义核心价值观，让中华民族传统的家庭美德发扬光大，促进家庭和睦，促进亲人相亲相爱，促进下一代健康成长，促进老人老有所养，使千千万万个家庭成为国家发展、民族进步的重要基石。习近平总书记强调在点滴的日常生活中塑造人们的价值观，对大学生的法治思维培育来说，要从家庭开始，做好法治思维的启蒙，同时还要做到依法齐家，营造知法、尊法、守法、用法的家庭氛围，促进大学生法治思维的发展。

从社会上的违法犯罪现象中可以发现，相当一部分犯罪滋生的根源就在家

---

[1]　习近平. 习近平谈治国理政：第二卷［M］. 北京：外文出版社，2018：353.

庭，从查处的贪污腐败案件中也可看到许多家庭式腐败。因此，习近平同志特别强调家风建设的重要性。对法治思维培育来说，良好的家风能够促进大学生法治思维的发展。家庭是社会的细胞，家风是社会风气的细胞，那到底什么是家风？所谓家风，就是代代相传地呈现家族人员精神风气、道德品格、审美情趣的家族文化风貌。真正能够成形的家风，必须经过数十年的传承和完善，是能够对家庭成员起到规范、引导和教诲作用的文化传承和行为规范。

家风，也被称为门风，是家族成员展现出来的一种共同的精神气质，是一个家庭、家族在长期的社会生活过程中逐渐形成的，为其家庭成员共同认可、接受并自觉遵循的道德观念、价值观念、行为规范、精神向往等方面的总和。好的家风，能够对家庭成员起到很好的教育作用，通过家庭的耳濡目染，将良好的礼仪规范传递给子孙后代。家风对家族的传承至关重要，没有醇厚的家风无法使一个家族更迭不绝，更无法使一个家族团结向善。尊法守法用法和法治思维也应该作为一种最基本的家风，要在各个家族中传承。

大学生的法治思维启蒙于家庭，同时又成长发展于家庭。良好的家风能够使大学生养成良好的遵纪守法的习惯，并促进个人的成长和发育。家长应从小培养孩子的规则意识、秩序意识和公正意识，为其日后的法治思维培育打下良好的基础，这有利于社会的和谐发展，可以改善孩子生活的原生态环境。父母的言行是孩子模仿和学习的榜样，一个家庭在代际繁衍过程中，逐渐形成的较为稳定的生活方式、生活作风、传统习惯、道德规范以及待人接物、为人处世之道等，就是家风，是一个家庭道德文化的传承。家风也是社会主义法治国家建设中不可或缺的道德伦理，家风和家教的教化，虽然在治理效能和体系上很难与法治系统相比，但是它却必不可少。它与法律约束在本质上殊途同归，良好的家风能够培养出优秀的社会公民，有利于维护社会主义社会秩序，促进社会稳定发展。

2. 营造良好的法治校园文化环境

依法治校是依法治国理念在学校管理上的运行和实践，是学校依照宪法法律来管理校园，组织各项教学和服务活动的要求。高校不仅承载着教育学生、培养学生的职责，也有管理学生、服务学生的职能。随着高校招生规模的扩大，学校的管理难度也在加大，新情况新问题层出不穷，如何提高学校管理水平，以便更好地服务学生，为国家培养更多的优秀人才，是当前高校面临的主要任务。高校管理要实现现代化，就要运用法治思维和法治方式进行管理，就要实现依法治校。通过依法治校的实施，领导干部和教师先具备法治思维，并在学校营造良好的法治环境，为大学生法治思维的培育提供良好的校园环境，充分发挥育人作用。法治文化环境可以分为宏观环境和微观环境，而依法治校能够为大学生的法治思维提供良好的微观环境。

依法治校，首先要加强制度体系建设，让依法治校有章可循。依法制定具有自身特色的学校章程，依法治校制度要先行，高校制度体系的规范能够使学生亲身感受到法治的魅力，在法治氛围下，促进大学生法治思维的培育。其次，依法治校要加强法治观念建设。高校不仅承担着培养人才的重担，也承担着培育社会法治文化的重任，因而应当贯彻依法治校的原则，实现学校治理法治化。最后，依法治校要加强法治文化建设。习近平同志在北京师范大学纪念五四座谈会上谈到要构建中国特色高等教育治理体系和实现高等教育治理能力现代化。在法治氛围的营造与保障上，高等教育要行动起来，重点是营造崇尚法治、公平正义的校园治理文化。要将各类传播媒体运用起来，打造多种形式，多种风格、多种声音的融合性法治思维培育平台，形成有利于大学生法治思维培育的法治校园环境。

3. 营造公平公正的社会法治文化环境

大学生的法治思维培育是一个系统工程，需要各方面共同营造大学生法治思维培育的良好环境。普法规则中明确指出，建立健全青少年法治教育部门协调机制，充分利用整合各部门和社会的教育资源，建立政府、学校、社会和家庭协调配合的法治教育机制，形成青少年法治教育的新格局。依法行政，形成良好的社会法治文化氛围，为大学生的法治思维培育提供更多的社会实践资源，健全社会支持体系，有利于实现社会教育治理体系和治理能力的现代化，有利于推动大学生法治思维培育。

依法行政要营造公平公正的法治文化氛围。依法行政是指国家各级行政机关及其工作人员依照宪法和法律赋予的职责权限，在法定的职权范围之内，对国家的政治、经济、文化和教育等各项社会事务依法进行管理的活动。它要求一切国家行政机关和工作人员都必须严格按照法律的规定，在法定职权范围内充分行使管理国家和社会事务的行政职能，做到既不失职，又不越权，更不能非法侵犯公民的合法权益。依法行政是维护社会稳定、促进经济良性发展、提高人民福祉的需求。各级政府和职能部门要在实际中依法行政，营造良好的社会环境，特别是高校所在地区的街道和社区更要依法行政，打造良好的社会秩序。

依法行政就是要不断满足人民对美好生活的需要，不断促进社会公平正义，形成有效的社会治理。良好的社会秩序使人们的获得感、幸福感和安全感更加充实，更加有保障，更加可持续发展。大学生处于即将步入社会的重要过渡阶段，也会参与到一些社会事务中，依法行政可以让学生感受到社会的程序公正和公平正义。社会环境是大学生法治思维培育的土壤，公平公正的法治社会环境有利于大学生法治思维的提升。如果社会上有法不依，潜规则盛行，那么不但会影响社会主义法治国家的建设进程，也会严重损害大学生对法治的信仰和信念。因此，加强大学生的法治思维培育，首先要加强法律制度建设，认真地贯彻依法行政，清除不良的社会风气，净化法治环境，营造风清气正的法治氛围，建设法治国家、法治社会和法治政府。

4. 积极配合高校做好法治思维培育工作

为了配合高校的法治思维培育工作，可以让公检法部门的优秀法律专家或专业法律工作人员走进校园，通过讲座和座谈会等形式，协助高校对大学生进行法治思维培育。依法行政要加强社会主义文化的引领，着力营造大学生法治思想培育的社会文化环境，这是大学生法治思维形成和提升的文化土壤。依法行政，营造良好的法治文化环境，是培育大学生法治思维的必然要求。然而，法治文化环境的形成不是一朝一夕就能完成的，它需要各种不同文化在交流和碰撞中不断磨合，融合而成。

另外，建设社会主义法治文明并不排斥道德文明，我们要坚持把依法治国和以德治国结合起来，高度重视道德对公民行为的规范作用，引导公民依法维护自身的合法权益，履行法定义务，做到享有权利和履行义务相一致。当前和今后，以德治国在国家治理中依然发挥着重要的作用，道德建设对于解决社会问题、促进社会和谐、提升公民素质都起到非常重要的作用。因此，法治文化建设还应当结合中国的道德文化传统，用以德治国来推动依法治国的发展，为大学生法治思维培育营造更好的文化空间。

（二）提升守法主体素质

对大学生进行法治思维教育，要充分发挥思想政治教育理论课的主渠道作用。教师是课堂的主导，也是大学生法治思维传播的主体。要想提升大学生思想政治课的法治思维培育效果，首先要提升教育者的法治素质。教师对大学生进行法治思维培育，就是要通过课堂的法治理论灌输，帮助学生系统掌握法律知识，用法律武装自己的头脑，学会用法治方式解决问题，利用法律武器维护自己的合法权益。

1. 课堂教学是大学生法治思维教育的主阵地

课堂教育以灌输为主，灌输是教学中普遍采用的一种方式，在人类文化思想传播、替代和延续中，灌输是一种普遍的教育活动。灌输理论由马克思、恩格斯最早提出，考茨基对其进行了丰富和发展，列宁将其发展为系统的理论。在论述工人的阶级政治意识时，列宁指出，阶级政治意识只能从外面灌输给工人，即只能从经济斗争外面，从工人同厂主的关系范围外面灌输给工人。灌输通常指的是一种面对面的知识理论传递，曾在我国历次革命和建设实践中发挥巨大的作用，依靠反复灌输原则，面向民众进行思想教育，有效地凝聚了社会共识。

课堂教学中存在三种教学模式，第一种以教师为中心，强调教师在课堂上的主体地位，具有知识传播的单向性，是传统的填鸭式的灌输模式，即老师讲学生听，课堂没有互动参与。第二种以学生为中心，老师处于指导的辅助位置，强调教学效果，类似于现在的翻转课堂教学。第三种强调老师和学生之间的双向互动，重视学生在课堂的参与度，是一种较为理想的教学模式。目前，中国高校的课堂教学模式还是以第一种为主，教师的主导性较强，学生只是被动地接受，互动性差、参与率低，导致教育效果不佳。高校法治思维培育要改变目前学生学习兴趣低迷，教学效果差的状况，就要遵循直线性传播的规律，改变学生在课堂教学中被动接受的地位，增强参与性和互动性，用形式多样、生动活泼和学生喜闻乐见的形式丰富课堂教学模式，提升教学效果。

2. 思想政治理论课是法治思维教育的重要手段

要充分利用好思想政治理论课阵地，完成传播法律知识的任务。法律基础知识是法治思维形成和运用的基础素材，不可或缺。在传授基础法律知识的过程中，讲授是必不可少的方式。教师作为传播主体，应该首先掌握法律的基本概念和程序、法律基本原理以及具体的法律条文，然后通过灌输的方式，将这些内容传递给大学生，使他们能够了解宪法以及法律的基本条文，掌握法律的概念、原理以及适用范围，厘清法治思维的基本内容，树立明辨是非的标准，理解国家的法律体系，为其遵守法律提供最基本的价值遵循。这样不但可以使学生完整地理解和接受法律规则，而且可以使学生学会探索法律知识的重要方法，形成一套独特的法治思维模式。

在法治思维培育中，传统的灌输方式必不可少，但课堂不应该是枯燥乏味的一言堂。首先，教师应该通过改进授课方式，提高法治思维教育的吸引力。在教学过程中，多用案例教学的方法，不但能够增强法治教育课程的说服力，还能让学生积极地参与案例讨论，增强学生学习的直观性和积极性。其次，教师应当拓展教学思路，让法治思维教育和思想政治理论的其他课程携手并进，共同发挥法治思维的功能。

3. 法治思维课堂与其他课程相结合

教师应该将法治思维培育的核心内容与专业课、职业生涯规划、就业指导和心理课等结合起来，同时，要将法治思维的要点提炼出来，找出其中可以与其他各类课程融合的法律法规，并渗透到相关的教育教学中去。法治思维培育在课堂的直线性传播过程中，有两个重要的因素传播主体和客体。大学生作为课堂教学客体,在直线性传播中受主体的影响较大,所以要重视研究作为教育主体的教师的作用。作为灌输主体的教师要紧跟社会主义法治建设的步伐,及时学习和了解国家的法治政策变化,及时更新法治知识储备。

教师自身必须具备丰富的法律知识,才能够做好大学生法治思维培育工作。但目前,高校从事思想政治教育工作的教师中,法学专业的较少,这也是法治思维边缘化和教学效果差的一个重要原因。要加强师资队伍建设,必须从几个方面着手:首先,引进专业对口的法学专业教师从事法治教育工作,能够提升法治思维培育的专业化水平。其次,让现代的法学专业教师开设法学类公共选修课程以弥补法律基础课程不足的现象,同时还要从社会上选取知识理论深厚的法学专家或实践经验丰富的法律工作者作为外聘教师或兼职教师从事法治教学工作,并开设公选课程或法律讲座,作为思想道德与法治基础课的有益补充。最后,对现有的从事法治思维培育的教师进行专业化培训,使他们有机会到司法部门进行实践锻炼,鼓励他们继续深造,提升法学专业素养,提升整个教师队伍的教学水平,转变教育理念,在教学中做到以学生为中心,增强法治思维培育的效果。

(三) 嵌入式传播促进法治思维的养成

嵌入式传播是指将某一特定的信息隐蔽植入既存信息之中,使其随着既存信息在大众媒介上传播,从而使特定信息引起受众关注的传播方式。对大学生进行法治思维培育要将教育内容的传播范围扩大,提升传播效果,也要大胆使用嵌入式传播方式,借用各种有效载体进行,进而使越来越多的学生接受法治思维,具备法治思维。

1. 将法治思维养成嵌入校园文化建设中

当代大学采用开放式办学方式,是一个浓缩的小社会,大学生的活动领域和社交范围与社会无异。其中的主要差异体现在大学生以学习为主要职责,正处在向社会生活过渡的重要阶段,是在为未来的社会生活储备专业知识,锻炼生存技能和打造良好的综合素养。而法治思维已成为当代大学生综合素质的重要内容,法治思维的传播不能单纯依靠理论灌输,还要借助有效的载体才能够达到良好的传播效果。对高校来说,要充分挖掘校园文化的潜能,将法治思维嵌入校园文化中,以学生喜闻乐见的方式,使其在接受法治文化熏陶和滋养中提升自己的法治思维能力。

举行"与法同行"知识竞赛,寓教于乐,让学生在竞赛的过程中,加深对法治思维的理解和阐述,明白法治思维蕴含着的深刻蕴意,以及法治思维对个人生活的指导意义。还可以举行法律电影放映周,电影的表现形式能在短时间内浓缩人生，有巨大的容量，通过法治电影的观看，将原本抽象的法治内容生活化，使大学生乐于接受理解，激发对课程内容的认同，通过电影观看，帮助学生明白法治对人的行为规范的作用，学会从法治的角度对个人的行为做出约束，通过电影里面的情节，让学生了解自己的权利和义务，知道如何自觉地履行义务，合法地维护个人的权利，使自己成为一名合格公民。

2. 充分发挥第二课堂的法治育人作用

百花齐放的社团是大学校园一道亮丽的风景，也是学生发展兴趣爱好的平台。因此，可以借助法律社团组织的各种活动培养学生的法治思维。通过模拟法庭活动，在具备条件的情况下还原法庭的真实场景，将法庭搬进大学校园。经过庭审、辩论、审判的环节，可以让学生们感受到法律的威严，了解法律的程序和规则，真正体会到遵纪守法才是最大的自由。通过以案说法，让学生在案件的讲述中解读法律条文，领会案件之中所蕴含的法律原则，掌握相关的法律智慧。需要注意的是，案例的选择要符合学生的需求，突出法治思维的主题，要涉及与学生学习和生活相关的各种实体法。选取具有代表性的典型案例改编成剧本，通过法律情景剧的演出在线还原案件的真实场景，让学生在故事情节和人物冲突中感受案件当事人的心路历程。在课堂上，通过让学生扮演法庭角色，帮助其认知庭审程序，理解法律人物关系，激发学生学法守法的兴趣和积极性，能够生动鲜明地让学生感受到法治剧情中所蕴含的法治精神，实现法治教育，实现从"要我学"到"我要学"的转变。

3. 法治思维培育要嵌入心理健康教育

健康的心理是大学生获得治思维的前提，反过来说，心理健康才能够提高法治思维的培育效果。拥有健康身心的大学生能够关心他人、爱护自己、善待他人、关爱社会、适应环境、情绪正常和人格和谐，有良好的人际交往和积极主动的学习能力，能够更好地接受法治思维的教育内容。大学生虽然已具备成人的生理特征，但是在心理发育方面却并未完全成熟，处于逐步脱离家庭、独立面对生活的特殊阶段，所以在学习、就业、人际关系和经济能力等方面面临不同程度的压力，也会产生各种各样的问题。一些心理脆弱、处事能力差的学生可能会出现难以适应学习生活的状况，产生异常的社会心理。因此，要注重学生的心理教育，开设心理教育课程，使学生掌握心理调节的基本能力。将法治思维培育嵌入心理健康教育，引导学生养成健康身心的同时，将法治的理念根植于学生的头脑，让法治思维培育与心理健康同向同行、相辅相成、相互促进。通过法治教育，提高大学生的法治意识和法律素养，使其积极学习依法治国的理论知识，体会到法治的重要作用。

4. 法治思维培育要进入高校的专业课程

将法治思维培育渗透到各个学科的教学过程之中，提炼渗透要点，在教学环节中全面渗透。学校要把法治教育，预防和减少青少年学生违法犯罪工作纳入学校教育工作。加强研究，提炼法治教育全面渗透的特点，急学生之所急，想学生之所想，抓住重点，向学生灌输法治思维，让法治思维随着各个学科的教学深入学生的头脑，化人于无形之中，能有效降低学生被动接受法治思维教育的抵触情绪，提升教育效果。要把法治思维教育与专业课结合起来，形成一个课题来研究，组织教师提炼要点，寻找方法，促成课堂的有效融合，全面促进法治教育渗透到各学科的教学过程，使课程更具有可行性和实用性，更贴近学生的专业需求。在专业学习中，也可以确立法治信仰，明确权利义务关系，树立程序意识、公正意识和规则意识。

（四）互动式传播促进法治思维的提升

中国当前正处于实现全面依法治国的历史新时期，法治思维培育是一项长期性和系统性的工程，不能仅局限在大学课堂里，还应将法治课堂拓展到社会中。社会实践可以看作是一种互动式的传播方式，大学生在法治实践中不断地与不同的传播活动参与者进行信息交换，使法治知识得到运用和提升。全媒体时代要有效凝聚社会共识，必须把社会成员的需求放在首位，充分了解民众的心理接受特点和需求偏好，而互动式传播是在传播活动参与者地位相对平等的基础上，能够实现信息交流双方相互作用的传播方式。

实践是检验真理的唯一标准，大学生的法治思维也要在实践中得到应用和提升。大学生是社会主义法治国家建设的生力军，将来必定会走上工作岗位，大学生也应该成为学法、懂法、守法和用法的模范，成为践行社会主义法治的楷模。

1. 要将法治思维提升与社会实践相结合

以各种与法律相关的节日庆典为抓手，通过实践不断深化大学生的法治思维培育，在实践中拓展法律知识，提升法治思维能力，使大学生养成公平正义思维、合理性思维。要充分调动国家、社会、学校和家庭参与到大学生法治思维的培育中，将法治思维与学生的个人价值观教育相结合，最终形成符合国家社会发展要求的价值观，法治理念才能逐步确立，法治思维也能在耳濡目染中逐渐形成。

大学要实行依法治校，让学生有机会参与学校依法管理的过程。教育部在2012年颁布了《全面推进依法治校实施纲要》，要求各级教育行政主管部门和学校实施依法治校，增强运用法治思维和法律手段解决学校改革发展中突出矛盾和问题的能力，全面提升依法治校的水平。大学要实现治理水平现代化，就必须走依法治校的道路。学校领导干部要用法治思维和法治管理方式管理学校事务，学校也是大学生学习和生活的主要场所，依法治校应贯彻以人为本的原则，以教书育人为中心，从学生的角度出发，用民主法治的原则管理学校事务，同时赋予学生参与校园事务管理和监督管理的权利。

2. 增加校内实践机会

让学生在校园中有机会行使自己的公民权利，也有机会履行自己的公民义务，在依法治校的实践中体验法定的权利和义务内容。大学生在校内的实践，欧美一些国家起步较早，也形成了一些好的传统，所以我们可以借鉴国外高校的一些好的方法，将法治思维培育融入依法治校的实践中，让学生足不出校园就能得到法治锻炼的机会。例如，在英国，学生自治会代表可以进入学校管理会，从而参与学校的民主管理。在欧美等国的法治传统教程中，早在中世纪，大学生就有机会参与到学校的日常管理之中，且已经成为一种约定俗成的规定。文明是互通互鉴的，在交流中发展，在互鉴中进步，这些国家的做法对中国大学生法治思维培育有良好的启发作用，随着依法治校的推进和学生法治思维的提高，大学生也应积极参与到学校的管理中，并在依法治校的实践中不断提高自己的治理思维水平。

3. 参加校外实践

社会实践基地是大学生走出校园、走向社会，进行实践锻炼的有效平台，法治教育实践基地也是大学生进行法治实践，提升法治思维能力的良好场所。学校要善于挖掘和整合社会上的法治教育资源，加强大学生的法治教育实践基地建设。首先，可以和公检法等国家机关联合，利用假期和学生的业余时间，在不干扰政府机关正常工作的前提下，分批次让学生到这些部门参观见习，使其了解司法程序和办案原则，感受法律的威严。其次，可以联合少管所、劳教所、戒毒所和看守所等机构，建立服务性和实践性为一体的法治教育示范实践基地，学生可以在基地进行力所能及的志愿服务，也可以通过跟违法人员的近距离接触，感受到违法犯罪带来的后果，达到预防犯罪和自我教育的目的。

在各个社区建立法治宣传基地，大学生定期进入社区进行法治宣传，在服务他人的同时提高自身的法治素质。同时，大学生可以利用所学的法律知识，在社区从事法律咨询服务，真正做到学以致用。还可以在社区开设法律诊所，配合专业教师和律师为社区居民提供法律服务，在实践中提升运用法治思维解决实际问题的能力，提高法治思维水平。

在现实中，大学生法治实践具有很强的价值导向意义。首先，法治实践是大学生法治思维培育的现实基础，是将法治基础知识消化吸收，真正为我所用的过程。实践是生活的本质，法治实践也是法治的本质。习近平总书记指出："法治也并不体现于普通民众对法律条文有多么深透的了解，而在于努力把法治精神、法治意识、法治观念熔铸到人们的头脑之中，体现于人们的日常行为之中。"① 存在的价值在于实践，法律知识通过和法律实践相结合，才是一个完整的大学生法治思维培育过程，二者缺一不可。只有在这个过程中才能完成大学生法治思维培育的目标，使学生深刻领会法律的精神和内涵。

其次，通过法治实践，让大学生认可社会主义法治理念，成为社会主义法治忠实的遵从者和坚定的捍卫者，让大学生的法治思维形成一个知、情、意、行的完整心理过程，最终要落实到"行"及法治的实践和应用中。因此，法治实践是大学生法治思维培育的必然环节和最终阶段。

（五）实现法治思维培育全覆盖

新媒体正在改变人类的生活，网络正在成为大学生不可或缺的信息获取途径，法治思维培育也要占领这一阵地，以学生喜闻乐见的方式向他们传播法律知识。现代信息技术的发展，特别是互联网的产生，导致思想政治教育的深刻变革，网络成为思想政治教育的新载体，网络领域成为思想政治教育的新场所，网络思想政治教育成为思想政治教育的新形态。大学生的法治教育是思想政治教育的一部分，面对新的发展形势，势必要借助网络这个新载体，否则就会面临被淘汰的威险。组织发展健康向上的网络文化，加强网上思想政治文化的建设，是社会主义文化建设的迫切任务。由此可见，在新的历史条件下，利用网络进行大学生法治培育，是网络文化建设的重要战略思想，也是当前网络时代下高校思想政治教育创新的重大课题。

1. 要完善法治思维培育的网络平台建设

习近平同志在党的新闻舆论工作座谈会上强调："要推动融合发展，主动借助新媒体的传播优势。"② 在网络新媒体盛行的时代背景下，大学生的法治思维培育要适应新的环境，寻找新的方法，尤其是要学会利用网络平台，切实提升大学生的法治思维能力。

"工欲善其事，必先利其器。"完整的网络平台，能够迅速高效地发布信息，实现校园的全网络覆盖，同时也能对信息进行强有力的监管。

---

① 习近平. 之江新语 [M]. 杭州：浙江人民出版社，2007：205.

② 习近平. 坚持正确方向创新方法手段，提高新闻舆论传播引导力 [N]. 人民日报，2016-02-20 (1).

2. 要有主题鲜明、内容新颖的法治内容

全面加强校园网络建设，构建集知识性、趣味性、服务性和思想性于一体的主题教育网站及网页。网站要主题鲜明内容新颖，才能吸引学生上网浏览相关内容，让学生有主动学习的意识。网络的最大优势在于其拥有海量的信息，可以给学生充分进行自由选择的权利。网络平台的职责在于根据大学生群体的特点，提供集丰富的知识性和趣味性于一体的法律知识。为此，我们应坚守学校务实育人的教育理念，凸显教育的人文性，学生可以根据自己的需求和兴趣在网上随时随地地进行学习，真正地实现自主学习。网络平台要具备互动能力，能配备专业的法学导师，对学生的问题进行及时地在线解答。学生不能只进行人机互动，而应该在教师与学生的双向互动中，实现网上学习的有效沟通，保证信息传递和思想交流的畅通性。营造健康向上的网络法治教育氛围，大学生是网络法治思维培育的主要受众，要积极有效地对网络信息进行监管，营造文明向上的网络氛围，屏蔽和隔离暴力和不健康的信息，营造健康绿色的网络环境。

要营造法治教育网络平台的文化氛围，法律本身具有刻板、严谨、枯燥的特点，如果法治网络平台只是将枯燥的课堂内容搬到网络课堂，那就只能走向消亡。高校网络法治思维教育应该增强内容的吸引力和文化性，用喜闻乐见的形式引导大学生将法治素养与行为能力结合起来，将依法做人和依法做事联系起来，提高学生的方向性和目的性，用社会主义法治观念引导大学生的价值观，用社会主义法治国家的美好愿景引导大学生的法治理想，通过法治思维培育让大学生树立社会主义法治信仰。

3. 关注大学生关心的焦点问题

法治思维培育应该紧扣大学生的特点，关注他们关心的社会热点，让法治思维培育的内容与当下文化同步，用接地气的内容和语言阐述法治的内涵，才能引起大学生的关注和共鸣。同时，网络法治思维培育应该采用渗透式和引导式相结合的教育方式，让大学生在轻松愉快的浏览网页的过程中接受法治思想的熏陶，引导大学生养成学习法律知识，用法律解决问题的习惯。

笔者了解到大学生们关心的焦点问题主要集中在就业、学业、生活等方面，他们希望能够找到一份稳定的工作，实现自己的职业规划，同时也关注着自己的学业成绩，希望能够取得好的成绩，提高自己的竞争力。此外，大学生们非常关心自己的生活质量，包括住房交通、饮食等方面。他们希望能够过上舒适、健康、快乐的生活。

4. 网络法治思维要体现互动原则

在网络环境下进行大学生思想政治教育，充分调动和发挥大学生自主学习

的积极性，改变课堂教学灌输式的被动学习的状态。从传播学的角度看，在融合式的传播中，法治教育作为传播主体，应该在坚持社会主义法治原则的前提下，利用互联网的各种形式和功能，结合学生的生理和心理特点，依据教育规律，以培养大学生的法治思维为目标，制定能够促进学生成长的教学安排，通过网络对学生进行法治教育。网络是媒介和载体，虽然大学生在网络教育过程中感受不到教师的存在，但是隐藏其中的教师也应当充分发挥教育者和引导者的职责，与学生形成互动。网络教育具有方便快捷、信息量大、能够实现覆盖的鲜明特点，同时也要注意网络信息泥沙俱下，存在缺乏监管的特点。因此，教育者要利用网络的优势，对大学生进行指导和引导，通过法律知识、法治原则的传递引导学生用法治的眼光分析解决问题，引导其主动参与整个法治思维的过程，从而达到不断提升和完善学生的法治思维水平的目的。

网络法治思维培育还要坚持渗透引导原则。网络教育的最大优势是不受时空限制，特别是在当下智能手机普及的情况下，只要有移动网络在，随时随地都可以进行网络学习，因而网络法治教育应该抓住碎片化时间，对大学生的法治思维进行见缝插针的渗透引导式教育。虚拟性和隐蔽性是网络教育的突出特点，有些大学生在现实生活中可能低调沉默，在网络的虚拟空间中却异常活跃，作为法治思维培育的实施者和管理者，教师应当主动参与到网络活动中去，了解和把握学生的思维脉络，提高大学生的学习兴趣，提升他们的法治思维水平。

新征程上，着力提升全社会网络法治意识和素养，让办事依法、遇事找法、解决问题用法、化解矛盾靠法在网络空间蔚然成风，必须以网络法治建设助力增强全民法治观念、培育全社会法治信仰，推动形成全网全社会尊法、学法、守法、用法的良好氛围。

5. 要主动占领高校法治思维培育的阵地

社会主义思想不去占领意识形态高地，其他思想就要去占领，思想决定人的行动，因此，要坚持以社会主义法治观引导大学生的价值观，起到思想引领成长，传播社会主义法治文化的作用。另外，要不断开拓大学生网络法治思维培育的新方法，善于综合运用各种新媒体技术，如微信、雨课堂平台，特别是要参与到交互性强、影响面广的平台之中，通过互动传播的方式，加强大学生的法治思维能力。

首先，要充分加强网络法治思维培育的话语权。提高大学生的法治思维是一项重大的政治任务，要适应信息化的发展，不断提升网络法治培育的话语权。其次，发挥网络大 V 和评论员的引导作用，将一部分三观正、责任心强的思想政治理论课教师和辅导员，打造成网络大 V 或评论员，让他们在网络中占据话语主动权，树立起权威，利用舆论的引导与宣传作用对大学生进行法治思维培育。再次，让主流价值观形成强大的网络主导力量，发挥网络媒体对大学生的思维培育功能。最后，提升大学生法治思维培育的网络文化话语权，应着重提高网络文化的表达能力、交往能力和控制能力。就目前情况看，网络话语权还是为西方少数国家所控制，大学生思想政治教育要想在网络上站稳脚跟，在网络传播上占据一席之地，还要不断地寻求新的创新和突破，不断提高法治思维和网络文化话语权的整体能力。

大学生是法治中国建设的重要力量，如何准确把握习近平法治思想并围绕着法治中国建设统筹布局，加强大学生法治教育，对于新时代卓越人才的培养和教育教学改革具有重要指导意义。习近平总书记在党的二十大报告中强调，要"努力使尊法学法守法用法在全社会蔚然成风"。充分发挥社会环境对大学生法治教育的引导作用，就要形成尊法守法的良好社会风尚。加强大学生法治教育，是新时代人才培养的重要环节，应积极倡导大学生以习近平法治思想为指导，积极尊法，认真学法、自觉守法、主动用法，谨守法律底线，弘扬社会正气，强化社会责任感，做社会主义法治的忠实崇尚者、自觉遵守者、坚定捍卫者，提高法治思维水平，适应新时代发展要求。

第四章　大学生网络生活适应性研究

近年来，高等院校的混合式开放教学课程和大规模在线课程对于现行教育体制、大学生思想政治工作和大学生的行为习惯产生的冲击和由此引起的变革，促使广大教育工作者以高度的热情去研究网络、审视网络，其间最大的关注点和研究兴趣主要放在：高校学生是网络建设、运用、维护工作的生力军，学生网民在网上生活中的网络素质、文明诚信、社会责任、职责履行、舆论引领情况，以及在净化网络环境方面所起的作用上。

一、大学生网络角色的定位

探索研究作为普通网民和国家人才的大学生网民的特殊要求，努力引导大学生网民提高自身素质和为净化优化网络环境、营造良好的网络生态做贡献，是科研工作者理性推动社会进步的有益尝试。

站在党和国家对高端人才高标准思想政治要求的高度，研究总结大学生如何树立正确的世界观、人生观和价值观问题，以及研究在真假是非难辨的网络环境里，大学生努力去掉浮躁，看清形势，进而努力提高自我教育、自我管理、自我服务、自主创业的能力和水平问题；通过分类研究与实践结合的方式探讨如何启迪大学生自觉成为对社会进步有较高责任感和贡献的高素质网民。对大学生网络角色定位进行研究后发现，大学生虽然有网络角色定位的意识，但是网络角色定位不准确。

（一）网络实名与网络匿名是双刃剑

以下是在实际工作中针对网络实名制的看法对学生的调查：选择有必要采取实名制的为28.6%，选择没有必要采取实名制的为41.4%，选择无所谓的为28.4%。从上网使用匿名的频率来看，有42.2%的大学生经常使用，44.2%大学生偶尔匿名，只有13%的大学生从不匿名。

从调查结果来看，无论是在行为还是认知层面，大多数大学生都希望在进行网络活动时使用匿名。匿名既降低了大学生网络活动的责任感，也方便其表达自己的真实想法。有这样一个笑话：有一个人在一面新粉刷的墙上写下了"此处不曾写"几个字，后来旁人经过，也写道："为何你先写？"接下来又被其他人看到，接着补充："你写我也写，要写大家写。"这个笑话表现的就是一种非正规的匿名反馈形式，反馈者不详，但反馈的效果却非常明显。而学校生活中非常普遍的课桌文化、厕所文化也应该归于此，大学校园网络实名制的风潮也来源于此。当然，实名和匿名的纷争远没有结束，在此不做过多讨论。

（二）学生对学校的认同感继续加强

随着学校提供的教育和培训机会的增加，以及学校的文化和价值观与学生的理念逐步融合，学校的社交环境和校园生活也越来越使学生产生积极的认同感，学校的领导和教师的态度和行为也可能对学生的认同感产生影响。总之，学校与学生之间的良好互动和沟通，以及学校提供的支持和资源，是大学生对学校产生认同感的关键因素。大学生对学校的认同感加强的表现包括积极参与校园活动、关注学校的发展和荣誉、遵守校规校纪、尊重师长和同学、珍惜学习机会等。

以上这些表现反映了大学生对学校的归属感和责任感，同时也有助于营造良好的校园文化和学习氛围。据调查，通过网络看到自己学校和师生的光荣事迹时，"感到非常自豪"的有12.3%，"自豪"的有44.1%，"没有感觉"的有29.5%，"羞愧"的有7.1%，"不知道"的有4.8%。我们知道，即使是考取一流大学的学生，在入校时对学校的认可度也很低，学生对自己就读学校的认可度的高低，虽然和学校的知名度有关系，但是更多的是与学校文化和学校精神的感召相关，就是我们常说的软实力。在调查中，对学校认同度较低的占41.4%，说明学校的软实力还有很大的提升空间。

（三）学生的网络角色责任感有待提高

大学网民在购物、游戏等网络活动中的角色认知方面的调查显示，有9.9%的同学认为，"因为我是网民，在网络环境中，我可以不惜一切手段实现自身利益最大化"。有40.9%的同学认为，"君子爱财，取之有道。在维护自身利益的前提下，我将为维护正义、公平和网络健康环境而贡献微薄力量"。有7.4%同学认为，"凭借大学生的聪明和智慧钻政策空子，我大赚了一把，很自豪，很有成就感"。40.1%的同学认为，"玩玩而已，无可厚非"。

由此可以看出，接近一半的大学生网民能够认识到，自己作为网民是和具有社会责任感的大学生的双重身份带给自己的网络责任和网络道德要求相适应的。大学生网络角色定位与网络活动就好比思想和行为的关系，思想总是支配着行为，除了条件反射行为之外，人的绝大多数行为都是由思想所支配的，因此思想是行为的先导。行为又反映思想，人们往往通过分析行为，了解产生该行为的思想动机。然而，人的思想与行为之间的关系是比较复杂的，并且思想与行为之间的联系不都是直接的，其间常常要通过动机、态度等作为终结。从调查样本的选项可以看出，在网络环境中，社会道德意识对人的约束还是比较弱的，当遇到利益问题时我们更倾向于趋利避害。

兵工专业大学生的网络角色定位与其他学生具有明显的差异。我们在某艺术专业学院内，对本科生和研究生进行了网络角色定位的问卷调查，调查结果主要集中在以下方面：网络在线学习成为学生良好习惯，遇到"喜怒哀乐"与同学、朋友、老师交流方式变化明显。网络时代学生思想主流是爱校如家，热爱集体，关心国家大事，培养健康向上的品格和高尚的人格，但是，分配不公、贫富差距、权力腐败以及"官二代""富二代"等不良现象频繁爆发，不时伤害同学感情，模糊做人做事的基本原则。网络活动检验学生的责任担当意识，也拓宽其视野，提高网络素质。

兵工高校大学生的网络行为分布特点主要有：宿舍是学生获取网络信息的重要场所，他们中的多数喜欢匿名上网，网络是学生获取信息的重要渠道。多数学生通过网络重新认识自己的专业，明确了自我定位，对专业满意度增加。网络是在校大学生与外界交流的重要窗口，目标追求和行为习惯直接影响了网络内容的抉择。另外，在兵工高校内部，主干专业和通用专业的学生在网络定位上没有明显的区别，男女生没有明显差异，但是硕士研究生的网络角色定位高于本科生，本科生高于专科生。

二、大学生网络生活与学校现状

（一）大学生网络生活丰富多彩

1. 大学生网络交流增多

随着互联网技术的发展和普及，大学生之间的网络交流越来越频繁。他们可以通过社交媒体、在线论坛、聊天软件等多种途径进行交流和分享。这些网络交流不仅有助于大学生之间的互相了解，也可以帮助他们更好地学习和成长。但是，大学生需要注意网络交流的质量，避免在网络上传播不良信息，同时也需要保护个人隐私和信息安全。

随着互联网技术的不断发展，越来越多的大学生选择通过网络学习课程，与老师和同学进行在线交流和讨论。大学生通过社交网络平台，如微信、QQ、微博等，与朋友、同学和家人保持联系，分享生活、学习和工作的点滴。许多大学生通过在线游戏平台，如王者荣耀、绝地求生等，与其他玩家进行交流和互动，建立虚拟社交圈。还有一部分大学生通过网络社团平台，如知乎、豆瓣小组等，加入自己感兴趣的社团，与志同道合的人进行交流和分享。大学生可以通过社交媒体与朋友聊天、分享生活照片和视频、发布个人博客或视频、参加线上游戏或竞赛等。

所以，大学生网络交流的形式多种多样，通过网络平台进行交流已成为他们生活中不可或缺的一部分。

2. 网络为大学生提供学习资源

网络为大学生提供了许多学习资源，许多知名大学和机构提供在线课程，这使得学生可以随时学习各种知识。大学生可以在网上找到各种各样的学术论文，这些论文可以帮助他们深入了解某一学科领域的研究进展。网络上有许多免费或付费的电子书籍资源，这些书籍涵盖了各种学科，可以帮助学生更好地理解学科知识。网络上还有许多在线工具，如数学计算器、语法检查器和词典，这些工具可以帮助学生更好地完成作业和研究。

网络为大学生提供了许多学习资源，让他们可以更加方便地学习和探索知识，这些资源也可以帮助他们更好地学习和进一步提升自己的知识水平。

3. 大学生进行网络人际交往

现在的互联网为大学生提供了一个广阔的平台，他们可以在网上寻找志同道合的人，分享他们的想法和经验。例如，许多社交媒体平台和学生论坛为大学生提供了一个交流和分享的空间，他们可以在这些平台上加入不同的社群或小组，与志同道合的人建立联系并进行互动，了解不同的观点和经验。

此外，大学生还可以使用在线学习平台了解各种课程，与来自不同地方的学生一起学习和交流，拓宽他们的视野和知识面。总之，互联网为大学生提供了一个非常便利的交流途径，使他们能够更加轻松地寻找志同道合的人，扩展他们的社交圈子，增加他们的交流和交友机会。网络为大学生提供了一个广阔的世界，让他们可以更好地展示自己，认识更多的人，并且拓展自己的视野和知识面。

（二）大学生网络学习意识强而行动迟缓

据调查，有 15.6% 的大学生认为通过网络获取与专业有关的知识特别重要，45% 的大学生认为重要，32.4% 的大学生认为一般，有 4.9% 的大学生认为不重要，有 1.3% 大学生认为不知道。通过调查结果可以从多个侧面了解到大学生对网络学习的重要性有比较强的意识。

然而，虽然很多大学生有网络学习的意识，且网络的确改变了大学生的生活，但是其对大学生的学习影响不大，出现这种情况的原因是比较复杂的，主要有以下几个方面。

1. 思想发展与经济发展的不同步

随着改革开放，我国经济飞速发展，人民富裕了，国家富裕了，但经济快速增长的同时，社会发展却没有跟上，导致很多的社会问题出现。随着经济的快速发展，社会价值观念也在不断变化，但一些大学生的思想观念可能还停留在传统阶段，不能及时适应社会变化。并且，一些大学生在追求物质享受的同时，忽视了精神层面的发展，缺乏对文化、艺术、人文等方面的关注。此外，一些大学生在面对就业力、学习压力等问题时，缺乏应对策略，缺乏自我认知和自我管理能力。这些问题都需要我们予以重视，加强对大学生的教育和引导，帮助他们更好地适应社会的发展变化。

2. 大学生自我认知缺乏

如果人能够从旁观者的角度来审视自我，就会在工作和生活的某些方面选择不同的行为方式。情商训练的初衷是要提高人们对自我的认知，自我认知的提高过程就是情商训练的过程，就像在人们面前树立起一面镜子，让他们可以把自己看得更加清楚。这其中就包括了让他们明白自己的行为将会如何影响别人，帮助人们充分地利用自身的长处，并且继续满足他们不断出现的新的发展需求。培养情商是一个永无止境的过程，将会跟随大学生生活和职业一辈子。从另外一个方面来讲，对个人行为的培养，还必须与不断提高的职业素养联系起来。

（三）网络服务改变了学生的交流模式

社会性网络服务是一种方便人们在计算机网络中，建立和维护社交网络的网络应用服务，它包括社交网站及通信软件的应用。根据六度空间理论，任何两个陌生人之间的间隔不会超过六个人，正是由于这个原因，社会性网络服务进入了人群，它使得人与人之间的联系从来没有像今天这样方便和容易。网络的普及和发展，改变了学生的交流模式。

1. 提供社交平台和工具

学生可以通过各种社交平台和工具，如微信、QQ、微博等，与朋友和同学进行交流。这些平台和工具使得学生可以更加方便地与他人交流，而不受时间和空间的限制。通过网络，大学生可以轻松地与同学、老师和他人交流，分享自己的想法和经验的同时，获得更多的信息和知识。

网络还为大学生提供了更多的学习资源和工具。大学生可以通过网络获取各种教育资源，如在线课程、电子书和学术论文等。此外，网络还提供了各种学习工具，如在线词典、翻译软件和学习笔记等，这些工具可以帮助大学生更加高效地学习和掌握知识，帮助他们迅速成长。

2. 更加便捷的信息获取

网络上有大量的信息资源，学生可以通过搜索引擎和各种网站获取信息。这使得学生可以更加便捷地获取知识和信息，提高学习效率。通过互联网，大学生可以轻松地获取各种学术资料、文献、论文、课件等，而不必亲自前往图书馆或购买书籍。此外，网络还为大学生提供了各种在线学习平台，使他们可以随时随地参加各种课程、学习新知识和技能。

3. 更加多样化的交流方式

网络的发展也带来了更加多样化的交流方式。学生可以通过文字、图片、音频、视频等多种方式进行交流，这使得交流更加生动、丰富。网络的发展也使得学生可以更加自由地表达自己的想法观点，这使得交流更加个性化。

总的来说，网络的发展改变学生的交流模式，使得学生可以更加便捷、多样化和个性化地进行交流。

可见，网络对大学生的生活影响是非常明显的。当代大学生是随着网络成长起来的一代人，网络在某种程度上不是改变他们的生活，而是融进了他们的日常学习和生活。

（四）大学寝室是网络学习和网络生活的主阵地

寝室作为大学生活的重要组成部分，不仅是一个简单的居住地，更是学生们进行网络学习和网络生活的主要场所。在寝室中，学生可以通过网络学习平台上的课程和教材进行学习，同时也可以通过网络社交平台、娱乐平台进行生活娱乐。寝室的存在为学生们提供了一个舒适、安全的环境，使得他们可以更加专注地进行学习和生活，同时也可以和室友们进行交流和互动，增进彼此间的友谊和理解。

寝室在大学生网络学习和网络生活中扮演着非常重要的角色，是大学生网络学习和网络生活的主要场所，但也容易产生一些问题。

1. 网络成瘾

在寝室里，学生可能会花很多时间上网，导致网络成瘾，影响正常的学习和生活。网络成瘾是一种心理疾病，是指个体对互联网的过度依赖和沉迷，导致生活、学习和社交等方面出现问题。大学生在寝室网络生活的主阵地容易产生网络成瘾的问题，主要原因是大学生在寝室的时间较长，如果大量使用网络，也容易导致过分依赖和沉迷。网络游戏是大学生在寝室网络生活中的主要娱乐之一，如果沉迷于网络游戏，就容易导致网络成瘾。网络是大学生在寝室网络生活的主要交流方式之一，如果过度依赖网络，就容易导致网络成瘾。当学生过度依赖网络，缺乏与人交流的机会和能力，就容易沉迷于网络世界。

为了避免网络成瘾的问题，大学生应该合理使用网络，适当控制上网时间，多参加校园活动和社交活动，增强社交能力，同时应该自我保护，避免沉迷于网络游戏和社交网络。

2. 网络安全

在寝室里，学生可能会使用不安全的网络，进而泄露个人信息，大学生在寝室网络生活中容易产生的问题之一是网络安全。很多学生在寝室使用公共Wi-Fi网络，这些网络通常没有加密，容易被黑客攻击，并且可能会泄露个人信息。一些学生下载不安全的软件，这些软件代码，会导致电脑感染病毒。一些学生会在社交媒体上共享个人信息，如号码、地址等，这些信息可能会被不法分子利用，对个人产生不良影响。一些学生会使用弱密码来保护他们的账户，这使得其账户容易被破解。一些学生会收到不明邮件或链接，如果点击这些邮件链接，会导致电脑感染病毒或者造成个人财务损失。

为了保护网络安全，学生应该使用加密的Wi-Fi网络，下载安全的软件，不要共享个人信息，使用强密码，并且不要点击不明邮件或链接。此外，学生还应安装杀毒软件和防火墙来保护个人的电脑和手机安全。

3. 忽视现实生活和社交

大学生如果过分沉迷寝室网络生活便容易忽视现实生活和社交。这是因为在网络上，人们可以随意地表达自己的想法，而不必考虑现实生活中的社交规则和约束，这种行为导致一些大学生们在现实生活中变得孤立和不适应社交环境。

过度沉迷于网络生活也会影响人们的身体健康和心理健康，长时间使用电脑会导致眼睛疲劳、颈椎病等身体问题，而过度沉迷于网络游戏或社交媒体会导致焦虑、抑郁等心理问题。大学生在网络生活中，应注意平衡现实生活和虚拟生活的关系，不要忽视社会交往和身体健康。大学生可以通过参加社团、参加活动、与室友交流等方式增加现实生活的社交活动。同时，也要注意控制网络使用时间，避免过度沉迷于网络虚拟世界。

三、大学生对网络生活的态度

在目前这个数字化时代，网络为大学生提供了很多便利和机会，大学生可以通过网络获取丰富的学习资源、参加线上课程和研讨会、与同学和教师交流和协作、申请奖学金、寻找实习机会等等。此外，大学生也可以通过网络获取娱乐和社交服务，如音乐、电影、游戏、社交媒体等。网络已经成为大学生生活中不可或缺的一部分，因此学生需要学会如何正确使用网络，保持信息安全和网络安全。

（一）大学生应该对正确使用网络保持积极的态度

1. 明确网络使用的目的

大学生使用网络的目的有很多种，比如获取学习资料、学习线上课程、进行学术交流、寻找实习或就业机会、社交娱乐、购物消费等等。无论是哪种目的，都要注意遵守网络道德规范，不发布不良信息或攻击性语言。都应该遵守网络使用的规则和法律法规，不做违法违规的事情。同时，大学生也应该有意识地控制自己使用网络的时间和频率，保持良好的学习和生活习惯，以免影响自己的身心健康和学业成绩。

2. 注意保护个人隐私

在互联网时代，保护个人隐私显得尤为重要，特别是对于大学生这样的群体。不要随意公开个人信息，如姓名、生日、手机号码、住址等，这些信息可能被不法分子利用，给个人带来麻烦。在使用社交媒体时，不要随便添加陌生人为好友，避免被骚扰或侵犯隐私。

在使用公共计算机时，一定要注意保护自己的账号和密码，不要让别人获取自己的信息；安装杀毒软件和防火墙等安全软件，保护自己的电脑不受病毒和黑客攻击；不要随意点击陌生链接，避免被钓鱼网站欺骗，导致个人信息泄露或财产损失。

3. 学会批判性地接受网络信息

作为一名大学生，在面对错综复杂的网络信息时，我们需要具有批判思维，这意味着我们需要对所接收到的信息进行分析和评估，以确定其真实性和可靠性。

了解信息来源，在浏览网页或社交媒体上的信息时，首先要查看信息来源，了解其背景和信誉，如果信息来源不明确或不可靠，我们需要谨慎对待。学会比较多个信息来源，不要只看一份信息，而是在多个来源之间进行比较。

这可以帮助我们获得更全面的信息，并对其进行更好的分析和评估。

在接收到某些信息时，我们需要进行核实，以确保其真实性，可以通过查阅可靠的新闻媒体或其他权威机构发布的消息来实现。在了解事实的基础上，我们需要对信息进行分析，以确定其背后的意图和目的。

批判性思维是大学生在面对网络信息时必备的技能，大学生需要时刻保持警惕，并对所接收到的信息进行深入的分析、评估与核实，不盲目相信和转发不实信息。

4. 积极利用网络资源

大学生可以利用网络资源来拓展知识和技能，使用网络搜索引擎查找学习资料和参考书籍，通过观看在线讲座和视频教程学习新知识。此外，他们还可以使用社交媒体与其他学生交流和分享学习经验，以及参与在线讨论和学术研究。

通过利用网络资源，大学生更加高效地学习和成长，提高自己的能力和竞争力。正确使用网络是大学生必须具备的基本素质，在这个过程中需要时刻保持警惕，谨慎对待网络安全问题。

（二）网络影响着大学生对自己专业的满意度

近年来，随着互联网的普及和发展，网络已经成为大学生获取信息和进行交流的主要途径之一。网络不仅拓宽了大学生的视野，同时也让大学生更容易获取相关专业的信息，这使得大学生对自己专业的满意度产生了很大的影响。

1. 更容易获取相关专业的信息

网络上的信息非常丰富，包括各种学术论文、教学视频、电子书籍等等。此外，网络上还有许多专业网站和论坛，大学生可以在这些网站上参与讨论、提问、交流，获取更多的专业信息和经验。

相比之下，传统的学习方式，如图书馆借阅、课堂笔记等，获取信息的方式相对单一，也不如网络方便。因此，大学生可以充分利用网络资源，更加便捷地获取自己所需的专业信息，从而更好地学习和成长。通过这种方式大学生可以更好地了解所学专业是否符合自己的兴趣和能力，更好地调整自己的专业选择。同时，网络也提供了更多的机会让大学生了解相关的职业发展，大学生对自己的专业和未来发展也产生了新的认识。

2. 获得更多的交流机会

大学生可以通过网络交流、分享专业知识和经验，这不仅增加了他们对所学专业的兴趣和热情，也提高了对所学专业的自信心和满意度。

网络的普及使得大学生们可以更方便地进行交流和沟通而不受时间和地域的限制。例如，可以通过社交媒体平台、网络论坛、在线课程等方式交流学习与工作经验，分享自己的兴趣爱好和生活经历，拓展人际关系。此外，大学生们还可以通过网络与国内外的同龄人进行交流，了解不同文化和思想，增长见识。网络的普及为大学生们带来了更多的交流机会，也为他们的成长和发展提供了更广阔的空间。网络的普及和发展使大学生对自己专业的满意度产生了深刻的影响，大学生可以通过网络更好地了解所学专业，同时也可以通过网络更好地交流和分享专业知识和经验，提高自己对于专业的兴趣和热情。

大学生在网络上开阔视野，提升对所学专业的认识，有 13.1% 的大学生更加满意自己的专业，42.2% 的大学生由基本满意变为满意，但也有 20.9% 的大学生由满意变为不满意。在样本中，对于专业满意的大学生占 55.3%，也就是说，有一半左右的学生对所学的专业处于满意的状态。兴趣是最好的老师，大学教育应该开辟更多的渠道，让大家了解专业，喜爱专业，提高对专业的喜欢程度。

（三）网络生活要求大学生要重视信息安全和网络安全

随着网络的普及和信息技术的快速发展，大学生越来越意识到网络安全的重要性。他们往往采取各种措施来保护个人隐私和信息安全，比如加强密码管理、使用杀毒软件、定期备份数据等。此外，大学生也会积极参加网络安全知识的学习和培训，提高自己的网络安全意识和技能水平。总的来说，大学生对网络安全的态度是积极的，他们十分重视自己的网络安全和隐私保护。

网络生活已经成为大学生日常生活的一部分，但同时也给个人信息安全和网络安全带来了一定的威胁。因此，大学生们应该重视自己的信息安全和网络安全。

1. 加强密码管理

大学生加强密码管理非常重要。在现代社会，人们使用互联网的频率越来越高，越来越多的个人信息被上传到互联网上，这些信息也越来越容易成为黑客和网络犯罪分子的目标。因此，一个安全的密码管理系统可以确保我们的个人信息安全，防止账户被盗用，也可以保护我们的财务安全。

大学生不要使用容易猜测的密码，如生日、名字、电话号码等。密码应该具有足够的复杂性和随机性，最好是数字、字母、符号的组合。要定期更改密码，特别是银行、电子邮件、社交媒体等重要账户。不要在多个账户中使用相同的密码，因为当密码相同时，如果一个账户被攻破，那么黑客将能够访问与该密码相关的所有其他账户。使用密码管理器来存储和管理密码，以确保密码的安全性和易于使用。不要在公共计算机上登录账户或输入密码，因为这些计算机可能被黑客或病毒感染。

加强密码管理，可以帮助大学生保护个人信息安全，防止受到网络犯罪的侵害。大学生在使用网络时应注意隐私保护，不要随意公开个人的敏感信息，如身份证号、手机号、银行卡号等。

2. 使用正规的网络环境

大学生应该使用正规的网络环境来保障网络安全和信息安全。正规的网络环境可以提供更好的网络服务和保障，防止网络攻击和信息泄露。大学校园内的网络环境应该是经过专业人员设计和管理的，以保证网络的稳定性和安全性。同时，大学生也应该遵守网络规定，不要在网络上进行违法活动，如盗取他人信息、传播不良信息等。

只有在正规的网络环境下，大学生才能更好地进行学习和研究，同时保护自己的个人信息和隐私安全。大学生要避免下载和使用来路不明的软件和应用程序，以防感染恶意软件。要在电脑中安装杀毒软件，且及时更新以保护电脑不受病毒攻击。注意网络环境是否安全，使用正规的网站，不访问不可信的网站和链接。

3. 防范网络诈骗

防范网络诈骗是当代大学生的必修课，大学生应该时刻保持警惕，提高安全意识，只有学会正确使用网络，合理利用互联网资源，才能更好地防范网络诈骗。

不轻易相信陌生人提出的任何看似合理的请求，要时刻保持警惕；不要轻易相信陌生的信息和链接，尤其是涉及金钱交易的信息。不要有贪小便宜心理，不要轻易相信网上"快速致富"的信息，以免上当受骗。以上提醒能够帮助大学生提高个人的信息安全和网络安全意识，保障个人信息的安全，并确保网络生活的安全和可靠。

四、网络化学生管理的现状

网络化学生管理是指利用互联网技术和平台，对学校管理、教学、服务等方面进行全面的信息化、数字化、智能化改革，为学生提供更加便利、高效、智能的教育管理服务。目前，网络化学生管理已经成为很多学校教育管理工作的重要组成部分，其现状主要表现为以下几个方面。

（一）网络化学生管理平台的建设逐步完善

学校通过自己的门户网站或第三方平台，开展学生管理、在线选课、考试成绩查询、缴费等工作，实现了学生信息的全面管理。网络化学生管理平台的逐步完善是一个积极的发展态势，它可以为学生、教师和家长提供便捷、高效和安全的服务。通过网络平台，学生可以随时查看自己的个人基本信息、选课情况、成绩单等信息。教师可以轻松地管理课程表、学生名单、课程评估等事务。家长可以实时掌握孩子的学习情况、考试成绩等信息。网络化学生管理平台的逐步完善表现在以下四个方面：

1. 数据管理方面

网络化平台可以实现学生信息的全面管理，包括学生基本信息、学习成绩、考勤情况等。有了网络平台，这些数据可以方便地被查询、分析和统计，以帮助学校更好地了解学生的在校情况，及时发现和解决问题。通过网络化平台，学生的信息可以被集中管理，避免传统的手工管理方式中可能出现的信息重复、错漏等问题，提高了数据管理的效率。网络化平台可以实现信息共享，学生的信息可以被多个管理人员同时查看和编辑，促进信息共享，提高管理效率。网络化平台可以对学生的信息进行数据分析，通过对数据的挖掘和分析，可以发现学生的学习情况、行为习惯等存在的问题，为学校制定更加科学的教育管理方案提供依据，提高学校的管理水平。

网络化学生管理平台数据的完善，可以提高管理效率、促进信息共享、进行数据分析和提高管理水平，对于学校的教育和学生的学习发展都具有重要意义。

2. 教学管理方面

网络化平台可以实现教学资源的共享和管理，包括课件、作业、考试等。教师可以通过平台发布教学资源，学生可以方便地获取和提交作业，教师可随时对学生的作业进行批改和评分从而提高教学效率和质量。网络化学生管理平台可以实现信息共享和数据统计，可以更快速、准确地收集和分析学生的学习情况，提高教学管理效率。通过网络化学生管理平台，教师可以更好地了解学生的学习情况，及时发现学生的问题，并有针对性地进行教学调整，从而促进教学质量的提升。网络化学生管理平台可以实现对学生的信息管理和对学习情况进行监控，可以及时发现学生的问题和异常情况，从而加强学生管理力度。网络化学生管理平台可以实现家校互动，家长可以通过平台了解学生的学习情况，及时与老师沟通，从而更好地关注和指导孩子的学习。

网络化学生管理平台的逐步完善，在学生管理方面产生了很多积极的意义，可以帮助学校和教师更好地管理学生，提高教学质量，促进学生的全面发展。

3. 学生管理方面

网络化学生管理平台可以对学生进行个性化管理，包括学生的学习计划、学习进度、学习反馈等。学生可以通过平台了解自己的学习情况和进度，及时调整学习计划，同时也可以向教师反馈学习情况和问题，得到及时的指导和帮助。还可以实现信息的快速传递和处理，使学校更快速地完成学生管理工作，提高管理效率。网络化学生管理平台可以将学生管理的各个环节进行整合和优化，使得学生管理流程更加合理和高效。网络化学生管理平台可以实现数据的自动采集和分析，帮助学校和老师更及时和准确地了解学生的情况，更好地进行学生管理。

4. 安全管理方面

网络平台可以实现学生信息的安全管理，包括学生信息的加密、备份和恢复等，同时，平台也可以实现学生网络安全的管理，包括网络过滤、安全防护等，以保障学生的用网安全。网络化学生管理平台可以帮助学校更好地管理学生信息，及时掌握学生的动态，更好地预防和处理校园安全事件。可以为学校提供更加高效、便捷的管理方式，提高教育管理的效率和水平。网络化学生管理平台可以让家长及时了解孩子在学校的表现情况，促进家校之间的沟通和合作。网络化学生管理平台还可以通过科技手段保护学生信息的安全，防止学生信息泄露，保护学生隐私。

但是，在建设网络化学生管理平台时，要注意保护学生和教师的隐私信息，确保平台的安全性和可靠性。此外，应该注重平台的易用性和用户体验，使得学生、教师和家长都能够方便地使用平台。网络化学生管理平台是值得推广和发展的，它将使学校的管理和教育工作更加高效和便捷。

（二）网络化学生管理水平不断提高

网络化、数据化和智能化是当前教育管理的重要趋势。随着信息技术的发展，学校管理系统已经实现了数字化和网络化，学生信息管理也变得更加便捷和高效。智能化则是未来的发展方向，通过人工智能技术，可以实现学生信息的自动化管理，提高管理效率和精度。通过数据挖掘和分析技术，学校可以更加准确地了解学生的学习情况和特点，进行更有针对性的教学和管理。网络化学生管理平台的数据化、智能化程度不断提高，使得学校可以更好地利用网络和信息技术，对学生进行更加全面和精确的管理。

随着各种信息系统和软件的不断更新，学校可以通过数据分析和人工智能算法更好地监测学生的学习情况和行为习惯，为学生提供更加个性化的教育服务。

1. 学生信息管理的数据化和网络化

网络化、数据化和智能化是当前信息技术发展的趋势。在学生信息管理方面，通过网络化、数据化和智能化的手段，学校可以更快速、准确地收集、处理和管理学生信息，从而提高管理效率。网络化、数据化和智能化手段的应用可以降低学校管理学生信息的成本，减少人力和物力资源的浪费。可以加强学校对学生信息的保护，防止信息泄露和滥用，保障学生信息的安全。通过网络化数据化和智能化的手段，学校可以更好地了解学生的特点和需求，为学生提供更加个性化的服务。学校还可以更好地了解学生的学习情况，提供更加精准的教育内容，从而提高教育质量。网络化、数据化和智能化手段的应用有诸多优势，不仅可以提高学生信息管理的效率、安全性和服务质量，也有助于学校更好地服务学生和提高教育质量。

2. 学生信息的智能化管理

通过人工智能技术，可以实现学生的自动化管理，提高管理效率和精度。学生信息智能化管理的意义在于提高学校管理的效率和准确性，同时也能够更好地保护学生的个人信息安全。学生信息智能化管理可以帮助学校更快地获取和处理学生信息，并且可以减少人为错误，提高管理准确性。学生信息智能化管理可以将学生信息进行分类和整理，便于学校进行数据分析，从而更好地了解学生的情况和需求，并根据实际情况设置教学内容、变更教学方式，提高教育质量。

3. 教学资源的数字化和网络化

教学资源数字化和智能化程度的提高对教育领域十分重要。数字化和智能化的教学资源，能够更好地满足不同学生的需求，提高教学效率，使教学更加精准和高效。数字化和智能化的教学资源，能够更好地满足不同学生的需求，促进教育公平，使每个学生都能够获得平等的受教育的机会。数字化和智能化的教学资源，能够更好地满足不同学生的需求，促进学生创新，使教学更加生动有趣。数字化和智能化的教学资源，能够更好地满足不同学生的需求，降低教育成本，保障更多的学生能够接受高质量的教育。

总之，教学资源数字化和智能化程度的提高，将会给教育领域带来巨大的变化，有助于提高教学效率、促进教育公平、促进教学创新和降低教育成本。

4. 教学管理的智能化

目前，包括教学评估、教学反馈、教学监控等教学管理的智能化程度不断提高，智能化的教学管理可以自动化、集成化地管理教学过程，提高教学效率，减少人工管理的时间和成本。智能化的教学管理可以通过分析和反馈，帮助教师更好地了解学生的学习情况和需求，提高教学质量。智能化的教学管理可以提供个性化的教学服务，满足不同学生的学习需求，促进教育公平。智能化的教学管理可以为教育创新提供技术支持和数据支持，探索符合时代发展要求的教育模式和教育方法，促进教育创新。

教学管理的智能化程度不断提高，可以为教育带来更多的机遇和挑战，推动教育向更高质量发展。

5. 学生学习的智能化

智能化学习可以帮助学生更快、更准确地掌握知识和技能，从而提高学习效率。智能化学习可以根据学生的个性化需求和学习进度，为学生提供个性化的学习方案和资源，使学习更加高效。智能化学习可以通过多样化、创新化的学习方式，激发学生的创新思维，培养学生的创新能力。智能化学习可以让学生更好地掌握先进的知识和技能，从而提高他们的竞争力，帮助他们更好地适应未来社会的发展。

学生学习的智能化程度不断提高，将会对学生的学习成果、个性化学习、创新思维和竞争力等方面产生积极的影响。

网络化、数据化和智能化的发展，将为学校管理和教育教学带来更多的便利和创新。通过数据化、智能化管理，学校可以更好地掌握学生的学习状况和表现，及时识别和解决学生学习中的问题，提高教学质量。同时，也可以更加有效地管理学生的日常行为和校园安全，确保校园秩序。

（三）在线教学和教育资源共享得到普及

近年来，随着互联网技术的不断发展，在线教学和教育资源共享已经得到了普及和广泛应用。学校通过网络化学生管理平台，提供了更加丰富的在线教学资源，学生随时随地都能够接收到高质量的教育资源，可以在不同的时间和地点进行学习。

1. 在线教学平台的普及

许多在线教学平台，如 MOOC（大规模开放在线课程）等已经成为学习者和教育者的首选平台，这些平台提供了众多高质量的教育资源和课程，可以满足学习者的不同需求。通过在线教学平台，学生可以随时随地获取教育资源，不再受时间和空间的限制，提高了教育资源的利用效率。在线教学平台可以让更多的学生接触到优质教育资源，减少地域和经济因素对教育机会的影响，促进教育公平。在线教学平台可以提供更加灵活、多样化的教学方式，包括视频课程、在线讨论、互动学习等，可以更好地满足学生的个性化学习需求，提高教育质量。在线教学平台可以促进教育教学模式的创新，鼓励教师采用更加灵活、多样化的教学方式，提高教学效果。

在线教学平台的普及可以为教育事业的发展带来积极的影响，提高教育资源的利用效率，促进教育公平，提高教学质量，推动教育创新。

2. 教育资源共享的普及

高校在线教育资源共享普及的意义在于促进教育公平和提高教育质量。许多教育资源共享平台，如中国教育资源网、全球开放教育资源库等平台为我们的教育提供了丰富的教育资源，包括教案、课件、试题等，可以帮助教育者更好地开展教学工作。

高校在线教育资源共享可以打破不同高校教育资源之间的壁垒，避免了资源浪费和重复建设，提高了教育资源的利用效率。高校在线教育资源共享可以让更多的学生获得优质的教育资源，无论他们身处何地，都能够享受到同样的教育机会，从而促进了教育公平。高校在线教育资源共享可以让不同高校之间的教育资源得到交流和分享，从而促进了教育质量的提高。同时，高校也可以通过共享资源吸收和借鉴其他高校的优秀教育经验和教学方法，提高自身的教育质量。

高校在线教育资源共享普及的作用非常重大，它可以促进教育公平、提高教育质量，为社会和国家的发展做出积极贡献。

3. 在线教学的应用

在线教学已经成为许多学校和机构的教学方式之一，这种方式可以有效地保障学生的学习和受教育的连续性。

在线教学可以采用多种形式，如视频、直播、互动教学等，这些方式可以使教学更加生动形象，提高学生的学习兴趣和参与度，从而提高教学效率。在线教学可以节省教育资源，如教室、教材、人力等，降低教育成本，同时也可以提高教育的覆盖面和普及率，可以打破地域限制，让学生在任何地方都可以接受同样的教育，从而促进教育公平。在线教学强调学生自主学习，可以让学生更好地掌握学习方法和技能，提高学生的自主学习能力。在线教学可以激发教育创新，推动教育教学模式的改革和创新，促进教育的发展和进步。

高校在线教学应用的普及，对于提高教学效率、降低教育成本、促进教育公平、提高学生自主学习能力和推动教育创新都具有重要的意义。

在线教学和教育资源的普及可以提供更丰富和多样化的教育内容，使学生可以更好地掌握知识和技能。这种趋势在中国也有很好的发展，许多网站和平台提供了高质量的在线教育课程，为广大学生和教师提供了更多的选择和学习机会。

（四）学生服务体系逐步完善

学校通过网络化学生管理平台，为学生提供了更加便捷的服务，如宿舍维修、医疗服务、心理咨询等，方便了学生的生活和学习。近年来，随着互联网技术的不断发展，网络化学生服务体系逐步完善。高校学生服务体系逐步完善的表现包括：

1. 学生服务中心的设立

近年来，越来越多的高校设立了学生服务中心，为学生提供更加全面、便捷的服务，如心理咨询、就业指导、校园安全等。高校学生服务中心设立的目的在于为学生提供全方位的服务和支持，帮助他们更好地适应大学生活，提高学习成绩和生活质量。具体来说，高校学生服务中心可以为学生提供很多服务，如开设心理咨询服务，帮助学生解决情感问题，缓解压力，提高心理健康水平。开展就业指导服务，为学生提供就业信息、职业规划、实习机会等服务，帮助他们更好地规划职业发展。提供学习辅导服务，为学生提供学习方法、学科知识、考试技巧等方面帮助，帮助他们提高学习成绩。为学生提供各种文化活动和娱乐活动，丰富校园文化生活。提供生活服务，为学生提供宿舍管理、医疗保障、食堂管理等方面的支持，提高他们的生活质量。

通过这些服务，高校学生服务中心帮助学生更好地适应大学生活，提高综合素质，为他们的未来发展打下坚实基础。

2. 学生活动的丰富多彩

高校为学生提供了丰富多彩的活动，如文艺比赛、体育比赛、志愿服务等，让学生在校园中得到全面的发展。高校学生活动的丰富多彩具有非常重要的意义，它可以帮助学生发展自己的兴趣爱好，培养自信心和领导能力，提高沟通和协作能力，培养团队精神增强自我管理和组织能力，从而促进学生个人成长。

高校为学生提供各种形式的娱乐和文化活动，丰富学生的课余生活，增强学生的生活情趣和生活品质。高校学生活动可以为学生提供一个交流和互动的平台，促进学生之间的交流和合作，增强学生的社交能力和人际关系。高校学生活动可以让学生参与到各种社会公益和志愿活动中，培养学生的社会责任感和公民意识，让学生更加关注社会问题和个体自我发展。

总之，高校学生活动的丰富多彩意义很多，可以帮助学生发展个人能力和兴趣爱好，丰富学生的课余生活，增强学生的社交能力和人际关系，培养学生的社会责任感和公民意识。

3. 学生社团的发展

高校鼓励学生参加社团活动，提供场地、经费等支持，让学生在社团中锻炼领导能力、协作能力等。社团可以为学生提供展示自己才华和能力的平台，帮助他们发挥自己的潜力，提高综合素质。社团可以为学生提供交流和合作的机会，帮助他们建立良好的人际关系和团队意识。社团还可以为学生提供参与社会公益活动和志愿服务的机会，帮助他们树立正确的价值观和社会责任感。学生社团还可以为学校提供丰富多彩的校园文化，促进学校的文化建设和发展。

4. 学生就业服务的加强

高校为学生提供更加全面的就业指导和服务，如职业规划、实习就业、校企合作等，帮助学生更好地适应社会，适应就业市场，提高他们的就业竞争力和就业质量。

高校就业服务可以提供就业指导、职业规划、招聘信息等服务，帮助学生了解就业市场和职业发展趋势，提高他们的就业竞争力。还可以帮助毕业生找到合适的工作岗位，提高毕业生的就业率和就业质量。

高校就业服务可以促进高校与社会的联系，增强高校社会责任感和社会影响力。校企联合可以帮助高校更好地了解就业市场和职业发展趋势，为高校的教育教学提供参考和指导，提高高校的教育质量。最终目的是帮助学生更好地适应社会和就业市场，提高他们的就业竞争力和就业质量。

总之，网络化学生管理已经成为教育管理工作的重要组成部分，对学生的管理、教学和服务等方面都产生了积极的影响。

五、网络对大学生生活的影响

从理性认识环境的角度和履行单位职责的高度，整合高校的人力、物力和研究资源，认真分析和归类网络对大学生生活的影响，总结得出以下结论。

（一）大学网络结构定位与人才培养目标差距较大

从调查统计数据来看，一方面在兵工高校中有明确的网络角色定位的大学生与角色定位较为模糊的大学生的比例大致相同。其中，42.6％的学生认为自己的网络角色，既是网民又是具有社会责任的大学生，是社会主义的建设者和接班人。在维护自身利益的前提下，应该为维护正义、公平和网络健康环境而贡献自己的力量，同时也有49.1％的学生认为上网就是玩玩而已，无需对自己进行角色定位。相当数量的高校学生没有主动把自己的网络角色定位摆正，是一个不争的事实。

另一个方面，在上网过程中采用真实姓名还是隐匿姓名这一问题上，仅有13.2％的学生主动使用自己的真实姓名在网络中发表看法、表达真实情感，更多的大学生选择的是"偶尔选择使用真实姓名"。不管出于何种原因，高校大学生作为祖国的未来和希望，仅从区别于普通网民的角度，其无论是在认知层面还是行为层面，均选择使用匿名的方式来表达自己的看法和见解，这与国家的要求相距甚远。有29.2％的大学生赞成使用实名制上网，这些学生让我们看到了希望和进步的趋势，但也从另外一个角度告诉各级政府和学校，培养大学生正确认识自己在网络世界中的角色定位是多么的任重道远。

（二）专业思想稳定与否，贯穿着大学生四年学习生活始终

通过网络扩大知识面以后，在校大学生专业视角是否更加坚定以及坚定的程度，是学校和教育管理工作者必须认真了解和掌握的工作内容。随着经济全球化步伐加快，国与国之间的竞争越发激烈，发达国家和发展中国家的就业形势都较为严峻。由于国内外政治、经济、军事、文化、民生等各个方面形态或多或少都会影响到大学生毕业后的就业和发展，即使是中国学科门类齐全的多科性、综合性大学，学生的专业思想也都始终存在着是否稳定的问题，直接影响到班风、学风和教学质量，影响毕业生的质量值得各方予以关注。

值得欣慰的是，通过调查发现，学生通过网络获取更多新的专业资讯后，兵工高校中有13.5％的大学生对于自己所学专业变得更加满意，有42.7％的大学生从基本满意变为满意，即超过五成大学生对自己所学专业比较满意。或许网络拓宽了学生的视野，反而会更加坚定他们"学兵工、爱兵工"的信心和决心，这也恰好证明学校和教师围绕着学生专业思想稳定而努力做工作的重要性和必要性。

（三）网络给学生带来双面影响

调查发现，一方面，网络生活让学生收获了便捷和喜悦：网上购物、网上聊天、网上缴费、网上影院等已经成为青年学生日常生活的重要组成部分。据调查分析，多达五成的学生每天上网时间超过四小时，其中一半以上的时间用来从事与学习无直接联系的活动，如聊天、看电影、玩游戏。而大学生的上网活动则集中在宿舍进行，相当一部分学生已成为典型的"宅人"。在宿舍里，男生玩游戏，女生看电影，有时专门从事学生工作的老师推开宿舍门，常常只见学生捧着自己的手机，戴着耳机，或喜或悲，或面无表情，他们不再与朋友或同学一起活动，而是经常独自在宿舍消磨时光。

一方面，晚上火红火红的学生寝室，第二天早晨却冷淡了学校的各类场所，远去了众人琅琅的外语读书声。有时，有两到三万名在校学生的高校，周一到周五早上居然仅有三到五百人零零散散进行晨练，学生进行外语早读更是少见。晚上的网上活动必然影响第二天上午的第一节课，旷课的学生也自然不在少数。由此不难看出，网络最大的负面效应莫过于不断冲击和影响学校的学风、校风。

另一方面，网络时代，青年学生处理感情问题时，有56％的学生喜欢通过网络与同学、老师、朋友沟通，以便分享自己的情绪，其中9.1％是非常喜欢，46.9％是比较喜欢，这既是社会的进步和网络改变学生沟通交流方式的结果，也客观地给高校的思想政治工作者提出了改变工作方式，发掘与学生兴趣和习惯相适应的思想工作方法的更高要求。此外，部分学生在寝室里只顾自己游戏享乐，严重影响同寝室同学的学习和生活。在同学之间沟通解决未果之时，有近两成的学生特别希望学校官方出台强制规定，对寝室违规的同学进行处理。这也从另外一个层面告诉我们，有相当一部分大学生的责任意识、自律意识仍比较淡薄，需要学校对此做出强制性的规定，使教育管理切实收到实效。

有责任感、使命感的大学生网民的言谈举止和所思所想均能客观反映出其爱国主义、集体主义、社会主义思想的牢固程度以及吃苦耐劳的精神品质。从调查中我们可以发现，在网络环境中，各高校已经有了一批高素质学生成为未来发展的希望，教育战线渴望的自力更生，无私报国的莘莘学子和体现正能量的社会主义建设者和接班人正在茁壮成长。

在网络背后，存在爱别人不如爱自己，事不关己，高高挂起心理的人数众多，在校大学生中的此类人绝对不是一个小数，这也是党、国家、学校乃至学生家长最为担忧的事情。网络时代，针对高校学生教育管理内容、方法可能存在的种种弊端和问题，在校学生敢不敢、愿不愿、会不会利用网络与学校老师沟通交流，其间既存在着学生和老师是否相互信任的问题，也有广大学生是否有自尊、自强、自信和创新精神的问题。

多年以来，我们也一直开展连续的问卷调查，经过几年的研究发现，网络拓宽了社情民意的反映渠道，网民可利用网络及时将各领域、各个角度的情况上传下达，其间既有客观真实、全面反映情况，并就党和国家各方面的工作善意提出的意见和建议的，也有将问题无限放大，甚至歪曲事实的。个别网民是非不分、颠倒黑白，主观恶意地将谣言上传网络，多数网民包括不明真相的在校大学生，立即在网络上跟风，似乎谁先占领了网络窗口，谁就首先拥有了话语权和舆论的引导权。

一些网民的投机钻营和网络大 V 们的网络内外双重人格和多变面孔，一定程度上扰乱了正常的社会秩序，也给涉事相关领域带来了不可估量的损失，最重要的是还把人们的世界观、人生观、价值观和正常的视线给搅乱了。针对这种网络乱象，党和国家下定决心，重拳出击，全力净化网络环境。随着国家网络治理的不断推进，理性的网民逐渐增多，认识规律、遵循规律和敬畏规律的正能量开始逐步显现。

国家针对网络管理与引导推出的各种措施，以及由此带来的新形势、新变化，恰好验证大学生网络角色定位要求的角度、高度和力度。基于青年学生在校期间以学习为主，网络是其学习生活的辅助手段，又鉴于在校学生抗干扰能力普遍较弱，于是高校校园里往往容易出现部分大学生网络自律失控的现象，这着实令社会经历和阅历较为丰富的教师感到担忧。

综上所述，不难发现网络是一把双刃剑，以上所列的各类数据，所认识的各方面的事实，强调的就是这个道理。

六、提高大学生网络生活适应性的对策

鉴于高等院校混合式教学、开放课程和在线课程，对现行教育体制、学生思想政治教育工作和学生的行为习惯产生的冲击和由此带来的变革，我们围绕五点构想，摸清学生的网络生活情况，了解学生利用网络学习、生活、娱乐和社会交往的态度与方式，用教育部门和相关的行业对学生教育管理要求，去比较学生网络生活适应性的差距，重点掌握在校大学生网络自律意识，树立正确的"三观""四有"的情况与分布，突出学生主体地位和引导学生积极参与学校文化建设，为教育改革建言献策。

（一）网络环境下大学生树立正确的世界观、人生观和价值观

1. 大学生应该树立积极向上的"三观"

大学生应该树立正确的人生观，认识到人生的意义和价值，积极追求自己的梦想和目标，同时也要关注社会和他人的福祉，为社会做出贡献。大学生应该树立积极的价值观，包括尊重他人、关注社会公益、注重个人品德修养、追求知识和技能的提升等。大学生应该树立公正的世界观，认识到世界上存在各种不同的人和事物，要保持客观、公正的态度，不偏袒、不歧视，同时也要拥有开放、包容的心态，尊重多元文化和思想。

树立积极向上的世界观、人生观和价值观是每个大学生应该努力追求的目标，坚定正确的世界观、人生观和价值观，在网络世界里不信谣、不传谣、不

造谣，做一个理性、负责任的社会人。培养正确的人际交往观，尊重他人，理解包容，善待他人，关注公共利益，发扬友善、和谐的社会风尚。培养正确的学习观，主动学习、积极思考、勇于创新、不断进取、拓展自己的知识面和能力，为自己的未来打下坚实的基础。

网络环境下，大学生积极向上，具体表现在首先要尊重他人。大学生应该学会尊重他人，包括在网络上，应该避免刻意攻击、辱骂、诽谤和造谣。应该尊重别人的观点、权利和隐私，并以积极的方式与他人交流。其次要热爱生活。大学生应该热爱生活，包括在网络上，应该积极参与有意义的活动和讨论，分享自己的经验和见解，并接受他人的建议和批评。同时，也应该注意自己的身体健康，避免沉迷于网络和电子设备，勇于担当。再次要勇于担当。大学生应该敢于承担责任，尽力做好自己的工作和义务，同时也应该为社会和国家做出贡献。在网络上，他们应该积极参与公益事业和志愿活动，为他人提供帮助和支持，展现新时代大学生的精神风貌。

2. 创新网络思想政治工作机制

实现"该统则统、该分则分、统分结合"的形式多样的教育管理机制，正确引导网络参与者、使用者的思想和行为，尤其要准确把握大学生的思想动态，提高思想教育工作的主动性，用兵工人的理念树立学生正确的世界观、人生观和价值观，努力形成和建立网络环境下加强思想政治教育工作的快速反应机制。此外，要用高校学生践行兵工精神的先进典型教育引导更多的兵工学子，使其保持思想政治教育行为规范的切实入口，与行业特色要求相一致。

创新网络思想政治工作机制，建立高效的信息收集和分析机制。利用互联网技术和大数据分析技术，收集和分析网络上的舆情、民意、热点话题等信息，及时掌握网络舆情动态，为思想政治工作提供参考和依据。加强网络宣传和教育工作，通过网络媒体、社交媒体等渠道，加强对党的路线、方针和政策的宣传教育，引导广大网民树立正确的世界观、人生观、价值观。

首先，建立网络舆情应对机制。针对网络上出现的重大舆情事件，建立应急处理机制，及时发布权威信息，回应疑问，稳定网络舆情。其次，引入新技术、新手段。充分利用人工智能、大数据、区块链等新技术，加强网络安全保障，提升网络思想政治工作的精准度和效率。最后，加强网络监管和治理。完善网络监管制度，加强对网络上有害信息的打击，维护网络空间的清朗，切实保障广大网民的合法权益。

3. 建立健全网络道德自律和他律的约束机制

重点关注大学生道德水平的高低，因为它事关这一特殊群体的整体声誉。大学生网络环境内的学术道德定位，存在自律与他律问题，外在他律是基础，内在自律是关键。一方面要加强教育引导，提高大学生的道德自律水平，发挥道德力量，使之形成不愿违背道德认知水平的正义力量。另一方面，要建立健全科学的、全面的、他律的约束机制，成立制约机构，将他律与自律有机结合起来。

首先，建立健全网络道德自律和他律的约束机制，加强网络道德教育。通过开展网络道德教育，引导广大学生形成良好的网络道德意识和行为习惯，提高学生的网络素质。其次，建立网络道德规范。制定网络道德规范，用明确的网络行为准则和规范，约束学生的言语和行为。再次，加强网络监督和管理。建立健全网络监管和管理制度，对违反网络道德规范和法律法规的行为进行处罚和惩戒。另外，促进互联网企业自律。鼓励互联网企业建立自律机制，规范互联网企业的经营行为，净化网络环境。最后，强化网络安全保护。加强网络安全保护，保障网络信息的安全，减少网络犯罪和违法行为。只有通过以上多方面的努力，才能建立健全网络道德自律和他律的约束机制，营造良好的网络环境。

有条件的高校，可以开设网络资源与考试道德相结合的专业课程，引导大学生正确利用网络资源。同时，要充分发挥各门课程的教育作用，提高教师的信息素养和责任意识，改革和规范考试评价体系，使大学成为良好学习氛围的营造者、优良学风的引领者和考试道德的忠实的践行者。

（二）以大学校园文化建设和学生寝室文化建设为抓手，强化大学生的责任感和使命感

校园文化是指在校园区域内，由学校管理者和广大师生员工在教育、教学、管理、服务等活动中形成的一种物质形态、精神财富及其创造形成的过程。深刻理解校园文化建设的内涵，既有利于学校相关职能部门和干部教师在校园文化建设的内容、方式和工作着力点等方面形成共识，也有利于支撑员工在校园文化建设过程中增加前瞻性和自觉性。而大学生寝室文化则是依靠寝室载体来传播和反映各种大学生文化现象的集合，既包括物质文化因素，也包括精神文化因素。

1. 改善校园和寝室文化，加强对校园文化的宣传教育

学校可以加强对校园文化的宣传教育，让学生了解校园文化的重要性和意义，激发他们的责任感，引导他们积极参与校园文化建设。同时，学校可以制定寝室管理规范，明确学生在寝室内的行为准则和责任，鼓励学生自觉遵守规定，保持寝室的良好秩序。在日常生活中，加强寝室卫生管理。学校可以要求学生定期清洁寝室，强化寝室卫生管理，让学生体会到自己的责任和义务，理

解劳动的意义和价值，保持寝室的整洁卫生。学校可以建立一些志愿服务组织，让学生参与到志愿服务中去，培养使命感社会责任感。同时也能提高学生的人文素养和公益意识。通过加强校园文化建设，营造良好的校园和寝室文化氛围，激发大学生的责任感，让学生更好地适应大学生活，为将来的发展打下更好的基础。

随着高校校园网络建设的不断完善及电脑、手机的日益普及，在寝室上网已经成为大学生学习生活的一个重要组成部分。网络具有积极向上的一面，也有其消极阴暗的一面，网络环境中的大学和寝室文化理所当然地成为校园文化的重要组成部分，网络已经给寝室文化带来巨大的变化和挑战。

2. 从校园和寝室文化入手，强化大学生的使命感

首先，培养积极向上的校园文化。学校可以组织各种形式的文化活动，如文艺比赛、志愿者活动、科技创新大赛等，让学生参与其中，并宣传校园正能量，以激发学生的使命感。其次，增加社会责任意识。学校可以开设社会实践课程，让学生关注社会问题，了解社会责任，通过实践行动提高学生的社会责任感。再次，建设和谐的寝室文化。学校可以加强寝室管理，制定有关寝室文化的规定，鼓励学生参与寝室建设和管理，共同打造和谐的寝室氛围。最后，加强思想政治教育。学校可以组织各类思想政治教育活动，如主题演讲、读书会等，引导学生树立正确的世界观、人生观和价值观，激发学生的责任感和使命感。这些措施可以从多个方面激发学生的使命感，让他们学会关注社会、参与社会，以更加积极的态度投入学习和社会实践中。

以大学校园文化建设和寝室文化建设为抓手，一方面要针对大学生寝室文化的弊端，加强对大学生德育的引导力度，切实提高学生的寝室文化素质。坚持用科学的理论武装大学生的头脑，营造健康向上的文化氛围，帮助他们树立正确的世界观、人生观、价值观。要对大学生开展网络德育教育，要利用信息网络以及数字技术，通过网络开展一系列的德育活动。德育活动必须围绕着现代德育思想、德育目标和德育内容来开展，德育形式必须体现创新性和实践性，因为它是学校德育的延伸，也是德育现代化发展的必然趋势。尤其要针对学生在寝室中，只顾自己不顾他人的恶习，加强教育、管理和监督。

另一方面，文化建设要细化建设内容，规定好同寝室同学的网络课程学习和业余活动时段，形成自律性与他律性结合的良好氛围。同时，要努力形成本寝室合理的时间管理习惯，形式明晰的纪律与秩序，一旦由全寝室人员协商确定下来，便要坚决遵守和执行。不然，同学间的不良网络使用习惯会进一步恶化寝室文化环境，甚至让同学产生更多的隔阂，既不利于团结，也不利于身心健康。

（三）引导学生正确认识网络规律

遵循规律和敬畏规律是马克思主义方法论的鲜明体现，把弘扬主旋律，高唱正气歌，全面体现法律意识和法治精神的工作落到实处。针对高校学生网民中具有素质较高，符合党和国家需要的责任感与使命感很强的特点，要对大学生积极引导。

要把引导学生网民正确地认识网络规律，遵循网络规律和敬畏网络规律，作为考量我们高唱正气歌，强化法治意识，体现法治公平正义的一把尺子。引导学生正确认识网络规律，既是一门技术活动，更是集思想政治、道德操守、学生教育管理和学生成人成才于一体的专业教育活动。对于大学生来说，其网络素质包括合理获取网络信息和对网络信息的创新能力。正确认知网络信息的起源和发展，也正是大学生网络素质的一个重要方面，因此识别网络谣言的过程就是提高大学生网络素质的过程。大学生在网络中要保持与现实言行一致的人格，加强自身修养，减少因泄愤而催生的网络暴力。

1. 切实加强学生的自身修养

要提倡学生自学，强化法治观念，健全心理，学会用正确的心态和手段在网络上表达自己的意见和看法，成为一个有社会主义责任感和意识的人。大学生自身修养的提升对于其未来的发展和社会价值的发挥都有着非常重要的作用。

在日常学习中，大学生应该阅读经典作品和哲学著作，增强人文素养和思辨能力；应该参加社会实践活动，了解社会热点问题和和正确的价值立场；应该学习一门外语，开阔国际视野和提高跨文化交流能力；应该参加公益活动，培养社会责任感和志愿服务精神；应该参加校园文艺活动，提高审美素养和文化兴趣。

以上这些方法都可以帮助大学生提升自身修养，但也需要注意合理安排时间和注意身心健康。在学习生活中，大学生要学习并养成理性思考、崇尚科学精神的良好习惯，用理性和科学武装自己的头脑，正视多元化的网络舆情，不轻信谣言。

2. 加强对大学生网络舆情的引导

大学生不能把自己混同为普通网民，作为接受高等教育的较高层次人才，大学生有能力有义务去改变不好的网络风气。对大学生进行网络舆情方面的引导是非常必要的，因为网络舆情已经成为社会公共舆论的一种重要形式，很多重要的社会事件和政治事件都可以通过网络舆情来传播。

提高网络素养。大学生应该了解网络的基本知识，如网络安全、网络文化、信息安全等方面的知识。他们需要知道如何识别谣言、如何辨别虚假信息、如何防范网络欺诈等。大学生应该积极引导正面舆论，发表自己的观点和想法，表明自己的态度和立场，以促进社会正能量的传播。同时，应该避免传播负面信息和谣言，不参与网络暴力和攻击。

提高信息素养。大学生应该了解新闻和信息的来源，证实新闻的真实性和可信度，并且学会分析新闻和信息的价值和意义。应该了解媒体的道德和职业操守，避免被误导或者误导他人。大学生应该了解网络舆情方面的法律法规，知道自己的言行在网络上的法律责任和法律风险。应该遵守网络道德和法律法规，避免违法违规行为的发生。教育部门和教育工作者要加强对大学生的网络舆情方面引导，它可以帮助大学生提高网络素养、信息素养和法律意识，让他们在网络上表达自己的观点和态度，同时避免被误导或者误导他人，促进社会的正能量传播。

大学生要坚持积极健康的主流思想，端正自己的言行，时刻保持清醒的头脑，不受网络谣言的影响，不与网友争执辱骂，以身作则为建立一个和谐友善的网络环境做出自己的贡献。

3. 正确应对网络谣言

大学生既要明确地展现自己的世界观、人生观和价值观，又要结合自身学科和专业优势，用科学和事实主动破除网络谣言。网络谣言是一个十分严重的社会问题，它有可能会误导公众的判断，甚至会对社会造成不良影响，学生需要正确地面对网络谣言问题，不要轻易相信网络上的信息，特别是那些没有经过权威机构证实的信息。

大学生应该谨慎地对待网络上的各种信息，尤其是对那些敏感的言论和传言，应多方查证信息的真实性。在遇到网络谣言的时候，可以通过多个渠道寻找信息，对比不同消息来源的真实性，以免受到假信息的误导。不要盲目传播谣言，如果没有确定某个信息的真实性，就不随意转发或分享，避免在无意中参与到谣言的传播中。如果发现某个信息是谣言，可以通过向权威机构举报或向社交媒体平台举报来打击谣言的传播。

大学生在面对网络谣言时要保持冷静，多方了解情况，不要盲目相信和传播信息，积极参与谣言的防范和打击，以维护自己和社会的利益。大学生应坚守中国互联网大会提出的七条底线，即法律法规底线、社会主义法治底线、国家利益底线、公民合法权益底线、社会公共秩序底线、道德风尚底线和信息真实性底线。大学生完全有条件、有能力、有理由、有责任和有义务走在全国普通网民的前面。

4. 建立风清气正的网络环境

（1）健全网上舆论导向机制

利用网络平台关注大学生的基本诉求，使学校各种教务信息公开与透明，积极改进工作与促进问题解决，增加与学生良性互动。

要建立一个风清气正的大学网络环境，使用网络过滤技术，对不良信息，比如色情、暴力、赌博等内容进行屏蔽。同时，也要对恶意软件和病毒进行防范和过滤，使用虚拟专用网络技术，对校园网络链接进行加密，保障网络信息的安全性。对校园网络进行访问控制，限制非校园内部人员的访问，同时对内部人员的网络行为进行监控和管理。

（2）加强网络安全意识的培训

提高大学生的网络安全的认识和意识，同时建立网络安全管理体系，加强对网络攻击和数据泄露的预防和处置能力。制定明确的网络使用规范，建立网络管理制度，明确网络使用权限和责任，对违规行为进行惩处和监管，确保网络环境的风清气正。

通过实名制上网、网络行为审计等手段，让大学生对网络行为有所顾忌，通过无线网络、网络学习平台统一社会认证、校园一卡通等手段方便大学生的校园生活。就部分大学生抗干扰能力较弱，破坏网络生态的问题，解决的办法是，大学生一方面要努力学习，通过各种手段提高自己的抗干扰能力，另一方面则要增强法律意识，加强网络法治建设。对于学校而言，在学校范围内打造"弘扬主旋律、高唱正气歌"的氛围，牢固树立与时代要求相适应的文化理念，大力宣传以"弘扬时代精神，培养时代新风"为宗旨的主题文化活动，大力倡导学生在运用网络工具的时候能够守住自己的底线，做到不编谣、不信谣、不传谣，全面培养大学生的网络法律意识。

（3）在强调弘扬主旋律的同时提倡多样化

大学生要铭记本校的校训、校徽、校歌。对优良的传统，要采取制度化的方法，使全校师生理解认同，以弘扬光大。在学校范围内，可定期开展诸如征稿，追踪报告网络谣言、网络暴力犯罪案例等活动，鼓励大学生利用自身的优势，在专业领域内对网络谣言进行深度剖析，来帮助大学生正确认识谣言，全面粉碎谣言，提高全体学生辨识网络谣言的能力。此外，要进一步加强和完善信息网络管理，提高对校园网络虚拟社会的管理水平。

（4）整治网络暴力，共建清朗校园网络环境

2023年，国务院新闻办公室发布了《新时代的中国网络法治建设》白皮书，其中关于网络暴力的治理等内容引人关注。寻亲男孩刘学洲因为网络暴力致死、高三学生因誓师大会上激情澎湃的发言遭受网暴……近年来，发生了多

起网络暴力事件，大学生也成为网络暴力的受害者，有些甚至成为施暴者，不断践踏着人们的良知，也对网络空间的秩序和安全造成挑战。

网络世界里，一句恶毒的话语、一个随意剪辑的视频，经过一次次传播后，影响可能被无限放大，给受害者及其家庭造成毁灭性的打击。身处"人人都有麦克风"的网络社会，在享受多元化表达的同时，每个人都可能成为网络暴力的受害者。如何有效治理网络暴力，成为社会治理面临的重要挑战。

近年来，有关部门不断依法加大整治力度。中央网信办开展"清朗·网络暴力专项治理行动"，通过建立完善监测识别、实时保护、干预处置、溯源追责、宣传曝光等措施，进行全链条治理。2022 年 11 月，《关于切实加强网络暴力治理的通知》印发，要求各重点网站建立健全网络暴力防治机制，拦截清理涉及网络暴力信息 2875 万条，从严惩处施暴者账号 2.2 万余个，打击网络暴力取得良好成效。

整治网络暴力，需要政府、网络平台、网民等社会各方共同努力。有关部门要持续加大打击力度，常抓不懈、久久为功，对肆意施暴者坚决"亮剑"。网站平台要切实履行网络暴力治理主体责任，引导广大网民严格遵守法律法规。大学生网民要尊重社会公德和伦理道德，共同抵制网络暴力行为，共建清朗网络家园。

整治网络暴力，还需进一步加大建章立制力度。通过更加完善的法律制度保护受害者，追责施暴者，震慑违法行为，切实维护好学生的合法权益。

（四）从技术防范入手提高学生明辨是非的能力

网络既带给人们便捷和喜悦，也使相当一部分高校学生不断产生各种困扰，一定程度上影响着大学生的心态和情绪，并不同程度地影响和改变着高校的学风、考风和工作作风。对此，高校应及时为学生提供有益信息，帮助其提高信息辨别的能力。努力为大学生创造良好的学习氛围和提供相应的技术支撑，是学校净化网络环境最重要的基础性工作。主要包括以下几个方面：

1. 推行实名制上网制度

建设风清气正的网络环境是现代社会的必要举措，实名上网制度是其中的重要步骤之一。实名上网制度可以有效地防止网络上出现虚假信息和恶意行为，同时也能倡导网络公序良俗和社会责任意识。但是，实名上网制度的执行也需要考虑到用户隐私保护的问题，要确保用户的个人信息不被滥用。因此，在推行实名上网制度的过程中，需要充分权衡各方面的利弊，制定合理规定，确保其合法性。

各高校可根据实际情况，采取适合的认证方式，保证在校园范围内实名制上网。如各大学的教学区、办公区和实验区采用认证技术，学生凭借学号，教师凭借教工号实名制上网，保障了落地查人，规范上网，为干净的网络环境提供了基础保障。

2. 对外防护上应建设网络防火墙

从美国的棱镜门事件，我们可以知道外部网络复杂和不安全的程度。为保证校园网络高效、稳定和安全地运行，各高校应该建设网络防火墙，杜绝来自外部的安全威胁。众多科研单位为保障网络安全设置了万兆防火墙，防范多种DOS攻击，尤其兵工高校，涉及很多的敏感信息，这类信息必须采用物理隔离的方式，让其只能在专用网络中传播。

确保网络环境风清气正是非常重要的，所以加强网络防火墙防护是必不可少的一步。网络防火墙是一个安全设备，用于监控和过滤进入和离开网络的数据流。它可以防止网络被恶意软件和病毒攻击，保护网络不受未经授权的访问和数据泄露的威胁。除此之外，我们还需要加强网络监管和法律法规的制定和实施，以保障网络安全和公共利益。同时，我们也需要教育大学生如何正确使用互联网，提高网络素养，避免上当受骗和被误导。这些措施的综合实施可以帮助我们建立一个风清气正的网络环境，促进社会的健康发展。

3. 设置防篡改系统

数据的安全有效是教育信息化的根本保障，各高校在建设数据中心时，应该配备防篡改系统，实现应用和数据的安全有效管理。

在内部监控方面，应该构建网络行为审计系统，主动发现问题，将网络安全威胁降到最低。系统之间应该建立统一的认证平台，统一认证平台是一所学校系统集成的标志性成果。由于教育信息化发展的渐进性、信息技术发展的快速性，很多学校在信息化建设方面，应该分部分和分批次，我们在使用不同的网络平台或应用时常常需要很多不同的账号和密码，用户的使用非常麻烦，统一管理难度也较大，所以应建立一个统一认证平台对用户的信息进行管理。

4. 加强教育管理

在经济市场化，政治、军事、文化全球化，网络环境复杂化的今天，我国兵工高等院校要想培养更多更好的社会主义建设者和接班人，必须把关注点放在学生的寝室、教室和图书馆三点一线的新变化和改进教育管理方法上，各高校在这方面要要有新的举措。

学校的一切工作均围绕学生而展开，由于网络的高度普及以及智能手机的广泛运用，学生随时随地都在依赖网络，QQ、B站、微信几乎成为部分学生课堂内外的学习工具。与以往大学学习生活"教室、寝室和图书馆"三点一线的内涵和外延相比，今天的深刻变化无法用语言来形容。对此，一方面必须要求授课教师严明课堂纪律，要坚定管好课堂，及时了解和掌握学生迟到、早退或因网络生活休息太晚而影响听课的情况，与学生沟通交流也是教师应该具备的教育管理能力。另一方面，要让各级各类学生干部充分发挥作用，在教师和学生中间起到好的纽带作用，在教室、课堂、图书馆和寝室起到好的模范带头作用。

5. 学生干部起模范带头作用

建立风清气正的网络环境，需要每个人都参与进来，学生干部更应起到带头作用。他们可以通过组织宣传活动，引导同学树立正确的网络价值观和行为准则，普及网络安全知识和正确使用互联网的方法，帮助同学们提高网络素养和防范网络风险的能力。同时，学生干部还应自觉遵守网络道德规范，不传播虚假信息、不发布不良言论、不侵犯他人隐私、不参与网络暴力等，为建设健康向上的网络环境做出积极贡献。

（五）加强政府和社会力量的参与指导

基于网络一盘棋工作思路，政府、学校以及相关部门应充分运用新媒体优势，逐步提高高校学生在网络内外的伸张正义、抵制歪风邪气。大学生们在日常生活中频繁使用互联网和社交媒体，这给他们的生活带来了便利，但也带来了一些负面影响。为了帮助大学生更好地适应互联网生活，政府和社会力量可以参与指导。

1. 举办网络安全和信息素养方面的讲座和培训

提高大学生的网络安全意识和信息获取能力，教会他们如何正确使用互联网和社交媒体。为了提高大学生们的网络安全意识，可以举办网络安全讲座，选择相关专题进行培训。

通过网络安全讲座，大学生了解如何创建安全的密码，如何避免使用弱密码，如何管理和保护密码。了解如何辨别钓鱼邮件和欺诈信息，如何避免成为网络钓鱼的受害者。了解病毒和恶意软件，学会如何避免病毒和恶意软件的感染，如何保护自己的计算机和手机不受侵害。了解如何保护个人信息和隐私，如何避免成为网络犯罪的受害者。了解如何安全使用公共 Wi-Fi 网络，如何避免在公共 Wi-Fi 上泄露个人信息。通过这些讲座，大学生们可以了解到如何保护自己的网络信息安全，学会如何避免成为网络犯罪的受害者。

2. 建立大学生网络心理健康咨询服务机制

大学生网络心理健康服务机制的建立可以向大学生提供心理咨询服务和支持，帮助他们正确处理网络世界中的各种问题和挑战。

一些大学已经开始提供在线心理咨询服务，这对于那些不想面对面咨询的学生来说是一个很好的选择。此外，大学可以组织一些关于网络心理健康的讲座、研讨会和培训，以帮助学生更好地理解网络世界的挑战，并提供相应的应对策略。

此外，大学还可以提供一些在线资源，如博客、论坛和社交媒体，以帮助学生交流和分享经验。同时，大学可以与相关机构合作，为学生提供更全面的心理辅导服务，如热线、面对面咨询和心理治疗等。这些措施可以帮助大学生更好地处理网络世界的挑战，提高他们的心理健康水平。

3. 加强对大学生网络行为的监管

对网络暴力、网络谣言、色情信息传播等违法行为进行打击和制止，营造健康的网络环境。政府加强对大学生网络舆情的引导是一项重要的工作，可以帮助维护社会稳定和网络安全。政府可以通过加强对大学生的教育和培训，引导他们正确使用网络，明确网络言论应遵守的法律法规和道德规范，以及网络言论的影响和后果。此外，政府还可以加强对网络舆情的监测和管理，及时发现和处置不良信息，维护网络空间的秩序和安全。

这种监管还可以通过教育和引导来实现，例如加强对大学生进行网络安全和隐私保护的教育，以及对不良网络行为进行警示和惩罚。同时，大学生也应该自觉遵守网络行为规范，尊重他人权益，不传播虚假信息和不良内容，为构建和谐、健康的网络环境做出贡献。

4. 提供多种多样的线下活动和社交机会

帮助大学生拓展社交圈和交友渠道，减少过度依赖互联网和社交媒体的情况。在当今这个社交媒体时代，大学生往往会过度依赖互联网，从而忽视了线下交流的重要性。政府和社会可以提供多种线下活动，可以帮助大学拓展社交圈，促进人际交往，增强沟通能力，同时也可以减少他们过度依赖网络的情况。线下活动可以包括运动会、文艺比赛、志愿服务等，这些活动可以让大学生更好地融入社会，增强他们的社交能力和综合素质。同时，政府和社会组织可以加强对大学生的宣传和引导，鼓励他们参与线下活动，以此建立一个更加健康、积极的社交环境。

政府和社会力量的参与，可以帮助大学生更好地适应互联网生活，提高他们的网络素养和心理健康水平，同时也可以促进网络空间的健康发展。学校应主动占领网络思想政治教育平台和阵地，通过这个平台宣传马克思主义的新发展、中国特色社会主义道路的新成就，进而激发正能量。各级组织要积极引导学生客观理性地看待网络世界和后疫情时代社会的经济政治新变化，不信谣、不传谣，这对培养学生关注国计民生，提高社会责任感，树立正确的网络价值观等大有裨益，能够进一步增强大学生网络生活的适应性，提高学生的综合素质。

第五章　当代大学生人际关系适应性研究

近年来，随着社会的不断发展和进步，大学生的人际关系适应性问题也越来越受到关注。许多大学生在面对新环境、新人际关系时，往往会感到困惑和不适应。因此，对当代大学生人际关系适应性进行研究，对于提高大学生的人际交往能力和心理健康水平具有重要意义。本章旨在探讨当代大学生人际关系适应性的现状、影响因素及其对策，为大学生的人际关系适应性提供依据和参考。

一、人际交往的价值

（一）人际交往是人的本质的体现

什么是人？这是一个看似简单，实际上却非常复杂并且具有永久魅力的问题。几千年来无数中外思想家和哲学家都在不断地追问，并得到各种各样的结论。古希腊的神话中有一个有趣的传说，人面狮身的怪兽斯芬克斯蹲在山崖上，向每个路过的人问一个同样的谜语："什么东西早晨用四条腿走路，中午用两条腿走路，傍晚用三条腿走路？"。猜不中谜底的人就会惨遭杀害，有很多人因此而遭殃。聪明的俄狄浦斯猜到了答案，谜底就是人。他认为，如果把人的一生看成是一天的话，幼儿时期的人就处在早晨，成年时期的人处在中年，而老年时期的人则处在黄昏。

这个故事体现了人类最初对自己生命历程的朴素追问，赞扬了人能够挑战一切的伟大智慧和力量，它开启了人们对自我本质追问的历史之门。

马克思和恩格斯经过研究发现，要真正认识人的本质，必须改变思考问题的出发点，不从抽象的"人自身"，而从现实的人的对象性活动及其产物，即社会实践和社会关系去认识。这次发现不仅产生了对人和人的本质的科学解释，也促成了唯物史观的产生，实现了哲学史上的革命性变革。

关于人的本质，马克思认为，"人类特性恰恰就是自由的、自觉的活动"。"有意识的生命活动把人同动物的生命活动直接区别开来。正是由于这一点，人才是类存在物"。这里的"自由的自觉的活动""有意识的生命活动"指的就是人的劳动实践，是人区别于动物的最根本的特征，也是人的本质特征。实践最基本的形式是物质资料的生产和思想观念、意识的生产。最初是直接与人的物质活动、与人的物质交换和现实生活的语言交织在一起的。因此，在以物质生产为基础的社会交往中，人与人之间的物质、精神、情感，即人的交往也随之产生。

马克思指出："人的本质是人的真正的社会联系。""人的本质不是单个人所固有的抽象物，在其现实性上，它是一切社会关系的总和。"人的社会生活是复杂的，包括经济、政治、文化、宗教、信仰等，因而由此决定的人的社会关系也是复杂多变、丰富多彩的，如生产关系、政治法律关系、民主关系等。其中，人际关系就是这千万个社会关系之中的一种，是人的社会关系的复杂大系统中的一个子系统。换句话说，大学生的人际关系，恰恰是在其社会化过程中形成的，以物质生产为基础的复杂的社会关系的一种早期体现。因此，人际关系构建的优劣会直接影响其今后多元社会关系的建立。

另外，人的本质是具体的、历史的，并处在不断发展的过程之中。就社会而言，生产关系是随着生产力的发展变化而变化的，呈现出具体性和历史性，不是抽象的和永恒不变的。这决定了人际交往的内容、方式也会随着社会和时代的变化而变化，不会永恒不变。

（二）良好的人际交往是人全面发展的需要

人在实践中不断地创造着社会关系，从而不断地磨炼自身，塑造自我，丰富着人的本质，使得人向着多维的、全面的方向发展。马克思恩格斯运用历史唯物主义的观点和方法，深入地探索人的发展问题，并指出，人的发展首先取决于社会物质生产的发展，人是在一定的社会物质生活条件下从事实践活动，进行物质生产实践的。因此，人的发展与社会物质生产的发展相一致。

人的全面发展是相对于人的片面发展而言的，与私有制相联系的就是分工造成人的片面发展，分工是生产力发展的必然结果，结成生产关系并决定着个人的发展。个人的全面发展，指的是个人的劳动能力、体力和智力的多方面充分的、和谐的、自由的发展，其中的人指任何人，而不是个别的人。

人的变化发展同人所处的社会关系的变化发展是一致的，人在创造社会关系活动中也向着全面发展的方向前进。可以说，拥有良好的人际关系对大学生的发展是十分重要的。

1. 良好的人际关系有利于大学生的身心健康

大学生处于青年时期，其生理进一步发展，社会活动范围扩大，尤其是社会实践明显增多。因此，该时期，大学生的心理活动具有鲜明的特征。

首先，大学生的自我意识，即对自己及自己与周边关系的认识发展到了一个新的阶段。他们已经可以清晰地了解自己的内心活动，此时的他们强烈关心自己的才能和品德的发展，有强烈的思维独立性和批判性，有自己的见解，敢于挑战现有的结论，并提出自己的观点。

其次，富有幻想和理想。大学生的观察力此时有显著发展，善于并乐于进行逻辑推理和理性思考，敢想敢做，富有创造力，对自己的未来充满期待，渴望被理解与尊重，具有强烈的集体意识和归属感，渴望用自己的力量参与社会建设，融入社会，展现个体的价值。

再次，可塑性强，喜欢模仿。大学生羡慕英雄，其对人和物的模仿，在有意与无意之间进行，此时的他们可塑性强，给予何种外部环境刺激，就会形成不同的社会化过程，形成不同的人际交往特征。

最后，情感丰富敏感而强烈。人的高级情感此时在大学生中表现突出，道德感、美感和价值感加深，并且范围扩大。他们的情感极易波动，常常大喜大悲，表现出来的是时而懊恼，时而又充满激情。培根说："友谊的一大奇特作用是，如果你把快乐告诉一个朋友，你将得到两份快乐，如果你把忧愁向一个朋友倾吐，你将被分掉一半忧愁。"①

由上述特征可见，处于青春期的大学生非常渴望结交朋友，向往友谊。这种情感需求是人一生中的任何时期都无法比拟的。在某种程度上，大学生对友谊的追求，也是人在全面发展过程中社会性的突出体现。

2. 良好人际关系的构建可以促进人的全面发展

人的身心潜能只有在社会实践中外化，转变成具体的活动才能够丰富人的能力，从而创造财富。人的对象性关系的全面性生成是人的全面发展的重要内容，是人在改造客观世界时主体地位、人所特有的能动性和创造性的体现。人在实践中丰富能力铸造自我，再运用能力改造社会，搭建社会关系。马克思恩格斯认为，具有自主性质与变换的方式，是个体能力得以全面发展的依据，而这是人们通过多方面的综合实践获得的。

人们为了生存，必须创造物质财富和精神财富，也就必须具有一定的创造财富的条件、才能和本领。而才能和本领，需要个体通过实践，利用现实条件培养和提高。良好人际关系的获得，是大学生锻炼多方面才能的必要条件，也是其社会化过程中的重要环节。大学生在良好人际关系构建的过程中，通过社

---

① 培根. 培根论人生［M］. 何新，译，天津：天津人民出版社，2007：112.

会信息的吸收和传达，加深了对社会的理解和认识，在人际交往的过程中获得了社会的价值环境和行为判断。随着交往范围的扩大，青年大学生获得的社会信息和社会规范增多，其适应能力也会增强，获得认可的机会也会增多。

因此，我们可以把人际关系的构建看作是大学生自我塑造过程中的具体实践。实践过程中，大学生的自主性、能动性和创造性可以充分地发挥，而实践结果又有助于实践个体的理性思维的发展和经验的总结，从而进一步丰富能力，深化实践，进入实践与认知的良性循环。从人际交往实践看，它有利于大学生实践活动的发展，也有助于大学生才能的多方面发展。

3. 人际交往活动有利于大学生社会关系的丰富和发展

人是社会的人，人的主观能动作用的发挥受制于其所处的社会关系。大学生人际交往活动范围的拓展和良好人际关系的构建，有助于其社会关系的全面发展。良好人际关系是促进大学生个体社会化的重要内容，个体社会化是个人通过加入社会环境、社会关系并与其相互作用，由自然人转变为社会人的过程。个体社会化的过程，对大学生来说非常的重要，因为其才能的发挥有赖于其社会化过程的顺利进行。

毋庸置疑，个体能力的全面发展包含了其社会关系的全面发展。大学阶段建立起来的友谊和良好的人际关系，不仅磨炼大学生构建良好的社会关系，化解和处理各种矛盾的实际能力，同时为其未来步入社会也打下了基础。未来社会环境的多样化与复杂化会使他们在回忆校园时光时，想到更为纯真和真挚的友谊，从而在工作和生活中相互关爱，相互帮助并共同进步。

二、大学生人际交往的主要类型

校园是大学生学习生活的主要环境，因而大学生的人际关系主要集中在校园中所发生的人与人之间的关系。以当代社会为背景，根据大学生发展人际关系的连接纽带，大学生人际关系形成可以划分为：

（一）因学业而形成的人际关系

大学生在校园中的主要任务是学习，其人际关系首要的是学缘型人际关系，指的是在学校中因同属于同一学科专业，或者在同一课堂上学习而建立的人际关系。这种人际关系的形成主要是由于共同的学习目标和学术兴趣引起的。

学缘型人际关系可以促进学习，提高学习效率。另外，这种人际关系还可以促进社交活动，增加社交圈子，并且，圈子中的人有可能成为未来职业发展的伙伴。

当然，学缘型人际关系也存在一些缺点。例如，可能会因为理解能力、学习成绩等方面的不同产生分歧。同时，在这种人际关系中，人们往往更关注学业成绩而忽视了其他方面的个人特点，容易形成以学术成就为唯一标准的局面。可以说，学缘型人际关系是大学生以学业为基础构建的业缘关系，学缘型人际关系主要包括师生关系、同学关系、宿舍关系等。

师生关系是一种业缘关系，即以共同的事业而形成的人际关系。也就是说，师生关系是教师以教育为职业，学生以学习为职业而形成的人际关系，师生关系中的教师包括专业教师、学生辅导员和学校的各级管理人员。另外，大学老师一般具有知识较为丰富，对专业研究较为深入，社会阅历广，视野宽，对于社会与人生理解比较深刻的特点，因而老师不仅能够在学业上给予学生指导，而且能够在正确地认识人生、认识社会的问题上给学生以启迪。

正如梅贻琦先生所形容的大学教师与学生之间的关系："学校犹水也，师生犹鱼也，其行动犹游泳也，大鱼前导，小鱼尾随，是从游也，从游既久，其濡染观摩之效，自不求而至，不为而成。"[①] 因此，良好的师生关系，对于大学生的知识积累和身心的发展具有重要的作用。

宿舍关系是指引因同住一个宿舍而形成的人际关系。宿舍关系是当代大学生业缘型人际关系中不可忽视的内容，之所以如此是因为宿舍是大学生在学校的家，是他们日常生活最基本的单位，同宿舍的同学朝夕相处，接触时间长，无论是学习还是起居生活均在一起。因此，宿舍内的人际关系，对大学生的生活习惯、精神风貌和学习态度也有着极为重要的影响。

（二）因志向而形成的人际关系

志缘型人际关系是大学生在校园生活中通过相互了解，建立了共同志向的基础上结成的人际关系。志缘型人际关系的特点是交往者之间在政治上志同道合，有着共同的奋斗目标和强烈的认同感，因此交往者乐于交往，在交往中能够密切配合，鼎力支持。例如，2022年石河子大学医学院2017级临床医学专业，一个宿舍的6名女生全部考上研究生，进入理想的院校。回忆起成功的道路，她们认为，虽然很苦，但是共同的志向、坚定的信念以及党团组织的关心和支持，使她们相互帮助，齐头并进。是共同的志向，让她们忙碌，使她们在相互的支持和鼓励中体会了学习的苦乐。

---

① 刘述礼，等. 梅贻琦教育论著选［M］. 北京：人民教育出版社，1993：120.

（三）因兴趣爱好而形成的人际关系

如果人们之间的关系是基于相同兴趣和爱好而建立的，那么这种关系通常更加持久和积极，因为人们可以共同探索和体验自己喜欢的事物。趣缘型人际关系也能够促进个人成长，增强自信心和自尊心。在社交场合中，通过寻找拥有共同爱好和兴趣的人，可以更容易地建立联系和融入社交圈子。例如，一个玩乐器的人可以通过参加音乐会或加入音乐社交网络来结交志同道合的朋友。

趣缘型人际关系在大学生中较为普遍，因为大学生精力旺盛，兴趣广泛，出于对专业的共同兴趣，对艺术和体育的共同爱好等，他们中的一些人交往密切，形成了正式的与非正式的群体。在校园中，科技创新社、诗歌社、剧团等丰富多彩的社团，就是大学生趣缘型人际关系的体现。大学生在社团中交流思想，互相切磋，展示才华，增长才干，拓展事业，发展兴趣。由趣缘型人际关系为基础而形成的群体，是大学生中最为活跃的群体，是大学文化的重要载体。大学生的趣缘型人际关系一般具有成员兴趣浓、情感投入多、产生速度比较快且较为普遍的特点。

（四）因地域关系而形成的人际关系

地缘型人际关系是指在地缘政治背景下的人际关系。地缘政治因素会影响国家之间、民族之间，甚至是个人之间的关系。在这种情况下，人际关系不仅受到文化、历史和经济等方面的影响，还受到地理位置、政治制度、外交政策等因素的影响。一个国家的外交政策、经济发展、国际地位等因素都会影响它与其他国家、民族和个人之间的人际关系。在地缘型人际关系中，各方之间的互动和合作、冲突和对抗都受到地缘政治因素的影响。

大学生的地缘型人际关系就是同乡关系，同乡关系是指由于原来就在共同的地域，以地域观念为基础而形成的人际关系。一所学校、一个学院、一个班级甚至一个宿舍，总会有几个来自同一地区的同乡，由于这些同学生长在相同的地方，有着共同的语言习惯和生活习惯，因此在陌生的环境中，他们的心理距离小，容易形成密切的人际关系。

同乡关系在刚入学的新生中尤为突出，每当新学年伊始，大学里的老乡会就会十分活跃，老生们兴高采烈地寻找新生同乡，新生同样也兴奋不已。同乡的出现，使得他们在陌生的异地感到乡情的温暖。但是，随着时间的推移，随着大学生社交面愈加扩大，纯粹的同乡关系会逐渐削弱。可见，大学生的地缘型人际关系具有自发性强，较为松散的特点。

（五）因情感而形成的人际关系

情缘型人际关系是指人与人之间建立的带有浓厚感性色彩的关系，通常是基于感情和亲密程度而形成的。这种关系通常包括爱情、亲情、友情等类型的关系。情缘型人际关系的形成通常需要双方的共同努力和投入，且需要相互理解、支持和信任。在情缘型人际关系中，双方都要尊重和欣赏彼此的个性和特点，共同面对生活中的挑战和困难，共同创造美好的未来。

大学生的情缘型人际关系突出表现为朋友之间，特别是恋人之间的关系。处于青年期的同学，由于生理上的成熟和性意识的产生，产生了对爱情的向往与关注，同时由于年龄相仿，学习生活朝夕相处交往密切，加之校园交往环境较为宽松，所以有些男女同学之间的交往就有可能发展为情缘交往。目前高校校园恋人的身影随处可见。大学生情缘人际关系一般具有盲目性较大，理智性较弱，持久性差等特点。

（六）因网络而形成的人际关系

网缘型人际关系主要指以网络为载体，在虚拟网络世界中发生的相互交往并形成的人际关系。大学生网缘型人际关系是在虚拟的网络社会中通过聊天、讨论等方式而建立起来的人际关系。随着信息技术的高速发展，互联网已经从以往的高科技信息平台，转变为人类进行社会交往的重要工具，成为现实中人们生存的第二空间。

2022 年，中国互联网信息中心发布的第 49 次《中国互联网络发展状况统计报告》显示，截至 2021 年 12 月，我国网民规模达 10.32 亿，较上一年增长4296 万，互联网普及率达 73%。大学生是上网一族的主力军，他们通过互联网利用微信、QQ 等各种 APP 进行交往，他们可以在虚拟的空间中大胆地直抒胸臆，释放个人的情感，通过网络沟通扩大交往人群的范围，寻找与自己理想、志趣和观念相投之人。

但是网络交往给大学生的心理健康和现实人际关系带来了消极的影响，如有一些大学生沉迷于网络交往而影响学业，用网络交往代替现实交往，疏远了现实的人际关系。这种网缘型人际关系具有沟通轻松、关系脆弱的特点。

三、大学生人际交往过程中面临的困惑

了解大学生人际交往的类型，是正确认识大学生人际关系的基础，而分析大学生人际交往过程中存在的问题及其成因，是正确认识和准确把握大学生人

际关系的关键。近些年出现的由于大学生人际关系障碍引发的震惊全国的重大案件，以及由于人际关系处理不当而出现的大学生伤人事件，不得不让高校乃至整个教育界关注大学生的人际关系问题。

青年大学生一般具有性情多变、容易激动、对问题的认知不全等特点。这些特点使得青年大学生在面对环境变化时，容易出现交往困难的现象。在现实环境中，大学生的人际交往困难有很多类型，从个体心理的微观层面来看，比较突出的困难表现为适应性困难、选择性困难和调理性困难。

（一）适应性困难

大学生人际交往困难的情况是多种多样的，其中适应性困难是表现得比较突出的一种。调查情况显示，有超过半数的同学在人际交往过程中存在着适应性困难，具体表现如下：

1. 初入社会的不适应

一般而言，同学交往是社会交往的起点，换言之，同学交往是当代大学生走向社会的开始。大学生的生活环境包括家庭、学校和社会三个方面，其中学校是社会环境的子系统，现代大学生的成长可以粗略地概括为：从家庭走向社会。从这个角度来看，大学校园是准社会，是大学生从家庭走向社会的桥梁。在学校，大学生可以通过各种渠道、各种途径和方式开始接触或者结交学校和社会中的各种人，开始逐步认识家庭以外的人。大学校园宽松的氛围，以及多姿多彩的校园生活，为大学生创造了较多与他人交往的机会和空间。但是，中学阶段交往范围小，依赖性较强的学生，特别是刚入学的新生有的难以适应大学生活。实践表明，适应困难是大学生融入新生活的最大障碍。

2. 对较为复杂人际关系的不适应

步入大学后，每一位大学生都会遇到与中学不同的更为复杂的人际关系，除了老师、同学、班级、网友之外，还会出现老乡、社团、学生组织、社会中的朋友等人际关系。突然面对比较复杂的人际交往，相当数量的学生表现出不适应，不知如何面对，有的因疲于应付各种人际关系，而耽误了学习；有的因不会处理人际关系，而处于被孤立的境地。长此以往，形成自卑抑郁的心理，让人难以接触，甚至大学生活都难以为继。

大学生在面对较为复杂的人际关系时可能会感到不适应，这是因为他们从高中或以前的教育中没有得到足够的训练和指导，以应对更加复杂的社交场景。此外，大学新生通常处于一个新的环境中，需要适应新的社交规则和文化背景，这也导致他们感到不适应。

3. 独立处理人际关系的不适应

大学生正处于青年时期，青年学理论认为，青年是从少年时期到成年时期的过渡时期，处于青年时期的特点可以概括为："两长"，即长知识、长身体；"四最"即最积极、最有生气、最肯学习、最少保守思想；"两缺"即缺知识、缺经验，"五大高峰"即体力高峰、智力高峰、特征行为高峰、社会需求高峰、超常行为高峰；"五大需求"即学习受教育需求、劳动就业需求、生活和健康需求、休息和文化娱乐需求、恋爱和婚姻需求。[①]

从心理特征看，青年大学生独立意识增强往往富有理想和幻想，情感丰富而强烈。但由于生活空间的扩大，交往范围的拓展，交往频率的提高，交往自主性的增强，不少大学生出现了独立处理人际关系的不适应性，从而产生了失意、压抑、焦虑、恐惧等心理，甚至出现睡眠困难、神经衰弱等问题。

（二）选择性困难

当今是一个多元、多样与多变的社会，高等学校是社会的重要组成部分，因而社会的特点必然在大学校园中有所反映，也必然在大学的人际交往中体现。多元和多变的状况给大学生人际交往提出的要求就是要学会选择。大学生人际交往的选择性困难主要体现在人际认知价值选择上的困难。

人际认知是指在人与人之间的交往过程中，通过彼此的相互感知、相互理解而建立的一种心理联系。就其具体内容来说，人际认知包括自我认知、对他人的认知和对人际关系的认知。由此，人际交往选择困难也主要从这三个方面表现出来。

1. 自我认知的困难

自我认知主要是指自我概念，是个体在社会化过程中逐步发展起来的，是个体通过自我观察分析外部活动与情境，通过比较等多种途径获取对自己的生理状况、心理状况、社会属性等方面的比较稳定的认识和看法。[②]

具有正确的自我认知是大学生建立良好人际关系的前提，因为对自我认识的客观与否，影响其对人际关系的认识与处理。在现实生活中，人们对自己的认识一般有三种情况：比较客观地评价自我，过高的评价自我和过低的评价自我。大学生在进行自我的认知过程之中，需要对这三种情况进行选择。大学生受阅历、思维、价值观等方面的制约，一般情况下较难做到客观地认识自我。例如，一些家庭经济状况不好的大学生总会感到自卑，会因家庭贫困而感到自

---

① 黄志坚. 青年学新论 [M]. 北京：中国青年出版社，2004：57.

② 乐国安，崔芳. 当代大学新生自我概念特点研究 [J]. 心理科学，1996（4）.

己低人一等，于是在人际交往中表现为不自信，不敢表达自己的真实情感，进而与他人交往形成障碍。教育实践还表明，也有一些大学生因为家庭贫困而产生另一种心理，对自我的认知走向另一个极端，即认为自己出身贫困，所以学校和班级所提供的帮助、资助、评优、评审等物质和精神奖励更应该倾向自己。这种认知如缺乏引导或纠正不当，则会引发个体叛逆心理，也可能引发个体对社会、对他人的仇视心理。还有一种情况就是家庭富裕或成绩优异的大学生自我认知优越感过强，表现为傲慢自负和不合群，也会造成人际交往的困难。可见，大学生在如何正确地认识自我、客观地评价自我方面，具有一定的选择性。因此，能否正确地认识自己，是大学生在人际交往过程中遇到的第一个困难。

2. 对他人的认知困难

能够正确地认识他人是大学生建立良好人际关系的基础，因为只有达到对他人的正确认识，才能在交往中采用恰当的方式与方法。中国有一句俗话叫"知人知面不知心"。因此，在人际交往过程中，如何排除认识对象的表面特征，把握住对方的本质特征，是建立良好人际关系的基础。

大学生对他人认识困难常表现为：社交障碍、沉默寡言、交往范围狭窄、缺乏社交技能、难以建立亲密关系等。大学生对他人认识困难的原因有很多，首先源于个人性格、家庭教育、社会环境等多种因素。其次，大学生的社交圈子相对较小，只限于同班同学或同学院的人，缺乏与更多社交群体接触的机会。还有就是大学生的学业压力较大，会花费大量时间在学习方面，这导致他们缺乏时间和精力去认识新人。此外，还有社交恐惧症或内向性格等问题，也会对大学生认识他人造成一定的困难。

对于社会经验不足并且处于青年阶段的大学生而言，透过现象看本质确实存在着一定的困难，同时对于交往个体而言，由于不同大学生的个体特征、价值取向、认识能力和处事能力等方面存在着较大的差异，所以在认识他人的过程中，也会出现能够客观地认识他人和不能够客观认识他人这两种情况。对于相当数量的大学生来说，由于自身的局限，难以做到客观地认识他人。因此，能否正确地认识他人是大学生在人际交往过程中的又一选择性困难。

3. 对人际关系认知的困难

尽管当代大学生面对的人际关系与社会中的人际关系相比要简单和单纯，但是人际关系本身是具有多样性的。就类型来说，具体有同学关系、朋友关系和网友关系，同学之中还有宿舍关系、班级关系、老乡关系、社会关系等。面对多样的人际关系，究竟建立哪种更适合自己，更有助于自身发展，对于刚刚独立地面对人际交往，缺乏应有心理准备，缺乏处理人际关系的经验的大学生来说存在一定的困难。因此，能否正确地认识人际关系，是大学生在人际交往过程中遇到的另一个选择性困难。

大学生人际关系认知困难的原因有很多种，包括：社交焦虑、社交技能缺乏、文化差异、个性特点等。此外，人际关系的建立需要时间和努力，因而大学生应该积极主动地参与社交活动，提高自己的社交技能和认知能力，增强自信心和自我认知，从而更好地适应大学生活。

大学生在人际关系处理中可能会遇到一些困难，这是很正常的。这方面的表现包括社交焦虑、沉默寡言、难以与人建立联系、缺乏信心等。如果遇到了这些问题，可以尝试主动参加一些社交活动、加入兴趣小组、与同学建立联系等。同时应该考虑寻求心理咨询师的帮助，他们可以提供专业的建议和支持，对于大学生而言，无论如何都要保持积极的心态，相信自己可以克服眼前的困难。

（三）调节性困难

人际关系不是个人自身的关系，而是个人与他人的关系，因此调节是处理人际关系的一个重要方面。人际关系的这一个方面也是大学生在人际交往过程中遇到困难较多的地方，其主要特征体现在：

1. 自我调节困难

要建立良好的人际关系，交往的主体必须具备相应的条件，如健康的身体、良好的个性特征、正确的价值取向、正确的自我认知和较强的人事协调能力，等等。自我认知是自我调节的基础，只有正确的自我认知才能够进行合理的自我调节。在自我认知中，自我比较是常用的方式，自我比较一般有两种方式，一种是自己的现实与自己的过去相互比较，另一种是自己的现实与自己的未来目标相互比较。

由于大学生还不成熟，所以在进行自我比较的时候，往往不限于自己与自己进行纵向比较，而更多的是把自己与他人进行横向比较，因而容易产生自我认知的偏差。例如，有的大学生由于某次成功而自信心膨胀，还有的大学生由于某次重要考试失利而自暴自弃等，对自我认知的状况决定着自我调节的状况。在学习生活中，有的大学生在处理人际关系时，能够做到行为和态度适度得体，取得较好的交往效果，常常受到老师、同学和朋友的赞许，从而人际交往的自信心也得到确认和增强。而有的大学生在人际交往过程中，则会表现出举止、语言和态度不当，从而引起人们的反感甚至是厌恶，他们也常常会受到教师、同学和交往对象的批评或冷落。如果不进行自我调控长期下去就会使这一部分大学生的社会交往能力在不断的自我否定中持续下降，甚至陷入自暴自弃的恶性循环之中，还有可能引发悲剧。

当代大学生身处多元、多样和多变的社会之中，思想和行为会受到正确与错误、积极与消极、传统与现代等多种因素的影响，所以其思想上常常出现矛盾，行为上不断遭遇挫折。大学生就是在协调矛盾、战胜挫折之中提高认识和处理人际关系的，由于受到主观和客观条件的限制，不少大学生自我调节能力不足，难以从矛盾与挫折之中解脱出来，从而出现心理失衡或行为偏激的现象，影响人际交往的效果。因此，如何提高自身的调节能力，是大学生在人际交往过程中需要面对的困难。

2. 人际调解性困难

要建立良好的人际关系，交往主体除了能正确评价自己，正确地进行自我调解外，还要客观全面地了解他人，深入地把握他人的性格特征和价值取向，从而采取恰当的交往方式，否则在人交往中就会出现矛盾，甚至影响人际和谐。但是当代大学生缺乏这方面的能力，比如缺乏遇事先考虑他人的心理意识，缺乏主动分析他人的思想意识，不能全面地看待他人，不知如何与不同特点的人进行交往，不知如何主动地解决交往过程中出现的小摩擦等。

目前，高校中同宿舍同学之间关系紧张的状况时有发生。由于同宿舍的同学生活在一起，朝夕相处，所以既容易建立较为亲密的人际关系，也容易出现矛盾和冲突。同学间出现一些矛盾本是很正常的事情，但由于有一些学生不能相互包容谅解，不具有调解矛盾的能力，致使矛盾更加激化，最后不得不由院系老师出面解决。更有甚者，学生自己解决不了，让家长参与进来，从而使问题扩大化，矛盾激化。因此，如何提高调解人际关系的能力，也是大学生在人际交往过程中面对的困难。

大学生在学习、生活和与社会接触的过程中，所出现的人际交往的适应性困难、选择性困难和调节性困难，有其存在的必然性和一定的合理性。因此，当老师面对这些情况的时候，不可以妄加指责，而是要进行具体分析，积极引导学生正确处理。为此，老师应主动学习和掌握相关的知识，积极探索对大学生进行有效引导的途径与方法，这样方可在各种棘手的状况之中，做到自如应对，并帮助学生提升交往和调节能力。

人是社会性动物，在社会关系中，人为了满足生存和发展的多种需要，几乎每天都要与他人进行交往，建立各种联系。大学生作为社会青年中的特殊群体，虽然面对的环境相对单纯，但是在人际关系的构建过程中，也会遇到种种问题，需要学校、教师和学生本人加以重视。

四、大学生建立良好人际关系的条件

(一) 坚持以人为本的交往观念

坚持以人为本的交往观念，是构建大学生良好人际关系的前提，前面我们已经讨论了人的本质和人的全面发展，以及他们与大学生建立良好人际关系的联系。马克思主义唯物史观的出发点是现实的人，同样，现实的人也是开展思想政治教育的出发点，以人为本则是大学生构建良好人际关系所必备的交往观念。我们认为，人际交往是大学生社会化过程中必要的实践活动，实现以人为本的交往观念，就是要求大学生在人际交往中要尊重人性，重视人的价值，关注人的心理和需求，促进人的全面发展。

1. 立足于对人的尊重

人性，顾名思义就是一切人普遍具有的属性，也就是无论是呱呱坠地的婴儿，还是行将就木的老人，都有共同的属性。人性，生而固有，并非后天习得。说到底，人性就是人固有的普遍属性，它既包括人区别于其他动物的人之属性，也包括人与其他动物共同的人之自然属性。当然，人性并不是绝对一成不变的，人性的本质之所以归于天生，不能自由选择具有必然性，而人性最则是在一定的限度内后天习得的，也是特殊的、偶然的和可以自主选择的。正所谓道德善恶，因此人性既是哲学范畴，也是心理学和伦理学范畴。

不同于其他思想家，马克思主义的人生问题的特征在于：它不是把人的自然属性和社会属性隔离，甚至是对立，而是将二者在实践的基础上辩证地统一起来。因此，人际交往作为青年大学生社会化过程中的社会实践活动，其出发点就应该是关注人性和尊重人性，满足人的生理和心理需求。只有这样，其良好的人际关系才可能由理想变为现实。

2. 要关注人的价值

马克思曾经明确指出，"价值这个普遍的概念是从人们对待满足他们需要的外界物的关系中产生的"，"人在把称之为满足他们的需要的资料的外界物……进行估价，赋予他们以价值，或是他们具有价值属性"。[①] 价值作为一个关系范畴，包括价值主体、价值客体和价值中介三个基本要素。人的价值作为价值的表现形态之一，具有价值的一般特征，如主体的主导性、客观性、绝

---

① 陈志尚. 人学理论与历史 [M]. 北京：北京出版社，2004：192.

对性和相对性的统一；还要有更加复杂的特点，如人既是主体又是客体，人具有活力，能劳动，会创造，人的价值具有社会历史性。按照人在价值关系中的定位，人的价值可分为主体价值和客体价值。在大学生的人际交往中，每个人既是主体也是客体，是主客体的统一，而其客体价值就在于其对于社会、学校、班级、宿舍和他人的生存、发展和完善的作用与影响，使他人生活得更美好，而大学生作为交往的主体，要求他人为己存在，从而为自己的创造性活动提供条件，不仅获得人际交往中的快乐和享受，并且受到他人的尊敬。同时，这份享受和快乐又是个人为他人和群体、学校乃至社会做出贡献的前提，也为大学生实现人的内在价值与外在价值的统一和最大化提供可能。

3. 要重视大学生本身的需要

人的需要是建立良好人际关系的内驱力，需要是指生命体为了维持生存和发展，必须与外部世界进行物质、能量信息交换而产生的一种摄取状态。这种状态一方面表达了生命体对外界环境的依赖和需求，另一方面也表达了生命体对周围事物做出选择的反应能力，以及获取和享用一定对象的生理机能。如果从生理上讲，需要就是欲望，那么反映在心理上，需要就是希望、愿望和要求，是生命体为了自我保护和自我更新而进行的各种积极活动的客观依据和内在动因。

因此，我们可以看到，需要是生命体与客观的外部世界相联系的一种摄取，它具体地通过摄取生命体得到满足，并对客观外部环境更加依赖，从而通过物质、能量和信息的交换延续自身。同时，需要是自主的和能动的，是希望、愿望和要求对外界事物的期盼，是自我发展的客观依据和内在动因。

从此种意义上来说，大学生的人际交往活动，不仅是其对客观环境的一种具体的摄取，也是大学生积极主动地实现自我完善、自我发展的客观要求。因此，大学生要构建良好的人际关系，就要关注和满足个体社会交往和社会发展的需要。

大学生构建良好人际关系要着眼于促进人的发展，人的发展主要是指自我的发展。我们已经着重论述了良好人际关系是实现大学生全面发展的需要，我们认为，从另外一个角度看，以人为本的交往观念要求大学生在构建良好人际关系时，既要着眼于大学生的身心健康，又要着眼于促进大学生德智体美劳全面发展。

（二）确立和谐人际关系的共同愿望

明确和谐群体的共同愿望是大学生良好人际关系的心理基础。一个优秀的集体，不仅对社会贡献大，而且个人在其中进步快，个人价值也大。同时，优秀的个人也往往影响集体中的其他人，使人人都争相为集体做贡献，从而增大集体的价值。个人价值实现、良好人际关系的构建都植根于和谐的人际关系，而凝聚群体的精神力量是群体之中的共同愿望，这就是人际交往中的文化软实力的体现，即共同的价值观是群体文化的精髓。

1. 共同愿望是群体的一种精神状态

共同愿望不仅是群体中每个成员的相同见解，还是群体中的成员身体力行的一种精神状态。共同愿望不仅可以帮助大学生适应环境，还可以帮助大学生去改造环境，不仅具有使群体趋利避害的功用，还具有化解矛盾、创造和谐的作用。

当一个团体或社团有共同的目标或愿望时，这将激发人们的热情和动力，让他们感到自己是集体的一部分，有存在的价值。这种感觉可以提高大学生的自尊心和自信心，使他们更加积极地面对生活和学习中的挑战。此外，共同愿望还可以促进大学生之间的团结合作，让他们很好地理解和支持彼此。这种团结和支持可以帮助大学生克服挫折和困难，使其保持积极的心态，从而更好地实现个人和团体的目标。

组织中的共同愿望，具有凝聚人心，化解人与人之间的矛盾，优化人们之间关系的重要作用。因此，大学生良好人际关系的建立，必须确立和谐群体的共同愿望。为此，优先要科学地设计群体的共同愿望，并使这种愿望能够反映出个体的愿望和群体的声音，在实现个体全面发展的基础上，使群体获得最佳的发展。

2. 共同愿望要有实践性

要建立和谐的人际关系，需要具备可操作性的共同愿望，彼此尊重是和谐人际关系的基础。在建立人际关系时应该尊重他人的权利、价值观和感受，以及他们的文化背景和生活方式。这意味着我们应该避免冒犯或歧视他人，并始终保持礼貌和谦虚。建立信任是维护和谐人际关系的重要因素，我们应该遵守我们所做的承诺，并保持诚信，如果我们犯了错误，就应该承认并采取适当的措施加以纠正。和谐的人际关系建立在合作和共同努力的基础上，我们应该尝试寻求利益共同点，互相支持和鼓励，并愿意为了更大的目标而放弃个人利益。

每个人都有自己的过去和经历，我们应该接受他人为人处世的方式，尽可能理解他们的感受，避免过度批评或指责，并尽力寻找解决问题的方法。建立有效的沟通渠道是维护和谐人际关系的关键，我们应该尝试倾听他人的意见和想法，并表达我们自己的观点和需求。在交流中，我们要注意用词和方式，避免伤害他人的感情。

3. 共同愿望要具有超越性

和谐人际关系的共同愿望是一个普遍的、永恒的主题。虽然不同的时代和地区可能有不同的文化、价值观和行为方式，但是和谐、尊重、信任和包容是跨越时代、超越个人和文化背景的基本原则。

在当今社会，由于快节奏的生活和竞争工作环境的影响，人们之间的沟通和交流方式发生了很大的变化。因此，我们需要更多地关注彼此的情感和需求，以建立更多的信任和尊重，从而使人际关系更加和谐。这需要我们学会倾听和理解他人的观点，尊重他人的选择和生活方式，以及在发生冲突和分歧时保持冷静和理智，寻求合理的解决方案。

（三）共创和谐相处的文化环境

文化一词原意是土壤、耕作及劳动成果，意指人类对自然界的改造。作为哲学范畴，具有广义和狭义之分。广义的文化概念是指人有目的活动的结果及人们在物质活动和精神活动中所创造的一切，既包括物质文化，也包括精神文化以及社会的风土人情、习俗风尚等一切社会化的事物。狭义的文化概念是指意识形态或观念形态，包括与精神生产有关的观念形态。①

我们采用文化概念的广义理解，因此对大学生而言，文化环境主要包括社会文化环境和校园文化环境，而校园文化环境主要包括物质文化环境、精神文化环境、群体文化环境、活动文化环境和制度文化环境。与社会文化环境相比，高校校园文化环境对大学生人际关系的建立和人际交往的影响更为突出，因为大学生学习生活的重要场所是校园。毛泽东同志指出，一定的文化是一定社会的政治和经济在观念形态上的反映。②

1. 校园文化环境是社会环境的反映

社会经济政治的发展决定了高校校园文化的性质与方向，我国的社会主义性质，不仅决定了高校改革和发展的方向，同时也决定了校园文化建设的方向。也就是说，当代高校的校园文化，要紧跟社会主义方向，办社会主义大学，高校担负着培养大学生树立坚定的社会主义理想信念，提高政治素养的重大职责。社会主义理想信念是大学生在学习、生活中结识和选择朋友的最根本的原则，尤其是身处交友广阔，法治监管不力的网络环境，坚持正确的政治方向更为重要。同时，随着国家社会主义民主和法治意识的增强，对高校校园文

---

① 李秀林，王宇，李淮春. 辩证唯物主义和历史唯物主义原理［M］. 北京：中国人民大学出版社，2004：114.

② 毛泽东选集：第二卷［M］. 北京：人民出版社，1991：694.

化的建设，对大学生集体健康交往方式的构建，均具有积极的影响。

具有正确的政治方向是大学生能够与人和睦相处的思想基础。因此，高校在校园文化建设中首先要坚持管理育人的建设方向，营造能够帮助大学生树立坚定的社会主义信念，抵制各种有害文化和各种剥削阶级思想以及生活方式在大学生中的滋生和蔓延，使大学生平等相处，构建和谐友爱的校园文化氛围。其次，社会文化的发展决定了高校校园文化建设的复杂性。社会文化的发展是高校校园文化建设的大背景，与之相对应，高校是社会意识形态的晴雨表。所以，社会文化建设的变化发展影响并制约着高校校园文化的状况。当代社会多元文化的相互碰撞，各种思潮的跌宕起伏，均在高校校园中反映。

由上可知，社会的经济、政治、文化从多种角度甚至是直接影响了大学校园。大学校园在对社会环境中的各种元素消化吸收之后，会更加鲜明地校园化，影响着大学生的思想行为和人际交往能力。因此，营造良好的校园文化是构建大学生良好人际关系的重要条件。

2. 和睦的校园文化环境与其他环境的良性互动

教育部、共青团中央在《关于加强和改进高等学校校园化建设的意见》中指出："为贯彻落实《中共中央国务院关于进一步加强和改进大学生思想政治教育的意见》精神，必须在加强和改进高等学校校园文化建设方面做工作，要注意加强校园文化环境和自然文化环境建设，建造精神内涵丰富的物质文化环境，努力营造良好的育人氛围。"

物质文化环境的建设在校园化环境建设中起到基础性的作用。优秀的、现代的校园物质文化环境，可以引发青年大学生的自豪感和渴求知识、向往未来、提高自身修养等方面的心理冲动，使其产生一种改造自我、与周围环境良性互动的愿望，这无疑对良好人际关系构建有很强的心理暗示作用。精神文化是高校师生共同具有的价值观念、道德情操、思维方式、人生态度、心理情感等，是高校文化传统、价值体系、教育观念等精神的整合和智慧结晶，校园的精神文化以物质文化作依托，是大学生建立和谐人际关系的原动力。

群体文化对青年大学生和谐人际关系的建立具有显著影响作用。群体在校园中主要表现为学生社团、学生组织、学院、系、班级和宿舍等，这些都属于校园群体中的正式组织。其实在高校校园群体中，还存在着另外一个群体组织，即校园中的非正式组织。这些非正式组织是大学生在学习生活中由于相同的兴趣爱好、价值观、个性或共同的主张而自发形成的群体。然而，无论是校园中的正式群体还是非正式群体，都具有一个共同的特征，就是他们都具有自己的群体文化，正式群体与非正式群体的和谐文化是大学生建立良好人际关系的条件。

活动文化一般是以高校中的各种活动为载体，校园活动是大学生学习生活的重要组成部分，校园活动不仅体现为校园活动的组织者、活动对象和活动形式的一系列"物"的形态，而且它更加关注的是意义、活动的目的等文化形态。从这个意义上来讲，校园化活动是以物质文化为基础，以制度文化为规范，以精神文化为灵魂，全方位、多形式的高校特有的文化。[①] 它与校园文化环境是相互影响、相互联系的，文化和谐是大学生构建和谐人际关系的有效载体。

制度文化建设是大学生形成和谐人际关系的必要条件。民主制度不仅是构建和谐社会的重要内容，也是构建和谐校园及和谐校园文化的必要条件。依法办校的校园必然是充满生命力与和谐氛围的校园，因为高校的发展需要和谐的物质和精神文化产品、群体活动等文化环境，但这些文化环境的营造仅依靠价值观、道德、情感是不够的，还需要有健全的管理制度和保障健康民主的制度文化。以上这些才是建设和谐校园文化环境和有效处理大学生人际冲突的依据与保障。

孟德斯鸠在《论法的精神》中提到："自由仅仅是一个人能够做他应该做的事情，而不是被迫去做他不应该做的事情。"[②] 高校的活动文化与学校健康的规章制度，规定了高校师生的行为和道德底线，有效地约束人们的思想与行动，能够直观地、实时地告诫教师和学生的禁止性行动和可行性路径。因此，营造良好的校园制度文化环境，是大学生之间和谐相处与高校健康发展的有力保障。

综上所述，为了构建良好的人际关系，大学生个体应当注重培养高尚的人格，应当强化社会责任意识，培养自己负责的道德习惯。对于社会，则需要建立起共同生活所必不可少的道德基础，即"宽容的精神、对话的精神和相互理解的精神，共同参与、共同创造和互惠共享的精神"。[③]

五、大学生良好人际关系的适应方法

前面我们探讨了大学生良好人际关系的价值，分析了大学生构建良好人际关系的必备条件，它们是大学生良好人际关系建立的前提。那么，大学生应该

---

① 郭广银，杨明，等. 新时期高校校园文化建设的理论与实践 [M]. 南京：南京大学出版社，2007.

② 孟德斯鸠. 论法的精神 [M]. 张雁深，译. 北京：商务印书馆，1978：154.

③ 王向阳. 德育原理 [M]. 上海：华东师范大学出版社，2000：64.

掌握哪些方法和技巧，才能够建立起自己所期望的有利于人生发展的人际关系呢？下面我们就从大学生个体交往的方法、社会交往的方法以及网络交往的方法三个方面来探讨大学生在建立人际关系的过程中应该掌握的方法。

（一）大学生个体交往的方法

人际交往是一门学问，也是一门艺术。人际交往作为社会上人与人之间的相互作用和相互影响的一种行为过程，奠定了一切人际关系的基础，离开人际交往，人际关系就无从谈起。人际交往的质量决定了人际关系的程度和水平，个体交往方法的优劣会直接决定大学生人际关系的质量，所以掌握正确适当的人际交往方法和技能非常必要。

1. 了解人的心理法则

成功的人际交往需要交往个体具备一定的心理常识，了解人的基本心理规律，也就是我们常说的心理法则。人性是一个复杂的矛盾综合体，是古今中外学者从不同角度、不断探讨和关注的焦点问题。对于人性的探讨在本章也有所涉及，那么人性最根本的特点是什么？换句话说，人性中最固有的原始渴求是什么？美国著名的人际关系大师卡耐基指出，健康与生命的保障、食物、睡眠、金钱和可以通过金钱买来的东西、长寿、性欲的满足、子女的幸福和被重视的感觉，其中最后一项——被重视的感觉，是在现实生活中并非很容易就能实现的。正如杜威所言，人们最迫切的愿望就是希望自己能够受到重视。人人都希望自己得到周围人的重视和关注，大学生也不例外，其表现为青年大学生不仅在少年时就有成为英雄、受人赞赏的理想，而且他们常常喜欢炫耀自己，或者才能，或者知识，或者体格，或者性格，有时甚至还会吹牛……这些都是青年大学生人性本质的体现。

卡耐基把人性的需求称为"人性的弱点"，其实也不尽然。人性之中的需求，很多时候也可以成为人性的优点，并转化为人们交友和社会化的动力，成为激发他们在人际交往中增加个人魅力的原始动因。人际魅力是人与人之间在交往过程中形成的，在情感方面相互喜欢与亲和的心理现象。① 是他人对个体的学识、品行和行为的高度评价。当他人对个体的实力、能力、地位和所拥有的资源看重时，自然就会尊重这个个体，"桃李不言，下自成蹊"讲的就是这个道理。因此，要构建良好的人际关系，必须深入把握人的心理需求和心理规律，这是处理好人际关系的前提条件。

---

① 陆卫明，李红. 人际关系心理学［M］. 西安：西安交通大学出版社，2006：112.

2. 让自己更受欢迎

从心理学的角度来看，人需要被他人接纳，被他人注意，被他人恭敬，被他人赞赏，被他人感激，被他人关心。因此，了解人性的基本需求之后，我们要学会完善自我，改造自我，让自己成为一个受欢迎的人。莱斯布林斯在《人际交往的艺术和技巧》一书中指出了让人受欢迎的四大要诀，即接受、赞成、重视和感激。

可见，要使自己受到他人的欢迎，首先，要认真聆听他人的意见，肯定他人是不同的个体，像接受自己一样接受他人，让他人保持本色，这是第一要诀。其次，要学会赞赏他人的优点和意见，吸收他人的长处并加以肯定，这种赞赏和肯定不仅要体现在语言上，还包括动作，甚至眼神。再次，对每个人都要给予关注，不怠慢、不伤害他人的自尊心。最后，要学会感激他人，事情无论大小，只要对方做了就要心存感激。以上四个要诀既是为人处世之道，也是获取他人欢迎的主要原因。

上述四个要诀相互联系，不可分割。第一要诀要求交往主体要消极地接受他人。第二要诀比第一要诀要积极，要求交往个体不仅能够接受对方的缺点和不足，还能够找到对方的优点并加以欣赏。第三要诀是对第二要诀的提升，即在发现对方的缺点和优点后，还要能够给予对方以关注。第四个要诀是最高级的，即个体对他人的价值实现最大化。因此，"接受""赞成""重视""感激"是一种层层递进的关系。

值得大学生注意的是，要想成为一个受欢迎的人，虽然要遵循这四条要诀，但是并不意味着个体在人际交往过程中要失去自我，而是强调个体要学会取长补短和关注他人。同时，这四条要诀并非要求个体在交往过程中为了赢得他人的欢迎而采取伪善、虚假的态度，而是需要交往个体自我情感的自然表达。因此，这四条要诀的运用要灵活，要学会贯通。

3. 善于利用时空环境

人际交往必须在特定的时间和空间条件下进行，因此人际关系的建立自然要求具备一定的时间和空间条件。在日常的学习生活中，我们不难发现，由于特定的时空环境，原本陌生的人会走到一起，成为挚友或是恋人，而原本亲密的人，由于时间和空间距离的拉大会逐渐疏于关心彼此，最后渐渐淡漠。因此，在大学生的人际交往过程中，交往主体不仅要善于利用环境，还要合理地创造环境，营造轻松的氛围，不应当在交友的过程中过于被动，采取听天由命的闭锁态度，而要开放心灵。

为此，大学生在交往中首先要注意交往时间的选择。学会尊重他人的私有时间，要注意学习、就餐、睡眠和运动的时间，介入时不要引起他人不快，要遵守约定的时间，不要无故迟到或失约，出现意外情况要真诚相待。其次，要注意人际交往的空间，尊重对方的个人空间，我们引用豪尔的人际空间理论，并非要求大学生在日常交往过程中要携带米尺，十分精准地进行测量，而是给大学生一个空间距离的感官标准，避免因过度交往而引起他人的反感。

4. 合理把握频率和深度

良好的人际关系需要一定深度的人际交往。一般来说，交往频率高，人际关系越容易深化并得到巩固和发展。当然事情并不绝对，有的人与人之间的交往频率不高，但感情却很深，这就与交往的深度有关了。在人际交往中，深层次的沟通有益于建立较密切的人际关系。

人际交往中迷人的魅力多来自于细节，衣着打扮、言行举止、一举手一投足之间彰显着个体素质和个体对他人的态度，五官的细微表现和动作之中的细微变化，都有可能带来人际交往中不必要的误解或是心领神会。正如大学生常说的一句话，"美在细节"，人际交往的细节美不可忽视。另外，在人际交往的中还要克服自身的羞怯、自卑、嫉妒、闭锁等交往障碍，才能开启个体建立良好人际关系的大门。要这会不过分炫耀，但也不过分低调，学会让自己适时发亮，才会有优秀的人乐于与自己交往。

（二）大学生社会交往的方法

人的本质体现在人的社会关系上，而人的社会关系是通过人的交往实现的。因此，大学生要实现社会化，必须通过社会交往实践才行。为了建立良好的社会关系，大学生要掌握社会交往的基本方法。

1. 树立自信的交往理念

斯宾诺莎曾经有过这样一个命题："我们的心灵有时主动，但有时也被动；只要具有正确的观念，它必然主动，只要具有不正确的观念，它必然被动。"[①]对大学生的交往而言，要在交往中采取积极主动态度，就要具有正确的观念。拥有正确观念的前提是要树立自信，就是对自我要有正确的判断，从而相信自我，认证自我。在社会交往中，大学生只有足够相信自己所掌握的知识，相信自己的能力，才能得到他人的信任。自信心对个体而言，表现为一种自信，对他人而言，则表现为其对交往主体的信任。自信与信任其实是交往双方相互感觉、相互影响的情感过程。因此，自信所带来的信心是进行社会交往的起点，为了增强自信，大学生必须要加强自身的修养，提高自身素质，为此大学生需

---

① 斯宾诺莎. 伦理学［M］. 北京：商务印书馆，1983：98.

要做到：

（1）正确认识自我

实事求是地肯定和否定自我，即对自己的优点如实地承认，既不夸大炫耀，也不抹杀掩盖，对自己的缺点与不足如实地承认，既不否认缩小，也不夸张扩大，这就是做到自信的基础。用自己所掌握的知识，相信自己的能力，相信自己的信仰和信念，才能够得到他人的信任。

（2）正确认识他人

人和事物是相比较而存在的，认识自我的一个有效的方法就是与他人进行比较，但是通过比较不见得就能得出正确结论，其关键在于比较是否正确。正确的比较是建立在对比较对象正确认识的基础上，明确知晓他人同自己一样，也有所长与所短，有优点缺点的存在，所以要使比较得出正确结论，就要做到实事求是地认识他人，这样做也有助于增强交往自信心。

（3）优化自身形象

优化形象包括优化外在形象与优化内在形象，这两个方面对于大学生素质的提高都是必要的。外在形象包括人的形体、容貌、言谈举止、服饰等。外在形象展示了一个人的气质，良好的外在形象有助于大学生释放正能量、提升自信心，有助于增加他人对自己的好感和信任。内在形象主要包括人的性格，人的知识素养、政治素养、道德素养和综合能力。良好的性格表现为人心豁达、宽待他人、克己复礼、温文尔雅、耿直含蓄和与人为善，良好的性格和素养既是增强自信的基础，也是获得他人信任的条件。

2. 学会尊重他人

在与他人交往中，要得到他人的信任，首先必须尊重他人。因此，为了更好地进行社会交往，大学生要学会懂得尊重他人和关怀他人。尊重他人与中国传统文化的传承息息相关，尊重他人是大学生在社会交往中与他人建立良好关系的基本前提，没有对他人的尊重就不可能建立良好的人际关系，大学生在社会交往中能够做到尊重他人就必须：

（1）善于了解他人

现实生活中的人，由于心理素质、道德素质、价值取向等具体情况不同，行为模式也会多种多样。有的学者将其划分为十种：宽宏大量，处处忍让型；针锋相对，寸步不让型；自吹自擂，招摇撞骗型；恶意奉承，善于拍马型；大大咧咧，不拘小节型；吹毛求疵，斤斤计较型；自我中心，自私自利型；他人第一，心中无我型；满腔热情、待人亲热型；冷若冰霜、待人冷漠型。了解是尊重的前提，因为大学生在社会交往中，要通过听其言、观其行，洞察他人的心理，了解他人思想行为的特点，从而对不同类型的人采取包容的态度，包容本身就是不管他人人际行为模式，应该肯定还是否定，都要尊重他人的客观存在。

（2）善于理解他人

所谓理解就是懂得，理解他人就是懂得他人，理解是尊重的基础，只有理解才能尊重。在现实中，不管人们的思想和行为差异有多大，都有其产生的条件，都有其存在的合理方面。因此，大学生在社会交往中要有换位思考的意识和能力，要善于从对方的角度来看待他人，这样才能够理解他人，才能够做到尊重差异，求同存异。善于沟通是大学生十分重要的能力，沟通不仅能增进了解、化解分歧，也能启发思维，找到解决问题的新途径新方法。克服本位思想，主动服从和服务大局，把本部门本单位的局部利益、短期利益与集体的整体利益、长远利益紧密结合，学会从大局着眼，以大局为重。要有开放思维，以更加宽广的视野和包容的胸怀与人沟通，既要善于利用外部资源，又要积极利用自身条件，形成和谐的同学友谊。

（3）乐于关怀他人

诺丁斯在《关怀》一书中指出，关怀是一种投入或全身心投入的状态，即在精神上有某种责任感，对某事或某人抱有担心和牵挂感。关怀意味着对某人或某事负责，保护其利益，促进其发展。这一思想与中国儒家"泛爱众，而亲仁"的仁爱观有相似之处。关怀是尊重的体现，大学生在社会交往中要有乐于助人的道德风尚，满腔热情的关心他人，特别是关心弱者，关心各方面遇到困难的同学，这样才是切实做到了尊重他人。

（4）学习古今礼仪

礼仪是在人际交往中约定俗成的行为规范、程序和方式，包括礼貌、仪式、礼节、仪表等内容。从心理学的角度看，礼仪可以通过礼貌、尊重的礼节和仪式满足人们的关爱、尊重、合作等需要，使人产生亲切、温暖、愉悦的感觉。礼仪虽然有时会表现为细枝末节，但是却体现了人际交往主体的精神和品格。在现实生活中，一句礼貌用语，一个礼貌的动作，都会拉近人与人之间的距离。因此，大学生应该认真学习古今中外交往的礼仪，从而提高自身的道德素质，为构建良好的人际关系打下基础。

与同学交往最重要的是真诚，交朋友要讲信用，讲信任，不能言而无信。同学之间要在学业上相互关照，品德上互相勉励，在困难的时候雪中送炭。与人交往要重情谊重道义，避免将友谊物化和异化，要知道酒肉朋友并不是真正的朋友。当与朋友相处时，要严于律己，宽以待人，交友要用一生去总结经验，随时调整与人相处之道。

3. 学习沟通的技巧

人际沟通是指人们用语言、非语言等方式与他人传递信息、交换意见、表达思想感情需要的联系过程。沟通是人与人之间交往的重要方式。心理学家认为，一个人除了八小时睡眠之外，其余时间的 70％ 要花在人际间的各种直接和间接的沟通上。大学生进行社会交往也是通过沟通实现的，为此大学生要建立良好的人际关系，必须学会沟通。学会沟通应做到：

（1）要了解沟通的形式

人际沟通的形式多种多样，且有各种不同的功能。大学生学会沟通，首先要了解沟通的各种形式，按不同的角度可以将沟通分为不同的种类。按沟通的主体划分，可以有个体间的沟通、个体与群体间的沟通和群体间的沟通，个体之间沟通是指两个人之间的沟通，对大学生而言，包括师生沟通、同学沟通、朋友沟通；个体与群体之间的沟通是指个人与某个群体之间的沟通，如大学生与家庭、班集体和社会的沟通；群体间的沟通是指两个或两个以上的群体之间的沟通。对于大学生而言，包括班级与班级之间、系与系之间、校与校之间的沟通。

按沟通的媒介划分，可以有语言沟通或非语言沟通。语言沟通是指在交往过程中运用口头和书面语言交流情感和信息的沟通。口头语言沟通包括会谈、讨论、演讲以及对话等，书面沟通如短信、微信、通知、Email 等。非语言沟通是指在人际沟通过程中，人们运用肢体动作，如眼光的接触、面部表情、手势、姿态等和周围的环境，如交谈时的灯光、气温、地点、衣着和外貌等，交流思想、情感信息的沟通形式，与人们常说的"此时无声胜有声"是一个道理。

（2）善于把握沟通的时机

孔子在教学中坚持"不愤不启、不悱不发"的原则，意思是不到学生想弄明白而得不到时不去开导他，不到学生想说而说不出来时，不去启发他。也就是说，教育要把握时机，任何事物都要有一个发展的过程，在这个过程中有发展的最佳期。人的沟通也是一样，也有沟通的最佳时机，比如当人犯了错误或遇到挫折，心里失落需要关心和帮助时，与其沟通就能取得好的效果。反之，当人处于疲劳想休息时，你非要与其沟通，肯定遇到拒绝，效果不佳。

（3）恰当地运用语言沟通

语言是人际交往最佳的媒介，恰当地运用语言在沟通中非常重要，在沟通时应使用清晰简洁的语言，避免使用过于复杂或模糊的词语。尊重对方，使用礼貌的语言，避免使用攻击性或歧视性的言语。考虑到对方的背景和文化差异，避免使用可能会引起误解或冒犯对方的词语或用法。注意语气和表情，它们也是沟通的重要部分。尽量使用积极的语言，传递正能量，避免使用消极或抱怨的言语。确认对方是否理解你的意思，如果有需要，可以再次说明或解释。避免在沟通中使用俚语或缩写，以免引起误解。恰当地运用语言可以使沟通更加顺畅有效，并且有助于建立良好的人际关系。

作为一名大学生，恰当运用沟通的语言对于自己交际能力的提升和人际关系的建立都尤为重要。尽量使用礼貌用语，如感谢、请、对不起等，尊重对方并保持良好的交际氛围。避免使用过于口语化的语言和方言，尤其是在正式的场合和与陌生人的交流中。在表达自己的观点时，要注意措辞，不要使人感到被冒犯或被误解。善于倾听，给予对方充分的表达机会，并能够理解和回应对方的观点。在沟通中保持自信和清晰，避免使用含糊不清的表达方式，要让对方更容易理解自己的意思。大学生在沟通中要保持清晰、礼貌、尊重和耐心，不断提高自己的语言表达能力，以便更好地与人交流。

（4）与人交流时要善于倾听

要使沟通取得良好的效果，大学生除了要学会主动沟通的技巧，还要学会被动沟通的技巧，即倾听他人表述的技巧。因为沟通是双向的，沟通中的双方都既是说话者，又是倾听者。

为了使沟通有效，大学生必须学会倾听，首先要学会耐心听取他人的表述。在沟通时不要以自我为中心，只许自己滔滔不绝，而不给他人讲话的机会，或他人一讲就随意打断，表现出对对方的不尊重，这样不利沟通。另外，当别人讲话时，即使自己很不愿意听，也要克制情绪，不要表现出不耐烦，否则，难以取得良好的沟通效果。

其次，要学会以积极的态度听取他人的表达。在沟通中双方都要听取对方的表达，但每个人听的态度不一样，有积极的与消极的两种态度，态度不同效果也就不同。以积极的态度倾听就是主动地倾听，也就是不仅倾听，而且还会具体分析对方讲话的内容，并表达自己的态度。同时，主动地听还在于听者能够从对方的谈话中汲取对自己有益的东西。

（5）善于自我反思

所谓反思主要是指思考过去的事情，从中总结经验教训。如前所述，人际交往是个复杂的过程，受到多种因素的影响和制约。因此，要建立良好的人际关系有一定的难度，对于进行各种人际关系交往实践的大学生来说，不论是进行人际交往的正确观念，还是进行人际交往应有的能力都尚未完全具备，还需要不断提高。为了尽快适应建立良好人际关系的要求，以满足自身的需要，大学生要学会在实践中反思，即善于在交往实践中发现自己的优势与不足，善于总结交往成功与失败的原因，善于从交往的成功与失败中探求规律，善于观察和发现他人交往的技巧与经验，善于从细微处学习，善于理性及时地调整自己，从而使自己不断地完善成熟，为建立良好的人际关系创造条件。

（三）增强大学生网络交往的适应性

网络交往的基本特点是信息数字化、虚拟化、开放性、多元互动性、大众化等。网络交往的出现，使大学生的人际交往出现了新的特征，如开放性与多元性并存、自主性与随意性共生、间接性与广泛性凸显、非现实性与匿名性共存。与此同时，大学生网络人际交往的问题愈益凸显，如失范性、信任危机、逃避现实等。那么，大学生如何发挥网络之优势，避免网络之弊端，充分利用网络建立良好的人际关系呢？

1. 增强自我保护意识

由于网络文化环境具有规范性、开放性和多元性的特征，因此大学生在网络交往时要增强防范意识，学会自我保护和降低风险。目前，利用网络进行犯罪活动的数量居高不下，据报道，网络犯罪分子往往喜欢诱骗涉世不深的青年学生，他们利用青年大学生急功近利的心理特征和就业方面的需求，用欺骗、诱拐、色情、抢劫、盗窃等不正当手段，非法获取他人财物，甚至造成大学生身体或精神上的严重伤害。同时，由于国家网络管理的法律法规滞后且不健全，加之网络犯罪集团为了躲避监管，在国外通过互联网实施犯罪，更加大了监管难度，因此网络犯罪屡见不鲜。

有些人对此问题有所误解，认为这是目前中国所面临的特有问题。其实不然，网络犯罪的泛滥和滋长是一个国际性问题，对于网络环境的有效管理，是目前世界各国既头疼又棘手的问题，所以想要学习和借鉴成功的法制和监管措施几乎不可能，它更多地需要人类在实践中去探索。因此，在这样的环境中，防范与自我保护，对于青年大学生而言就显得尤为突出。大学生在网络交往中，无论是进行网络聊天、网络游戏，还是采用其他的方式进行交友，都不可掉以轻心，不要轻易地进行视频或提供过多的个人信息，要具有防范风险和较强的自我保护意识。

2. 增强网上辨别能力

大学生在网络交往中要增加理性思考，学会辨别信息的真伪。由于网络自身的虚拟性、非现实性和间接性的特征，在网上个人主页甚至部分网站发布的众多信息中，存在着一定的混乱性和虚假性信息，特别是在个人交友方面，虚假信息出现的概率更高，在众多的真真假假、虚虚实实的复杂信息中，辨别真伪是大学生进行网上交往的基本前提。正是由于网络存在虚拟性特征，才使得对信息真伪的辨别存在着较大的难度，为此要求青年大学生具有更为广阔的视野、渊博的知识和敏锐的辨别力。增强信息意识，大学生应该更加重视信息的来源和发布者的权威性，明确网络信息的真实性、可靠性、权威性的重要。学会利用多种工具去验证信息的真伪，如通过搜索引擎查阅权威性的报道、专业性的学术论文等方法验证网络信息的真实性。同时，学生应该具备批判性思维，不断质疑信息，对于信息的真实性和可靠性进行分析和判断，增强安全意识。在浏览网页、下载软件等过程中，应该注意安全防范，避免点击或下载不明来源的信息，同时应该定期更新杀毒软件和防火墙等安全软件。通过加强信息意识、利用多种工具去验证信息的真实性、具备批判性思维以及增强安全意识等方法，可以有效提升大学生的网上辨别能力。

3. 加强网络道德自律

面对网络人际关系具有与现实人际关系完全不同的匿名、虚拟、间接等新特征，而相关法律法规和监管又跟进不力的情况，伦理道德的作用就尤显重要。为了使网络空间的使用正当化，为了让网络资源得到合理的利用，大学生作为网络用户和网友在网络交往中要严于律己，做到真诚待人、平等相处、公平对待、彼此尊重、杜绝欺诈、不跟风、不说污言秽语，做网络文明人。网络环境中的道德自律，实际上是将网络回归到现实的人的社会实践过程。作为大学生，我们应该加强自身的网络道德自律意识，树立正确的网络价值观念，避免在网络世界中违反法律法规和社会公共道德。坚守法律法规，不传播非法信息，包括但不限于不传播色情、暴力、恐怖等不健康信息，不传播谣言，不侵犯他人权益。遵循网络规则，不干扰网络秩序，包括但不限于不恶意攻击、不进行网络诈骗、不发布不实信息、不滥用网络资源等。崇尚网络公德，文明上网，包括但不限于尊重他人、保护个人隐私、不进行网络谩骂、不散布仇恨言论、不侵犯他人人格尊严等。

大学生应自觉维护个人和社会形象，不炫耀攀比。避免在网络上展示奢华攀比的一面，让自己保持一个真实、自然的形象，同时也要尊重他人的隐私和个人信息。作为大学生，我们应该加强自身的网络道德自律，树立正确的网络价值观念，用正确的方式使用网络，做一个文明、理性的网民。

综上，随着网络交往实践的发展，从20世纪八九十年代网络出现至今，道德自律已被人们普遍认可和遵守，并在实践中发挥积极的作用。大学生良好人际关系的建立并非一朝一夕的工程。虽然良好人际关系的构建并非大学教育的核心内容，但是却对大学生全面发展影响深远。只要认识正确，条件适宜和方法得当，大学生构建良好人际关系的目标一定能够实现。

第六章 当代大学生自我意识适应性研究

对自己的认识在于反思，这是人类逐渐演化进步的结果，而个体对自我的认识是个体生理、心理和社会性逐渐成熟的结果。自我意识使我们认识到自我的存在，认识到自我的独特性，使我们认识到自尊、自信、自负、自卑等心理状态的存在。大学生活并非一帆风顺，生活中也总是会遇到这样那样的问题，这就需要大学生能清楚地了解自己，知道自己的所想所需，才能对大学生活有充足的把握。

一、自我意识的内涵及其发展

（一）自我意识的内涵

自我意识是指个体对自己的身心状况与特征，以及对自己与他人、与世界的关系的清醒认识。同时自我意识也是人格结构中最核心的部分，在一定意义上可以认为，自我意识在实际上而言是一个具有多维度、多层次的复杂的积累系统。①

自我意识是指个体对自己的存在状态、身份特征、思想感受等方面的认识和理解，它包括个体认识自己的存在状态和自己所处的环境。自我意识是人类区分自我和他人、自然环境的基础，它包括个体对自己的生理状态、行为、感受等方面的认知，以及个体对自己的身份特征的认识。自我意识不仅包括个体对自己的生理状态和行为的认知，还包括个体对自己的社会身份、性别、文化背景等方面的认知，以及个体对自己的思想和感受的认识。自我意识也包括个体对自己的思想、信仰、情感等内在体验的认知，它体现了个体对自己内在世界的理解和认识。

自我意识是人类高级认知能力的基础，它对于人类的行为、情感、认知等

---

① 袁克杰，彭新博. 大学生心理健康教育［M］. 西安：陕西师范大学出版社，2006.

方面都有着重要的影响。人类具有意识和自我认知能力，能够意识到自己是一个独立存在的个体，并且能够思考自己的感受、想法和行为。自我意识也使人能够观察、评价和改变自己的行为，以适应外部环境的变化。此外，自我意识还使人类能够思考和探索自己的内心世界，包括情感、信仰和人生目标等方面。

（二）自我意识的发展

自我意识作为一个心理现象，并不是人一生下来就有的，而是在其成长过程中逐步形成和发展起来的。人的自我意识经历了从无到有，从模糊到清晰，从片面到整体，最终趋于完善和成熟的漫长的发展过程。心理学研究表明，自我意识的形成过程大致经历以下五个阶段：

1. 自我意识的萌芽时期

生命之初，婴儿是没有自我意识的，他们甚至不能意识到自己与外部世界的区别。在八个月的时候人的自我意识开始萌芽，一岁左右开始可以将自己的身体与外界事物区分开来。两岁左右的儿童开始学会用"我"来称呼自己，三岁左右儿童的自我意识进入一个飞速发展期，这一时期的儿童开始有了独立的需求，要求行为活动自主和实现自我意识，希望父母或亲近他的人接纳自己"我长大了并很能干"的现实。但这一时期的儿童的认知，是以自我为中心的，他们并不能站在他人的角度去看待问题，而是更愿意用自己的想法去解释外部世界。

2. 自我意识的形成时期

如果说三岁以前是人的生理自我发展的关键时期，那么从三岁到青春期这一时期则是人的社会自我的高速发展期。这一阶段的儿童开始由家庭走向学校，走向外部世界，是个体接受外部世界，学习社会角色的关键时期。个体在家庭、学校、社会等环境的影响下，通过模仿、认知、实践等各种方式，逐渐形成了各种角色的概念，如家庭角色、学生角色、伙伴角色。无论什么社会角色，在青春期以前，人们的关注点是外部的，他们开始意识到在社会情境中他们所处的地位和作用，开始意识到自己的人际关系与社会关系，开始意识到自己在社会中所承担的责任。

3. 自我意识的发展期

进入青春期，个体自我意识发生了质的变化，这一时期的个体逐渐希望摆脱对父母的依赖并渴望独立，突出表现在自我意识的主动性和独立性上，较以往更强调自我价值与自我理想。而且从青春期开始，青少年在心理上把自我划分成了理想的我和现实的自我。从青春期到18岁左右被称为青年，是个体经过生理骤变和心理震荡后发展日渐成熟的稳定发展时期，这个阶段青年的自我意识中的成人感和独立意识继续发展。但和青春期的初中生不同，他们对成人不仅仅是特立独行，要表现出来独立感，对成人不是反抗态度，更多的是和成人保持一种相互尊敬的和谐关系。

青年初期自我评价接近成熟，能够较为客观地评价自己的生理特征、社会性个性品质和行为，并且非常关心自我的个性发展。在大学生的自我评价之中，个性发展与完善与否占据了非常重要的地位，此阶段青年人的自我体验、自我监控和道德意识的发展已经都接近成年人。①

4. 自我意识的完善和提高期

青春期之后，个体意识使大学生更关注自己的内心世界，能用别人的观点来评价事物和他人，甚至对自己的认识也可以参考他人的评价。此时，个体的自我意识逐渐走向成熟与完善，并进入高级发展阶段。青年时期开始出现自我意识的觉醒，他们开始思考自己的人生价值、人生目标等问题，对自己的身份、角色和责任有了更深刻的认识。个体开始寻找自己的身份认同，包括性别认同、文化认同、社会认同等，并通过与周围的人和环境互动，逐渐建立起自我认同。同时青年时期是一个人探索自我价值的时期，他们开始思考自己的兴趣爱好、职业规划等问题，通过实践和尝试，逐渐发现自己的潜能和优势。青年期的自我意识发展还具有不稳定性，个体的自我认知和自我评价易受到外界因素的影响，容易出现自我怀疑、自我否定等情况。

青年时期是一个人自我意识发展的重要时期，通过自我认知、自我探索和自我实现，逐渐建立起自我认识和自我认同，为未来的成长和发展奠定基础。

青年时期也是自我意识的提高时期，表现为自我意识更加具体，有自主性和独立性，强调自我价值和理想，此时的个体能够透过自我意识去认识外部世界，而且这样的自我意识将伴随着人的一生。个体开始独立思考、探索自我身份、价值观和信仰等问题。在这个过程中，青年人可能会经历许多挑战和困惑，但这些经历也有助于他们更好地了解自己，认识自己的优点和缺点，并逐渐形成自己的个性和独特的人生观。在这个阶段，青年人通常会面临许多选择和决策，如教育、职业、婚姻等方面的选择。这些都需要个体进行深思熟虑自我反省，以便更好地了解自己的兴趣、才能和价值观，做出最合适的选择和决策。

青年时期是一个非常重要的时期，它有助于个体逐渐认识自己、了解自

① 左边. 大学生心理发展 [M]. 北京：高等教育出版社，2004.

己、发展自己，并使自己成为一个独立、自信和有价值的人。

二、自我意识与心理健康的关系

自我意识是指个体对自己的认知和理解，包括自我评价、自我概念和自我价值等方面。心理健康则是指个体在心理上的平衡和稳定状态，包括情感、认知和行为等方面。当大学生具备良好的自我意识时，他们能够更加清晰地认识自己的优点和不足，从而更好地发挥自己的优势，克服自身的缺点从而提高自己的心理健康水平。具备自我识的大学生也更容易处理人际关系，减少个人的心理压力，提高生活质量。因此，学生应该注重培养自我意识，通过自我反思和自我评价等方式，不断提高自己的认知水平。同时，也应该关注自己的心理健康，及时发现解决心理问题，保持心理平衡和健康。

（一）自我意识是心理健康的重要标志

无论是国内还是国外的心理学家，其在对心理健康标准进行界定时，都把良好的自我认知作为心理健康的一个非常重要的指标。个体对自己的认知和理解，包括认识自己的情感、思维、行为和价值观等方面。拥有健康的自我意识可以帮助个体更好地理解自己的内心世界，从而更好地应对生活中的挑战和压力。同时，自我意识也有助于个体更好地与他人沟通和交流，建立健康的人际关系。因此，发展和维护健康的自我意识是促进心理健康的重要途径之一。

奥尔伯特指出，健全人格具备的特点应主要包括，扩展自我、自我接纳与安全感。著名的心理学家马斯洛与米特尔曼认为，有充分的自我安全感，能够充分了解自我，并恰当地估计自己的能力是心理健康的主要标志。自我意识可以被视为心理健康的一个重要指标，因为它涉及了对自己的认知和理解。健康的心理状态通常表现为对自己和周围环境有清晰的认知和理解，能够适当地表达自己的情感和需要，积极地解决问题和应对挑战，以及有能力做出自主的决策和选择。有自我意识的人通常能够更好地处理情绪和情感，有更好的沟通和人际交往能力，并能够更有效地应对生活中的困难和压力。然而，需要注意的是，自我意识并不是心理健康的唯一标志，还需要结合其他因素来综合评估一个人的心理状态。

在我国，了解自我、悦纳自我也被心理学界纳入个体心理健康的重要衡量指标体系当中。这是因为，只有客观准确地认识并了解自我，才能对自己的经验持一种开放与接受的态度，也才有可能充分发掘自己的潜在能力，进而帮助自身不断成长与成才，否则就会在一定程度上对个体的身心健康与发展产生消极影响。对于当代大学生而言，是否能够有效地接纳自我，保持正确的自我意识，这些都是心理健康水平的重要衡量标准。

（二）自我意识对心理健康的影响

自我意识不仅会在相当大的程度上影响一个人对周围世界的认识，还会对其本身产生一定的影响。在同样的条件与环境下，不同的人可能会产生截然不同的行为与反应。比如，在同等学习条件下，不同的学习者就会产生不同的学习效果，这与人的自我意识有着非常密切的关系。通常而言，健康的、成熟的自我意识能够给个体带来快乐与积极的社会效果，而那些不健康、不成熟的自我意识则很可能会为个体带来痛苦与不幸，甚至还有可能产生消极的社会效果。

1. 积极自我意识的表现

通常情况下，具有积极自我意识的人，总会对自己的优缺点有着较为客观清醒的认识，同时还会尽量在生活中做到扬长避短，这些人无论是在外貌、性格还是其他方面对自己都比较满意。一般来说，这样的人并不会因为他人的评价或说法就轻易改变自我，他们在爱自己的同时也能给别人以及周围的世界以爱心，因而这种人在生活中经常会表现得很有自信，积极向上。

2. 消极自我意识的影响

自我意识消极的人，多数时候看不到自己的优点，而总是对自己的缺点过分关注，或是认为别人各个方面都比自己强，因而很容易羡慕或嫉妒他人，从而产生自卑的情绪。这样的人一般不爱自己也不爱别人，还经常会表现出郁郁寡欢或抱怨等负面情绪，因此很容易诱发强迫、抑郁、焦虑等心理问题。对那些自我意识消极的人来说，他们通常会因为别人对自己的赞美而情不自已，同样也会因为别人的批评而妄自菲薄他们很难悦纳自己，也很难理性客观地看待周围的人与事。

从个体发展的角度来看，认识自我是人类终身探讨的哲学命题，只有对自己有了充分的认识，才能进行正确的规划，有目的地进行实践，并最终赢得成功。大学阶段是自我意识发展的关键时期，在这一时期增强自我意识显得极为重要。[1]

---

① 袁克杰，彭鑫和. 大学生心理健康教育 [M]. 西安：陕西师范大学出版社，2006.

三、大学生自我意识发展的特点及偏差

从客观的角度来讲，大学生的自我意识是在以往的自我意识的基础上发展起来的，与以往的共同意识相比，其不仅具有共同性与继承性，还有其鲜明的特征。这个阶段，大学生的整体自我意识发展水平也获得了进一步的提高，因此与其他的同龄人相比，大学生的自我意识通常更加理性化，且独立性也比较强。

（一）大学生自我意识发展的特点

1. 自我认识的发展特点

首先，认知能力强。大学生因为接受了更高层次的教育，所以具备了更为丰富的知识和更高的认知水平，能够更好地理解自己和周围的世界。并且，自我认知中的主体意识已经趋于成熟，独立感增强，与中学生相比，大学生的发展道路更多由自己决定，同时他们学习的内容也更多地具有职业教育的特征，直接指向将来的独立生活能力。这些转变都对他们的自我认知中主体意识的成熟和发展起到了推动作用。

其次，开始多角度思考自己。大学阶段的学生已经学会从不同的角度去思考自己，包括自身优劣势、个性特点、处事方式等方面，以便更好地认识自己。他们更乐于与他人交流，通过与他人交流，大学生可以发现自己的问题和不足之处，并及时进行改进。大学生也会时常反思自己的行为，思考自己为什么会这样做，有哪些可以改进的地方，并尝试寻找更好的解决方案。同时，他们更愿意尝试新事物，大学生通过尝试新的事物和新的经历，比如旅行、参加社团等，更好地了解自己的兴趣、爱好和长处。

大学生通过多方面的努力和尝试来实现自我意识的提升，在不断地反思和探索中，更深入地认识自己。

2. 自我评价独立性增强

大学生能够客观地评价自己的表现和成就，更好地发现自己的优势和不足，进一步完善自我，学会健全客观与全面的评价自我，独立性增强。大学生不仅要听从他人的评价，更多的时候要依靠自我反省。由于已经树立了相对稳定的世界观和人生观，他们逐步学会了总结成功经验和失败的教训，并从中了解自我的发展水平和亟待改进的地方，其自我评价更多的是内心评价，自我评价从片面性和主观性向全面性和客观性发展。青年期的大学生对自己做出的总体评价不仅限于外貌和能力，还包括智力特点和个性特征。

大学生自我评价独立性增强，能够独立思考问题，有自己独特的观点和见解，并且能够用逻辑和证据支持自己的观点。能够独立学习和探究知识，不依赖老师和课本，善于利用各种资源和工具进行自主学习。能够独立管理自己的时间和生活，制订合理的计划和目标，并且有自我激励和自我纠正的能力。敢于尝试新事物和新思想，不害怕失败和挫折，勇于追求创新和突破。能够独立生活和照顾自己，具备基本的生活技能和社交技能，能够适应不同的环境和人际关系。

3. 自我体验的发展特点

大学生的生活丰富多彩，生活方式也非常多。在集体生活中，大学生能够相互发现并借鉴彼此的生活方式和生活态度，体验到以前没有机会体验到的生活，并且专业知识的学习，为其丰富自我体验提供了客观条件，加之他们自我认识的成熟发展，更促进了自我体验的分化。

自我体验的发展特点有以下几点：首先，从感性到理性。婴幼儿时期，人的自我体验主要是通过感性经验来实现的，随着认知能力的发展，逐渐转向理性认知。其次，从单向到双向。婴幼儿时期，人的自我体验主要是单向的，即个体只能体验自己的感受，随着社会经验的积累和年龄的增长，逐渐开始具备了理解他人感受的能力，体验也变得双向。再次，从表层到深层。随着年龄的增长，人的自我体验从表层开始向深层发展，也就是说，个体开始更加深入地认识自己的内心体验，包括对自己情感、意愿、价值观、自我意识等方面的认知。最后，从分散到整合。在自我体验的发展过程中，个体的各种认知元素开始逐渐整合形成一个整体的自我形象，从而促进了自我意识和自我认知的发展。

自我体验的发展是一个渐进的过程，它随着年龄的增长、认知能力的提高和社会经验的积累而不断发展，成为个体认识自我和他人、理解社会、适应环境的重要基础。大学生在大学校园的生活学习中，对自我进行反思的时候非常多，加之正处于对自我发展最看重的年龄阶段，因此自我体验比较强烈，同时由于这个年龄阶段特有的情绪发展特点，大学生的自我体验非常容易波动。

4. 对自我认同的探索

大学阶段是人生中一个重要的转折点，大学生在这一阶段需要对自己的价值观、人生目标和职业规划等方面进行探索和思考，从而更好地确定自己的方向和目标。因此，在大学生活中，许多学生正在寻找自己的身份和目标，包括对自己的价值观、性格、信仰和社会角色的探索。

大学生在进行自我认同探索的过程中，要探索自己的兴趣爱好和个人价值观。这可以通过参加校内和校外活动、课外阅读、旅行等方式来实现。首先，要培养独立思考和表达自己观点的能力。大学是一个允许学生自由表达和探索的环境，学生可以通过参加讨论、写论文、做演讲等活动来表达自己的观点。其次，要学会参与社区服务和志愿者活动，这可以帮助学生更好地了解社会问题和需要，同时也能增强他们的社会责任感和参与感。最后，要勇于接受新的挑战。大学生活中充满了新的挑战，如学习新的学科、参加实习等，这些都可以帮助学生更好地了解自己的能力和兴趣。

大学生探索自我认同可以帮助他们更好地了解自己的价值观、兴趣和能力，并找到适合自己的生活和职业道路。

5. 自我控制的发展

大学生因为面临更多的选择和挑战，所以需要更好地掌控自己的情绪和行为，从而更好地实现自己的目标。自我控制的自主性提高，首先是自觉性方面，大学生在经过最初的环境适应后，便真正进入了新的角色，这是他们的自我监督、自我控制的能力提高了，自身的行为更多的是服从内部动机的驱动，而不是完全受到外在因素的影响或社会因素的制约。其次，自主性方面主动性的提高，促使大学生对自己的控制方面逐步从外部控制转变为内部控制。主动掌握自我发展的方向，尤其是自己将来的职业领域、理想人格和生活目标的规划和定位的方面。

（二）大学生自我意识缺欠

大学生自我意识的发展水平比较高，但并没有完全成熟，因而容易出现各种偏差，引起不良反应。在自我认知的过程中，大学生的自我意识常常出现如下不良反应。

1. 以自我为中心

以自我为中心的人往往想问题、做事情都从"我"出发，而不能从他人的角度看问题，不能理性客观地分析问题。

（1）以自我为中心产生的原因

大学以自我为中心的原因有很多，受到成长经历、社会环境、学业压力和社交压力等因素的综合影响。

大学生自我意识偏差，以自我为中心的情况在现代社会比较普遍，这主要是受到社会环境和家庭教育的影响。现代社会追求个人主义和自由，也使得大学生更加倾向于以自我为中心。这种现象会给社会和个人带来很多负面影响，如缺乏团队合作精神、缺少同情心和责任意识等。大学生处于成长期，经历了许多变化和挑战，这些经历会影响他们的自我意识。例如，某些人在家庭中经历了挫折或受到过度保护，导致他们在成年后更加关注自己的需求和感受。大学生所处的社会环境也会影响他们的自我意识。例如，现代社会强调个人主义，鼓励人们关注自己的需求和感受，这会导致大学生更加关注自己。大学生面临着许多学业压力，如考试、文化课程负担，这些压力会导致他们更加关注自己的表现和成就，从而产生自我意识。大学生也面临着社交压力，如处理与同学、教师和家人的关系，这些压力会导他们更加关注自己的形象和社交能力，从而产生自我意识。

（2）以自我为中心的表现

大学生常常表现出以自我为中心的行为和思想。有些大学生会认为自己的观点是唯一正确的，不愿意听取他人意见，甚至会轻视其他人的想法。有些大学生可能会表现出以自我为中心的行为，如只关心自己的利益，不顾他人的感受，甚至以损害他人利益为代价来实现个人利益。有些大学生可能会表现出以自我为中心的思想，如只关心自己的兴趣和喜好，不顾他人的需求和期待，甚至会对他人的爱好和兴趣不屑一顾。

以寝室生活为例，简单阐述大学生以自我为中心的表现。有的学生会在深夜大声地听音乐或打游戏，而不考虑其他人是否正在睡觉或需要安静的环境。有的忽视共同责任，如果寝室的学生们都有责任保持卫生和清洁，但其中一个人不履行自己的责任，这表明他的自我意识会导致他只关注自己的利益，而不去考虑他人。有的学生总是谈论自己，而不关心他人的感受或需要，或者总是把自己意见强加给别人，这说明他的自我意识可能会导致其忽视他人的存在和需求。有的学生总是拒绝与其他人合作共同完成任务，或者总是把自己的想法放在第一位，这表明自我意识可能会导致他们缺乏合作精神和团队合作的能力。当然，并不是每个生活在寝室中的大学生都会表现出这些行为，但一旦出现，就会影响寝室里同学间的关系，若处理不当，也会偶发极端事件。

（3）对自我为中心偏差的认识

尽管以自我为中心的行为和思想在一定程度上是常见的，但大学生应该努力培养团队合作和关心他人的能力，从而更好地融入社会和成为有价值的人。因此，大学生应该意识到自己的认识偏差，积极参与社会和公益活动，提高自己的社会责任感和人际交往能力。同时，家长和教育机构也应该加强对大学生的教育，引导他们树立正确的人生观和价值观，克服以自我为中心的心理，摆正位置，既重视自己也不贬低他人，实事求是客观地评价自我，学会移情并设身处地从他人的角度看问题。

2. 从众意识

从众意识就是容易受人言左右而丧失自我，即从众现象。从众是一种常见的人际交往中人的表现，在社会交往过程中，人们会不自觉地遵从社会群体的压力，在判断、信仰以及行为上放弃自己的主张，那是因为大多数人的一致利益大于自我利益，而大学生要树立自己的世界观、人生观和价值观，培养自己的独立意识。

（1）从众意识产生的原因

大学生的从众意识体现在很多方面，如他们会追随主流文化和潮流，购买流行的物品和服饰，或者在社交媒体上追随受欢迎的博主和网红等。此外，大学生也会在学术和社交方面表现出从众的行为，如参加同一个社团或组织，参加同样的课题研究小组等。从众意识在某种程度上是一种社会心理现象，而大学生可能因为对自我认同和社会认同的需要，以及对自己在社会中地位，而表现出从众行为。

（2）从众意识的表现

大学生的从众现象是指在大学校园里，由于自我意识的不足，个体往往会在面对来自身边人群的看法和价值观时，产生一种从众的心理，从而失去了自我认知和独立思考的能力。大学生从众意识表现为：有的跟风消费。大学生在消费时，往往会跟随潮流，购买与大众相似的商品或品牌，以追求与时俱进的感觉。有的大学生在校园中，往往会参与到各种群体活动中，包括社团、组织、班级等，以获得归属感和认同感。有的表现为有跟随思想，大学生在接受新思想、新观点时，往往会受到周围同学、老师、社会舆论的影响，从而产生跟随他们的思想倾向。有的表现为有安全感需求。大学生面对不确定的未来时，往往会寻求他人的认同，与他人产生共识以获得安全感和信心。

（3）对从众意识偏差的认识

从众现象在大学生群体中较为普遍，这是由于社会经验的不足和对自我价值认知的缺乏等多种因素所导致的。大学生需要在跟随潮流和思想倾向时，保持独立思考的能力。

针对这一现象，我们可以通过加强大学生的思想教育，提高他们的自我意识和辨别能力，加强个体与个体之间的沟通和交流，培养他们的独立思考和判断能力，鼓励他们在遇到问题时勇于表达自己的想法和见解，从而更好地发挥自己的才能和潜力，成为一个有独立思考能力的人。

3. 自卑意识

大学生自卑意识产生的原因有很多种，从客观的角度进行分析，大学生的自卑心理产生原因有以下三个方面。

（1）历史文化的影响

一些文化传统导致大学生自卑感的产生，比如重男轻女、只注重学术成绩等。从历史的角度进行分析，由于我国长期属于封建社会，封建制度对人性的发展造成了严重的阻碍与极度的压抑，在封建社会，所有臣民都必须屈服于皇帝的统治，这也导致谦卑就是美德的道德传统出现。自民主革命以来，特别是新中国成立以来，尽管封建制度被推翻了，但几千年的文化所沉淀下来的封建帝制思想与等级观念，却扎根于人们的思想当中，正是在这种情况之下，处于新时代的大学生虽然会对新观念有所认同，也会积极追求个性的解放与独立，但是依然会在这一过程中产生一定的自卑意识。

（2）家庭和环境的影响

家庭和环境的影响也导致大学生自卑感的产生，比如家庭贫困、受过欺凌、过度保护等。在学生的早期发展过程中，有的大学生由于长期遭受伤害辱骂、父母离异、生活贫困等因素的影响，就会产生一定的自卑心理。通常来说，这种自卑心理往往对大学生的发展具有非常消极的影响。大学生一旦被自卑困扰，那么其在心灵与思想上，便失去了情感，而他们本身的才华与潜力也很难得到有效发挥，很有可能变得沉默寡言，难以适应环境的变化，从而诱发一些更为严重的影响身心健康的问题。有鉴于此，在关于大学生的心理健康教育中，应该积极帮助大学生摆脱自卑心理的影响，使其保持健康良好的心理态度。

（3）成绩和能力不足

大学生因为在某些方面的成绩和能力不够优秀，导致自己感到自卑，比如学习成绩不好、无法应对某些课程或工作等。

在当前的教育之中，学生不仅学业繁重，压力大，升学压力也比较大。特别是从小学开始，许多学生都被以等级、名次来评价个人的价值。而这种片面的、机械的、残酷的选拔，非常容易给学生不成熟的个体，造成致命性的打击。这不仅扼杀了孩子的童真，遏制了学生的想象力、创造力和独立思考的意识与能力，还迫使孩子的闪光点、才华被埋没，在这样的教育体制下，学生非常容易产生自卑的情绪。大学生常常会和周围的同学进行比较，如果发现自己在某些方面不如别人，则会产生自卑感。

这些原因并不是全部，每个人的情况都是不同的，但是认识到自卑感的产生原因和找到解决方法都是很重要的。

4. 自我意识失控

在自我意识中，自我控制是一个非常重要的结构层次，它主要是指个体对行动的有效支配与情感的合理表达。假如自我意识不能够完成这些功能，这就被称为自我失控，自我失控主要表现在以下几个方面。

（1）拒绝成长和怨天尤人

有些大学生经常会因为对成人世界的恐惧而拒绝成长，就如有的大学生所说："说真的，我不愿意长大，我宁可回到让妈妈照顾的婴儿时期。长大有什么好处？虽然可以选择生活方式，可这些却让我常常觉得恐惧和无助，常常会为选择而伤透脑筋，真希望有谁能替我拿主意，免得我自寻烦恼。"

有些大学生总喜欢怨天尤人，比如有的大学生说："我本是个非常有能力的人，都是我的父母，从小对我娇生惯养，使得我丧失了成长的机会。以致现在有许多事我觉得很难处理。如果是生在一个困难一点的家庭反而会更好，我的独立适应性就可以得到培养了。弗洛伊德不是说童年时期的经历对人是至关重要的，往往决定了人的一生发展吗？我其实挺恨我的家庭的。"

（2）缺少生活目标

当今社会，许多大学生感到迷茫，缺乏进取的激情与目标。有的大学生因此总会抱怨说："我不知道怎么了，好像整天都过得糊里糊涂的，以前上学虽然就一个学习目标，但是目标明确，可现在考上大学却不知道为什么要上大学。"

大学生缺乏生活目标表现为缺乏生活的动力和热情，缺乏计划和组织能力，无所适从和迷茫等。这是由于缺乏明确的职业规划和个人目标设定，或者缺乏足够的自我认知和了解自己的优点和兴趣所致。缺乏生活目标会导致大学生在学业、社交和就业等方面遇到困难和挫折，影响到他们的个人发展和成长。为了解决这个问题，大学生可以通过积极探索和尝试不同的活动和领域，寻找自己的兴趣和擅长的领域，并在此基础上设定自己的短期和长期目标，制定计划并逐步实现。同时，与身边的人和职业发展专家交流和咨询也是非常有效的方法，可以获得更多的建议和支持，找到自己的方向并行动起来。

（3）自我结构失调

通常来说，几乎大多数人都能感觉到两个自我的存在，也就是心理学上所说的现实的我与理想的我。现实的我就是指生活在现实状态中，实实在在的自我或我的原本真面目，而理想的我主要是指我们自己设定的最佳目标，是我们所追求的目标自我。假如这两个"我"处于不一致的状态之中，那么就必然会给个体带来巨大的烦恼。

一般来说，理想的我高于现实的我，而现实的我却不知道通过什么样的方式才能实现理想的我。简单来说，在调节现实的我与理想的我的矛盾的过程中，我们一般使用的方法有两种：一种是通过现实的我的改变来实现理想的我，一种是通过理想的我的改变来实现现实的我。一般而言，人们常常采用第一种方法，这是因为只有这样才不至于改变当下的生活状况。同时，通过期望值的降低来达到二者之间的平衡与统一。然而一旦采取第二种方法，就会使个体产生不满足感，更有可能造成一种自我否定的情境，在现实生活中，很多情况是二者之间的双向改变。

四、大学生提高自我意识适应性的途径

一般而言，个体自我意识的形成是一个极其复杂的心理过程，在这个过程当中，个体需要对自我进行全面系统的分析比较与整合，但对自我进行的正确认识，并非是一件非常容易的事情，假如大学生想要真正地认识自我，那是必须建立一个正确的自我评价参照体系，以进行有效的社会比较。

（一）进行有效的社会比较

大学生必须打开自我信息通道，以此来保障信息渠道的畅通无阻。有效的社会比较，通常要求大学生积极参与到各项社会活动当中，并在参与的过程中做自我观察的有心人，积极主动地收集并整理有关自我意识的信息，在这之后还应对这些信息进行加工，从而确保这些信息的可靠性。这些比较包括：

1. 成就水平比较

自我意识适应性是指个体对自己的认识和理解，以及对自身角色和身份的接受程度。在大学生活中，自我意识适应性良好的学生更容易适应新的学习和生活环境，更有可能取得较好的成绩和成就。

大学生的成就水平可以通过多种方式来衡量和表现。例如，他们的学业成绩、参与社团或组织的活动、参加志愿者工作、获得奖项或荣誉、参加实习或工作经验等，这些方面都可以反映出大学生的综合素质和能力水平。同时，大学生也应该注重自身的成长和发展，包括提高自己的思维能力、沟通能力、领导能力、创新能力等，这些都是他们未来发展的重要基础。

大学生的成就水平对于个人适应性提高非常重要。首先，学生的成就水平可以反映他们的学习能力和专业技能，这些技能和能力可以帮助他们未来的职业生涯中取得成功。其次，大学生的原有成就水平也可以反映他们的领导能力、创新能力和团队合作能力，这些能力对他们未来的职业生涯非常重要。最后，大学生的成就水平也可以反映他们的社会责任感和公民意识，这些是个人成为有价值的社会成员所必需的品质。因此，大学生成就水平与自我意识适应性之间的关系是相互影响的。通过与同龄人或同学院的同学比较，大学生可以了解自己在某个领域的成就水平，从而更好地规划自己的未来发展方向。

2. 社交能力比较

通过观察他人的社交方式和技巧，了解自己在社交方面的优势和不足，从而更好地提升自己的社交能力。大学生的社交能力与自我意识适应性之间存在一定的关系。一方面，良好的社交能力可以帮助大学生更好地适应社会环境，建立良好的人际关系，提高自我意识适应性。另一方面，自我意识适应性也可以促进学生社交能力的提升，使其更好地适应社会环境，建立更加丰富的人际关系。因此，大学生应注重培养自己的社交能力和自我意识适应能力，以更好地适应社会环境，实现自我的全面发展。

大学生提高社会交往能力的表现包括更加自信、开朗、善于沟通、尊重他人、有良好的人际关系等。这些能力对于大学生未来的工作和生活都非常重要，可以帮助他们更好地适应社会环境，建立良好的人际关系，提高他们的竞争力和生活质量。因此，大学生应该注重培养自己的社会交往能力，通过多方面的学习和实践来提高自己的人际交往能力从而更好地面对未来的挑战。

有些大学生会表现出缺乏社交能力的情况，这是由于缺乏社交经验、自我意识不足、沉迷于虚拟社交等原因造成的。为了提高社交能力，大学生可以参加社交活动、加入社团组织、参加志愿者活动等，通过积极参与社会生活，增加社交经验。此外，大学生还可以通过阅读相关书籍、观看社交技巧视频等，提高自身社交技巧和沟通能力。更重要的是，大学生要有自信心，积极主动地参与交往，不断尝试，不断学习和成长。

3. 进行价值观比较

与他人交流，观察他人，了解不同的价值观和生活方式，从而更好地认识自己的价值，并做出更明智的决策。大学生要学会进行价值观比较，可以帮助他们更好地认识自己的价值观，从而提高自我意识和思考能力。通过比较不同的价值观，大学生可以更好地理解自己的立场和信仰，作出正确的价值判断，并在与他人进行交流时更加自信和清晰。此外，价值观比较还可以帮大学生更好地理解社会和文化差异，增强跨文化交流的能力。总之，价值观比较对于学生的成长和发展具重要的意义。

大学生学会进行价值观比较并提高自我意识是一种积极的表现。通过比较自己与他人的价值观，大学生可以更好地认识自己的优点和缺点，以及自己的目标和价值观，这有助于大学生更好地规划自己的人生和职业发展。同时，这也可以帮助大学生更好地理解和尊重他人的不同观点和价值观，促进社会和谐与进步。

大学生必须站在中立客观的角度，从而能够对自己进行动态的、客观的和多方面的有效社会比较，并从另外一个角度把握真实的自我。而建立正确的自我评价参照标准，从本质上认识自我与认识其他事物一样，都需要一定的标准作为参照。比如，当医生在检查病人的血压正常与否时，必须按照一般的血压参照标准来进行诊断。由此可见，大学生正确的自我评价参照标准不应该是片面割裂的，而应该是全面的；不应该是消极负面的，而应该是积极的；不应该是静态的，而应该是动态持续的；不应该是盲从的，而应该是适合大学生自我发展的。

然而，在现实生活当中，一些大学生总是很难定位自我评价标准，其实最本质的问题在于这些大学生并不善于参与、积累以及进行有效的思考。然而，事实上，假如他们能够积极参与到生活中去，就能累积社会经验与人生经历，并根据自己的心理进行分析与反思，从而建立正确的自我评价参照标准。

（二）不断完善自我

在当前阶段，大学生必须在了解自我，重新发现自我的基础之上，超越现实自我，进而逐步走向完善。而这一切都必须建立在实践活动的基础之上，所谓实践活动，其实就是指学习活动与配合学习活动开展的生产、学习实践、社会实践、毕业实习以及群体性课余活动等。为了不断完善自我，大学生应从以下两个方面入手：

1. 找准契合点

对于那些即将迈入社会的大学生来说，社会实践是一条非常重要的自我完善途径。客观而言，大学生自我意识发展的欠缺，通常情况下，主要是因为找不到自我与社会的理想契合点。

假如大学生缺乏一定的社会实践经验，或几乎没有社会经验，那么其在自我认识问题时，就经常会带有较大的主观性，还会在寻找自我与认识社会方面出现自我认知的偏离。而大学生要解决这个问题，就必须在学校参加一些社会实践活动。这样做的意义在于，一是有助于大学生正确处理自我价值与社会价值的关系；二是有助于大学生正确处理自我设计与社会需要的关系；三是同时还有助于大学生正确认识社会责任心与使命感。

2. 培养归属感

大学生生活在一个集体之中，因而无论是对班级、宿舍，还是对学习小组，都会产生比较强烈的归属感，并且这种归属感又能够使大学生从心理上产生一种满足感、安全感以及一种精神寄托。正因如此，才导致大学生的归属感越强，其自我认识也就越健康合理。具体而言，归属感的培养主要是通过参加集体实践活动来实现的，其主要有这几方面的意义，一是培养大学生的归属感，这样能使大学生明确自己在集体中的位置；二是能够为大学生与集体之间的融合，创造各种有利的环境；三是归属感的培养，能够使大学生获得自豪感与自信心。

（三）有效控制自我

有效的控制自我，就是大学生主动参与对自我进行改造的过程，也是通过"现实的我"的主动改变来实现"理想的我"的过程。并且，这也是大学生对待自己的态度不断具体化的一个过程。在现实生活中，许多大学生对自我都抱有较高的期望，但由于其没有足够的自我控制意识来实现这种望，因而往往很难达到理想的自我。同时，这也使得他们处于自我效能感不断降低的状态，从而使他们的心理健康也出现了一定的问题。

一般而言，大学生要对自己进行有效的控制，就必须从以下几个方面入手：

1. 确立合适的理想自我

心理学家曾经进行过一个有关抱负水平的投环试验，他们让被试者自由选择投环距离，并根据投中与否、距离远近等指标进行综合评测与成绩计算。实验结果表明，一般成功动机较高的人，也就是那种努力工作、追求成功的人，他们通常会选中等距离的位置进行投环。而那些成就动机相对较低的人，则大多会选择很近或很远的位置来进行投环。这表明，成功者大多希望在适度又有一定的冒险的情况下做出一定的努力，因而他们的抱负水平相对而言是比较适中的，但那些成就动机低的人则是在完全没有把握或完全碰运气的情况下来进行工作，因而其抱负水平通常偏低。

有鉴于此，大学生在确立抱负水平的时候，应该立足实际，从自身的具体情况出发，制定出通过一定努力便能够实现的恰当的目标。当大学生将自己在某件事上的成功归因于稳定因素，比如能力很强或任务相对比较容易时，他们自然也就会希望自己在日后的类似情境中能够获得成功。如果大学生仅是将成功归因于情境等不稳定因素，比如运气不错，那么其就会对下一次是否能够成功缺乏足够的把握。

一些总是自卑自怨、自暴自弃的大学生，总会因为无法控制自我，导致不良情绪的产生，偏离了健全的自我意识轨道。事实上，有良好自我控制能力的大学生通常会倾向于做自己应该做的事情，善于通过强迫自己去做一些应该做的事情，而形成努力克服阻碍的愿望与动机。比如，当这些大学生在学习紧张时，假如有精彩的球赛或朋友的聚会等，尽管他们会认为这些比枯燥的学习更有吸引力，但一想到自己的根本利益与长远目标，他们便更坚决的抵挡了这些暂时诱惑，从而获得了控制自己的动力。

2. 增强自尊与自信

自尊与自信是自我控制的一个非常重要的激励因素，而健康的自信与自尊则能够使个体产生强大的实现理想的动力，从而激励个体不断奋进。大学生要想增强自信心与自尊心，应做到这两个方面的要求，一是争取创造成功的纪录，寻找自信的基点；二是积极悦纳自我，所谓悦纳自我就是指一个人，不仅要相信自己存在的价值，认同自己的能力，还要能够在行为上表现出一种与他人和环境积极互动的心理定势。简单来说，积极悦纳自我就是指一个人无条件地接受自己的一切。

大学生的自尊心一般可分为缺乏内在价值感的自尊心与具有内在价值感的自尊心两种形式。其中，前者是指将外部成就作为自尊的唯一标志。这一类人一般自尊心都比较敏感而脆弱，也非常害怕失败，而后者并没有将外界成就视为自尊的唯一指标，并且还不会被一时的成败所左右，因而其自尊心通常不那么容易受到伤害。从整体上进行分析，内在价值感的缺乏是引起大学生自尊障碍的非常重要的原因之一。自信心的建立，可以说是促进大学生保持心理健康的一个非常重要的因素，同时也是大学生生活保持愉快，学习不断进步，才能得到不断发展的关键保障。然而，大学生的自信心还必须有一定的度，若其自信心过强就会变得骄傲自满、目中无人，甚至不计后果，从而对自身发展与人际关系造成极为不利的影响。若大学生的自信心不足，那么就会影响他们个人才能发挥，有时还会导致其他心理问题的产生。

3. 增强自爱意识

自爱就是个体对自己发自内心地喜爱、关怀与敬重。通常来说，一个真正的自爱者，不仅能够真正爱自己，也能够真正地去爱他人。一个真正自爱的大学生，就一定会在深入了解自己的基础上丰富自己，悦纳自己，并不断充实自己。通过上述的分析可知，大学生悦纳自我，在其成长成才的过程中具有非常重要的价值。

一般来说，过分的苛求完美，对自己苛刻，对自身的缺点过分关注，就有可能使自己产生自卑的心理。也会导致大学生自我否定或自我拒绝。有鉴于此，大学生要以开放的心态，正确对待自己的优缺点，勇于承认自己的不完美，从而尝试接受自己的全部缺点和优点，坚信自己是一个有价值的人。

4. 增强自信心

大家在回忆自己之前的经历的时候，一是要分析总结出自己表现比较突出的一面，并对已经具备的这些良好素质进行肯定；二是必须及时了解自己在各方面的优势，进而充分肯定自己的能力，同时应当找出自己之前做的比较成功的事情，从中体会愉快的心情，及时记录别人对自己的积极的评价与态度，从而将注意力集中在自己的优点与成功之上，并增强自己的应对能力。正确对待成功与失败，成与败是相辅相成，而在追逐成功的道路上，大学生也要经历许多挫折与失败。假如大学生遇到挫折困难，就产生畏难退却情绪，那么其就很难获得成功。因此，大学生必须做到胜不骄败不馁，并正确对待个人成长道路上的成功与失败。

　　总的来说，当代大学生适应性研究的结果表明，大学生们在面对各种挑战和压力时，表现出了较强的适应能力和应对能力。然而，也有一些学生在适应过程中遇到了困难，需要更多的支持和帮助。因此，我们建议大学生在面对挑战和压力时，要保持积极乐观的心态，寻求适当的帮助和支持，如与朋友交流、寻求心理咨询等。同时，学校和社会应该为大学生提供更好的支持和资源，帮助他们更好地适应大学生活和未来的挑战。

　　青年是社会中最积极、最有生气的力量，国家的希望在青年，民族的未来在青年。青少年阶段是人生的"拔节孕穗期"，最需要精心引导和栽培。复兴路上，青年是追梦人，也是圆梦人。当代青年要想大展宏图、有所作为，就应积极拥抱新时代、适应环境，奋进新时代，融入民族复兴的历史进程，在接力奋斗中跑出属于自己的好成绩，让青春在为祖国、为人民的奉献中焕发出更加绚丽的光彩。

参考文献

［1］王建平．公民安全、社会安全与国家安全［M］．成都：四川大学出版社，2018．

［2］李军霞．校园团体心理辅导理论与实务［M］．长春：东北师范大学出版社，2018．

［3］教育部思想政治工作司组．大学生思想政治教育研究方法［M］．北京：高等教育出版社，2010．

［4］教育部思想政治工作司组．大学生思想政治教育理论与实践［M］．北京：高等教育出版社，2009．

［5］唐丽．大学生创新创业基础［M］．北京：化学工业出版社，2018．

［6］蒋传光．新中国法治简史［M］．北京：人民出版社，2011．

［7］杨玉宇．大学生心理适应与发展［M］．北京：科学出版社，2014．

［8］张宏伟．新时代高校"三全育人"机制研究［M］．长春：吉林大学出版社，2019．

［9］黄希庭．大学生心理健康教育［M］．北京：华东师范大学出版社，2011．

［10］顾海良．高校思想政治理论课课程建设研究［M］．北京：经济科学出版社，2009．

［11］李柏映．大学之道：大学生必修六堂职业成长课［M］．北京：高等教育出版社，2018．

［12］周向军．人际关系学［M］．昆明：云南人民出版社，2002．

［13］李兰，高凤敏．新时代大学生素养研究［M］．北京：中国政法大学出版社，2020．

［14］庄蕾．新时代高校意识形态安全研究［M］．沈阳：辽宁大学出版社，2020．

［15］陆卫明，李红．人际关系心理学［M］．西安：西安交通大学出版社，2006．

［16］王晓东．日常交往与非日常交往［M］．北京：经济管理出版

社，2006.

［17］张玉芬．大学生人格教育［M］．北京：化学工业出版社，2018.

［18］邢国徽．大学生思想政治体系构建与实践研究［M］．北京：中国水利水电出版社，2018.

［19］唐丽．大学生创新创业基础［M］．北京：化学工业出版社，2018.

［20］周向军．人际关系学［M］．昆明：云南人民出版社，2002.

［21］文斌．新时代高校文化育人价值意蕴与体系建构研究［M］．北京：中国纺织出版社有限公司，2022.

［22］陈保重．法治思维［M］．上海：上海人民出版社，2016.

［23］习近平．加强党对全面依法治国的领导［J］．奋斗，2019（4）.

［24］蔡晓卫．论高校大学生法治思维的养成［J］．中国高教研究，2014（3）.

［25］毕娟，孙其昂．大学生党员先进性与学习的关系解析［J］．学校党建与思想教育，2011（6）.

［26］崔庆波．大学生学习目标的引导与学风建设［J］．高校辅导员学刊，2010（2）.

［27］杜志强．论大学生学习目标的确立［J］．湖北经济学院学报（人文社会科学版），2010（11）.

［28］高应波．浅议学生学习主动性的培养—课程应用价值与兴趣的统一［J］．现代企业教育，2007（2）.

［29］耿计萍．课改的关键是提高学生学习的主动性［J］．山西教育，2010（5）.

［30］李平．提高学生学习主动性论纲［J］．天津农学院学报，2007（1）.

［31］刘凌波．大学生学习心理的能动性与创造性［J］．辽宁师范大学（自然科学版），2007（4）.

［32］曲萌，马晓晴．激发大学生学习主动性的主要因素研究［J］．现代教育科学，2010（1）.

［33］孙亮．提高大学生学习主动性的几点建议［J］．教育与现代化，2003（3）.

［34］王攀峰，张天宝．试论创造性学习［J］．当代教育论坛，2007（4）.

［35］杨越琰．制度管理与校园文化的建设［J］．教育导刊，2007（12）.

［36］于佳宾，王宇航．学习主体性对学习成绩影响的心理机制分析［J］．中国教育学刊，2012（1）.

［37］张灵聪．大学生学习自控与学习注意稳定性的相关研究［J］．集美

大学学报，2011（1）.

　　［38］杜姗姗. 善用法治思维与方式化解社会矛盾［J］. 法制与社会，2018（1）.

　　［39］段凡. 确立中国特色的法治思维［J］. 马克思主义研究，2017（2）.

　　［40］高瑞红. 试论培养大学生法治思维的重要意义［J］. 科技展望，2015（12）.

　　［41］郭新建，岳雪. 当代大学生法治意识提升路径研究［J］. 人民论坛，2015（35）.

　　［42］高燕. "思想道德修养与法律基础"如何培养大学生的法治思维［J］. 人力资源开发，2016（16）.

　　［43］杜艳艳. 当代马克思主义法治思维理论与实践研究［J］. 学习与实践，2017（1）.

　　［44］陈楚庭. 大学生法治思维方式的培育［J］. 黑龙江高教研究，2015（6）.

　　［45］陈芳妹. 论大学生法治思维的培养［J］. 长春工业大学学报（高教研究版），2015（1）.

　　［46］陈大文，孔鹏皓. 论大学生社会主义法治思维的培养［J］. 思想理论教育导刊，2015（1）.

　　［47］董冀. 大学生法制教育存在的主要问题及对策思考［J］. 集美大学学报，2016（3）.

　　［48］赖怡芳. 大学生法治实践的价值导向与模式初探［J］. 法治博览，2018（12）.

　　［49］王岩，冯爱玲. 高校思想政治"三全育人"模式组成要素解析［J］. 高教学刊，2018（16）.

　　［50］孙由体，胡方红. 略论大学生法治思维的培育［J］. 教育理论与实践，2015（12）.

　　［51］王建国. 法治思维的误区反思与培育路径［J］. 法治研究，2016（1）.

　　［52］徐蓉. 法治教育的价值导向与大学生法治信仰的培育［J］. 思想理论教育，2015（2）.

　　［53］杨叶红. 论法治思维的具体运用［J］. 湖南省社会主义学院学报，2017（1）.

　　［54］张端，龚旖凌. 当代大学生法治意识现状调查与分析［J］. 法制博览，2017（22）.

［55］王建敏. 青年法治思维培育探析［J］. 马克思主义与现实，2017（1）.

［56］陶西平. 学校教育应有法治思维［J］. 人民教育，2014（24）.

［57］孙阳. 论大学生法治思维的架构［J］. 科教文汇，2015（11）.

［58］汪永清. 法治思维及其养成［J］. 求是，2014（12）.

［59］张灵聪. 大学生学习自控与学习注意稳定性的相关研究［J］. 集美大学学报，2011（1）.

［60］黄必春. 网络交往对大学生社会化的影响［J］. 学校党建宇思想教育，2006（4）.

［61］匡和平. 马克思人学视域下的思想政治教育社会化［J］. 理论导刊，2009（6）.

［62］李平. 责任教育：高校德育教育的一个全新课题［J］. 中国地质大学学报（社会科学版），2005（2）.

［63］田庆军. 大学生网络思想政治教育社会化探析［J］. 沈阳师范大学学报（社会科学版），2010（3）.

［64］陶佳，魏玲. 网络虚拟同辈群体对青少年的积极影响［J］. 才智，2012（33）.

［65］汪慧. 新媒体与青年道德社会化［J］. 山东青年政治学院学报，2013（2）.

［66］苏醒. 新时代高校网络育人体系构建研究［J］. 黄山学院学报，2019（2）.

［67］李娟. 高校思政教育合力育人体系的构建［J］. 人才资源开发，2021（5）.

［68］侯平安. 优秀传统文化与高校思想政治教育［J］. 运城学院学报，2017（6）.

［69］张宏. 高下课程思政协同育人效应的、要素与路径［J］. 国家教育行政学院学报，2020（10）.

［70］贾菲. 论"互联网＋时代高校思政课教学改革面临的机遇与挑战［J］. 文化创新比较研究，2019（3）.

［71］金明，郭金红. 道德责任论［M］. 北京：人民出版社，2008